Richter am Oberlandesgericht
Sascha Kurz

Examens-Check Strafrecht

2021

Eine examensspezifische Rechtsprechungsübersicht zum Üben und Vertiefen von klausurrelevanten Problemen anhand im Jahr 2021 veröffentlichter und didaktisch aufbereiteter Rechtsprechungsfälle

Zitiervorschlag: Kurz, Examens-Check Strafrecht 2021, Seite …

Die Fallsammlung beruht auf Originalrechtsprechungsfällen. Die wiedergegebenen Lösungen orientieren sich an den zitierten Entscheidungen. Sie müssen daher nicht unbedingt die Auffassung des Verfassers wiedergeben. Die dargelegten Lösungsvorschläge entsprechen dem Verständnis des Verfassers hinsichtlich der den zitierten Entscheidungen zugrundeliegenden Begründungen, wie sie für die didaktische Aufbereitung geeignet erscheinen, ohne dass eine Gewähr für deren Richtigkeit übernommen wird.

Vorwort

Jeder, der einmal eine **juristische Klausur** geschrieben hat, weiß, dass es darauf ankommt, die in der Klausur versteckten Probleme zu erkennen und sie an der richtigen Stelle seiner Arbeit zu erörtern. Wichtig ist dabei der richtige Einstieg in die Problematik. Anschließend ist die weitere Subsumtion meist nicht mehr schwer – im zweiten Staatsexamen ist mit dem richtigen Problemverständnis sogar das Nachschlagen im Kommentar möglich. Selbstverständlich werden **nicht immer die gleichen Klausurprobleme** behandelt. Vielmehr sind die Klausurersteller bemüht, aktuelle Problematiken zu verarbeiten.

Aus meiner über 16-jährigen Erfahrung als Leiter einer Arbeitsgemeinschaft und Prüfer in der ersten und zweiten juristischen Staatsprüfung weiß ich, dass dazu meist auf **aktuelle Rechtsprechungsfälle** zurückgegriffen wird. Stellt sich also die Frage, wie man sich auf diese vorbereiten soll. Fallsammlungen zu Problemen aus vergangenen Klausuren helfen hier nicht viel weiter. Selbst die Veröffentlichungen in den examensrelevanten Publikationen zu verfolgen, ist sehr aufwendig. Zudem ist den Entscheidungen oft nicht auf den ersten Blick anzusehen, ob sie ein klausurrelevantes Problem behandeln, wo dieses gegebenenfalls in der Klausur anzusprechen wäre und wie man es dort gutachterlich aufbauen sollte. Hier möchte ich mit diesem Buch eine Unterstützung anbieten, um die **Chancen für das Examen zu verbessern**.

Bei dem Buch handelt es sich um eine **didaktisch aufbereitete Rechtsprechungsübersicht für Rechtsreferendare*innen und Studenten*innen**. Aber auch Praktiker – wie Richter*innen, Staatsanwälte*innen und Rechtsanwälte*innen – sind eingeladen, sich anhand des Buches einen Überblick über wichtige Rechtsprechungsfälle zu verschaffen.

Referendaren*innen und Studenten*innen soll das Buch dazu dienen, **topaktuelle Klausurprobleme** anhand von Fällen aus der Praxis zu üben, die Grundlage für eine Examensklausur sein könnten. Die Reihenfolge der Fälle orientiert sich nicht an den Problemfeldern, sondern an dem Verkündungsdatum der zugrundeliegenden Entscheidungen, um die Gedanken beim Üben nicht schon durch den Aufbau auf das Problem zu lenken und so ein falsches Gefühl der Sicherheit zu erzeugen. Um auch ein gezieltes Bearbeiten bestimmter Inhalte zu ermöglichen, finden Sie nachfolgend eine „**Themenspezifische Übersicht**“, in der die Fälle thematisch geordnet aufgelistet sind.

Ausgewählt wurden vor allem **klausurrelevante Entscheidungen des Bundesgerichtshofs**, die im **Jahr 2021** veröffentlicht wurden. Für die Aufnahme in das Buch wurde auf das Veröffentlichungsdatum abgestellt, weil die Lösungsvorschläge in Examensklausuren meist auf Veröffentlichungen in den großen Zeitschriften – wie NStZ, NStZ-RR oder NJW – Bezug nehmen. Zu allen Fällen ist daher auch die jeweilige Fundstelle in diesen Zeitschriften zitiert. Da die Entscheidungen dort häufig nur auszugsweise oder mit dem Leitsatz wiedergegeben sind, liegen den Fällen jeweils die in der Entscheidungsdatenbank des allgemeinen Internetangebots des Bundesgerichtshofs veröffentlichten **vollständigen Originalentscheidungen** zugrunde. Hier sind meist weitere Fundstellen zu der wiedergegebenen Ansicht nachzulesen.

Der **große Vorteil** des Buches ist die **leichte Handhabung**, wodurch das Üben kurzweilig bleibt. Dazu sind die oft viele Seiten langen Originalentscheidungen zur besseren didaktischen Darstellung mit den für die Klausur **wesentlichen Inhalten auf zwei Seiten zusammengefasst**. Auf der Vorderseite findet sich der Sachverhalt, in dem es gilt, das Problem zu entdecken. Die Rückseite enthält die Lösung des Falls.

Der **Lösungsaufbau** orientiert sich an der insbesondere im zweiten Staatsexamen wichtigen Revisionsklausur, da in diesem Klausurtyp **alle materiellen und prozessualen Probleme des Strafrechts** aus dem ersten und zweiten juristischen Staatsexamen relevant sein können. Um das gesuchte Problem und dessen **Prüfungsort** in der Klausur **auf einen Blick** zu erkennen, befindet sich im Kopf der Lösungsseite das Prüfungsschema der Revisionsklausur, in dem das festzustellende **Problem hervorgehoben** ist. Eingeleitet wird die nachfolgende Lösung – wie auch in den Klausuren – mit einem Obersatz. Ein richtiger **Obersatz ist enorm wichtig**, um bei der weiteren Prüfung nicht vom Weg abzukommen. Nachfolgend wird die dem **Problem zugrundeliegende Systematik** dargestellt und die **Lösung der zitierten Gerichtsentscheidung** präsentiert. Soweit es angezeigt ist, werden im Lösungsvorschlag auch **Zweckmäßigkeitserwägungen** dargelegt.

In Revisionsklausuren wird häufig die Formulierung eines Antrags oder Tenors gefordert. Daher findet sich zu Übungszwecken auf der Lösungsseite in den passenden Fällen ein Vorschlag für einen **Revisionsantrag oder -tenor**, der zu dem Sachverhalt der Vorderseite und der aufgezeigten Lösung passt. Von einer namentlichen Benennung der Gerichte im Antrag wurde abgesehen. In den Antragsvorschlägen ist daher der Ortsname des Gerichts und das Datum des Urteils durch „...“ als Platzhalter – z.B. für: „... Urteil des Landgerichts *Beispielhausen vom 1. Februar 2021* ...“ – ersetzt worden.

Abschließend ist auf einigen Lösungsseiten noch ein **Klausurtipp** zu finden, der die vorstehende Problematik aufgreift und wertvolle Tipps zur Klausurbearbeitung bei vergleichbaren Konstellationen gibt.

Im Anschluss an die aufbereiteten Fälle finden Sie ein **4-seitiges Prüfungsschema** für den klassischen Klausurtyp, der von Ihnen die Anfertigung eines Revisionsgutachtens zu den Erfolgsaussichten einer eingelegten, aber noch nicht begründeten Revision fordert. Auf **zwei weiteren Seiten** sind **Beispiele zum Formulieren des Revisionsantrags oder –tenors** aufgelistet.

Zur weiteren Vertiefung befindet sich **über die 60 aufbereiteten Fälle hinaus** am Ende des Buches eine **Auflistung von 73 weiteren wichtigen klausurrelevanten Entscheidungen des Europäischen Gerichtshofs für Menschenrechte, des Europäischen Gerichtshofs, des Bundesverfassungsgerichts, des Bundesgerichtshofs und einiger Obergerichte**, die im Jahr 2021 veröffentlicht wurden. Bei jeder Entscheidung ist neben der zugrundeliegenden Problematik auch der Prüfungsort in der Klausur angeführt. So erhalten Sie einen schnellen Überblick über die wichtigen Klausurprobleme eines Jahres.

Für **Studenten** sind vor allem die materiellen Klausurprobleme von Interesse. Diese finden Sie in der „Themenspezifischen Übersicht“ unter „Begründetheit – Sachrüge – rechtliche Würdigung“ und auch in den „Zur weiteren Vertiefung“ aufgelisteten Fällen. Da diese Probleme aber auch im zweiten Staatsexamen einen Schwerpunkt der Klausuren bilden, verliert das Buch nach dem ersten Staatsexamen nicht an Bedeutung. Die im Assessorexamen hinzukommenden prozessualen Problemfelder lassen sich mit diesem Buch ebenfalls sehr gut üben.

Sie werden bei der **Arbeit mit dem Buch** anfangs vermutlich noch nicht alle oder sogar nur wenige Probleme und deren Prüfungsorte erkennen können. Lassen Sie sich davon nicht verunsichern – dies ist völlig normal und gerade der Grund, weshalb dieses Buch sehr hilfreich sein kann. Eine ähnliche Situation könnte sich auch im Examen ergeben. Anders als dort haben Sie hier einen zweiten Versuch. Sie werden schon bei der ersten Wiederholung feststellen, dass Sie das **Problem wiedererkennen** und Sie **wissen, wo es in der Klausur anzusprechen ist**. Damit ist schon fast alles gewonnen. Wenn Sie die Lösung nicht mehr wissen, können Sie diese zur Vertiefung nochmals nachlesen. Im Assessorexamen hilft Ihnen das **erlernte Problembewusstsein** die Problematik im Kommentar zu finden.

Nun bleibt mir nur, Ihnen viel Spaß mit diesem Buch und ein erfolgreiches Examen zu wünschen!
Ich drücke die Daumen!!!

Koblenz, 1. Februar 2022

Sascha Kurz,
Richter am Oberlandesgericht

Inhalt

(Die Zahlenangaben beziehen sich auf die Seitenzahlen in diesem Buch)

Themenspezifische Übersicht

(Die Zahlenangaben beziehen sich auf die Seitenzahlen in diesem Buch)

2. Relative Revisionsgründe

3. Strafzumessung/Rechtsfolgen

Abkürzungen

aA	anderer Ansicht/Auffassung
aaO	am angegebenen Ort
Abb.	Abbildung
abgedr.	abgedruckt
Abh.	Abhandlungen
Abk.	Abkommen
ABl.	Amtsblatt
abl.	ablehnend
Abs.	Absatz
abschl.	abschließend
Abschn.	Abschnitt
Abt.	Abteilung
abw.	abweichend
abzgl.	abzüglich
aE	am Ende
aF	alte Fassung
AG	Amtsgericht
allg.	allgemein
allgA	allgemeine Ansicht
allgM	allgemeine Meinung
Alt.	Alternative
aM	andere Meinung
amtl.	amtlich
Änd.	Änderung
ÄndG	Änderungsgesetz
Anh.	Anhang
Anl.	Anlage
Anm.	Anmerkung
Arch.	Archiv
Arg.	Argumentation
Art.	Artikel
AsylR	Asylrecht
AT	Allgemeiner Teil
Auff.	Auffassung
aufgeh.	aufgehoben
Aufl.	Auflage
Aufs.	Aufsatz
ausdr.	ausdrücklich
ausf.	ausführlich
ausl.	ausländisch
AuslR	Ausländerrecht
ausschl.	ausschließlich
Az.	Aktenzeichen
BAnz.	Bundesanzeiger
Bd.	Band
Bde.	Bände
Bearb.	Bearbeiter
bearb.	bearbeitet
Begr.	Begründung
begr.	begründet
Beil.	Beilage
Bek.	Bekanntmachung
Bem.	Bemerkung
Ber.	Berichtigung
ber.	berichtigt
bes.	besonders
Beschl.	Beschluss
beschr.	beschränkt
Bespr.	Besprechung
bespr.	besprochen
bestr.	bestritten
Betr.	Betreff
betr.	betrifft, betreffend
BGBl.	Bundesgesetzblatt
BGH	Bundesgerichtshof
Bl.	Blatt
BR	Bundesrat
BR-Drs.	Bundesrats-Drucksache
BR-Prot.	Bundesrats-Protokoll
BRD	Bundesrepublik Deutschland
Bsp.	Beispiel
bspw.	beispielsweise
BT	Bundestag; Besonderer Teil
BT-Drs.	Bundestags-Drucksache
BT-Prot.	Bundestags-Protokoll
Buchst.	Buchstabe
bzgl.	bezüglich
bzw.	beziehungsweise
ca.	circa
d.	der, des, durch
Darst.	Darstellung
ders.	derselbe
dgl.	dergleichen, desgleichen
dh	das heißt
dies.	dieselbe
diesbzgl.	diesbezüglich
diff.	differenziert, differenzierend
Dig.	Digesten
Diss.	Dissertation
div.	diverse
Dok.	Dokument
Drs.	Drucksache
dt.	deutsch
E	Entwurf

ebd.	ebenda
Ed.	Edition
EGMR	Europäischer Gerichtshof für Menschenrechte
ehem.	ehemalig
Einf.	Einführung
einf.	einführend
eing.	eingehend
Einl.	Einleitung
einschl.	einschließlich
EL	Ergänzungslieferung
Empf.	Empfehlung
endg.	endgültig
Entsch.	Entscheidung
Entschl.	Entschluss
entspr.	entspricht, entsprechend
EP	Europäisches Parlament
ER	Europäischer Rat
Erg.	Ergebnis, Ergänzung
erg.	ergänzend
Ergbd.	Ergänzungsband
Erkl.	Erklärung
Erl.	Erlass, Erläuterung
etc	et cetera (und so weiter)
EUGH	Europäischer Gerichtshof
europ.	europäisch
EuropaR	Europarecht
ev.	evangelisch
eV	eingetragener Verein
evtl.	eventuell
f., ff.	folgende Seite bzw. Seiten
Fn.	Fußnote
FS	Festschrift
G	Gesetz
GBl.	Gesetzblatt
GE	Gesetzesentwurf
geänd.	geändert
geb.	geboren
GG	Grundgesetz
gem.	gemäß
ges.	gesetzlich
gewöhnl.	gewöhnlich
ggf.	gegebenenfalls
ggü.	gegenüber
glA	gleicher Ansicht
GLE	Gleichlautendende Ländererlasse
GMBl.	Gemeinsames Ministerialblatt
Grdl.	Grundlage
grdl.	grundlegend

grds.	grundsätzlich
GS	Gedenkschrift, Gedächtnisschrift
GVBl.	Gesetz- und Verordnungsblatt
GVOBl.	Gesetz- und Verordnungsblatt
hA	herrschende Ansicht/Auffassung
Halbbd.	Halbband
HdB	Handbuch
hins.	hinsichtlich
hL	herrschende Lehre
hM	herrschende Meinung
Hrsg.	Herausgeber
hrsg.	herausgegeben
Hs.	Halbsatz
ic	in concreto/in casu
idF	in der Fassung
idR	in der Regel
idS	in diesem Sinne
iE	im Einzelnen
iErg	im Ergebnis
ieS	im engeren Sinne
iHd	in Höhe des/der
iHv	in Höhe von
iJ	im Jahre
Inf.	Information
insbes.	insbesondere
int.	international
IPR	Internationales Privatrecht
iRd	im Rahmen des/der
iRv	im Rahmen von
iS	im Sinne
iSd	im Sinne des/der
iSv	im Sinne von
iÜ	im Übrigen
iVm	in Verbindung mit
iW	im Wesentlichen
iwS	im weiteren Sinne
iZw	Im Zweifel
Jg.	Jahrgang
JGG	Jugendgerichtsgesetz
Jge.	Jahrgänge
Jh.	Jahrhundert
JMBl.	Justizministerialblatt
jur.	juristisch
Kap.	Kapitel
kath.	katholisch
Kfz	Kraftfahrzeug

KG	Kammergericht
Kj.	Kalenderjahr
KK	Karlsruher Kommentar zur Strafprozessordnung
Kl.	Kläger
kl.	klagend
Kom.	Komitee, Kommission
Komm.	Kommentar
krit.	kritisch
lfd.	laufend
Lit.	Literatur
lit.	litera
Lkw	Lastkraftwagen
Ls.	Leitsatz
lt.	laut
LT-Drs.	Landtags-Drucksache
mÄnd	mit Änderungen
mAnm	mit Anmerkung
maW	mit anderen Worten
Mat.	Materialien
max.	maximal
MBl.	Ministerialblatt
mE	meines Erachtens
mind.	mindestens
Mio.	Million(en)
Mitt.	Mitteilung(en)
mN	mit Nachweisen
Mot.	Motive
Mrd.	Milliarde(n)
mspätÄnd	mit späteren Änderungen
mtl.	monatlich
mwH	mit weiteren Hinweisen
mwN	mit weiteren Nachweisen
mWv	mit Wirkung vom
nachf.	nachfolgend
Nachw.	Nachweise
nF	neue Fassung
Nr.	Nummer
nrkr	nicht rechtskräftig
nv	nicht veröffentlicht
o.	oben, oder
oÄ	oder Ähnliche/s
öffentl.	öffentlich
ÖffR	Öffentliches Recht
og	oben genannte(r, s)
OLG	Oberlandesgericht
oV	ohne Verfasser
Pkw	Personenkraftwagen
Prot.	Protokoll
rd.	rund

RdErl.	Runderlass
RdSchr.	Rundschreiben
RegE	Regierungsentwurf
RGBl.	Reichsgesetzblatt
RiBGH	Richter/-in am Bundesgerichtshof
RiLG	Richter/in am Landgericht
rkr.	rechtskräftig
RL	Richtlinie
Rn.	Randnummer
Rs.	Rechtssache
Rspr.	Rechtsprechung
S.	Seite(n), Satz
s.	siehe
sa	siehe auch
Schr.	Schrifttum, Schreiben
SchuldR	Schuldrecht
Sen.	Senat
Slg.	Sammlung
s.o.	siehe oben
sog.	so genannt
Sp.	Spalte
st.	ständig
Stellungn.	Stellungnahme
Stichw.	Stichwort
StPO	Strafprozessordnung
str.	streitig, strittig
StrafProzR	Strafprozessrecht
StrafR	Strafrecht
StrafVerfR	Strafverfahrensrecht
stRspr	ständige Rechtsprechung
StVR	Straßenverkehrsrecht
s.u.	siehe unten
teilw.	teilweise
Tz.	Textziffer
u.	und
u.a.	und andere, unter anderem
uÄ	und Ähnliches
uÄm	und Ähnliches mehr
UAbs.	Unterabsatz
UAbschn.	Unterabschnitt
uam	und anderes mehr
überarb.	überarbeitet
Überbl.	Überblick
überw.	überwiegend
Übk.	Übereinkommen
uE	unseres Erachtens
Umf.	Umfang
umfangr.	umfangreich
umstr.	umstritten

unstr.	unstreitig
unv.	unverändert, unveränderte Auflage
unveröff.	unveröffentlicht
unzutr.	unzutreffend
Urt.	Urteil
usw	und so weiter
uU	unter Umständen
uvam	und vieles anderes mehr
uvm	und viele mehr
v.	vom, von
va	vor allem
vAw	von Amts wegen
Var.	Variante
Verf.	Verfasser, Verfassung
VerfassungsR	Verfassungsrecht
VergR	Vergaberecht
Verh.	Verhandlung
VerkehrsR	Verkehrsrecht
Veröff.	Veröffentlichung
Vers.	Versicherung
Verw.	Verwaltung
Vfg.	Verfügung
vgl.	vergleiche
vH	von Hundert
VO	Verordnung
VölkerR	Völkerrecht
Vol., vol.	volume (Band)
Voraufl.	Vorauflage
Vorb.	Vorbemerkung
vorl.	vorläufig
Vorschr.	Vorschrift
VRiOLG	Vorsitzende(r) Richter(in) am Oberlandesgericht
vs.	versus
WidvSt.	Wiedereinsetzung in den vorigen Stand
Wiss.	Wissenschaft
wiss.	wissenschaftlich
Wj.	Wirtschaftsjahr
zahlr.	zahlreich
z.B.	zum Beispiel
Ziff.	Ziffer
zit.	zitiert
zT	zum Teil
zul.	zuletzt
zusf.	zusammenfassend
zust.	zustimmend
zutr.	zutreffend
zVb	zur Veröffentlichung bestimmt
ZVR	Zeugnisverweigerungsrecht
zw.	zwischen
zweifelh.	zweifelhaft
zzgl.	zuzüglich
zzt.	zurzeit

Gericht, Az.:	**Datum:**	**Fundstelle:**
BGH, 3 StR 522/19	19.02.2020	NStZ 2021, 116

Ansichtssache

Der Angeklagte ist durch Urteil des Landgerichts wegen Mordes verurteilt worden.

In der Hauptverhandlung hatte er alle Mitglieder der Schwurgerichtskammer als befangen abgelehnt, nachdem die Strafkammer seine Ablehnung eines Sachverständigen als unbegründet zurückgewiesen hatte. Der Angeklagte sah die Kammermitglieder hiernach als befangen an, da diese Entscheidung „falsch" gewesen sei. Die Rechtsansicht der Strafkammer, dass es der durchgehenden Anwesenheit des psychiatrischen Sachverständigen in der Hauptverhandlung nicht bedürfe und diesem die relevanten Umstände von der Kammer sowie gegebenenfalls den übrigen Beteiligten mitgeteilt werden könnten, sei unzutreffend.

Die Strafkammer verwarf den gegen alle ihre Mitglieder gestellten Ablehnungsantrag unter Beteiligung der abgelehnten Richter als unzulässig.

Der Angeklagte möchte nun wissen, ob eine Revision Aussicht auf Erfolg hätte.

A. Zulässigkeit der Revision	***B. Begründetheit der Revision***
I. Statthaftigkeit	*I. Prozessvoraussetzungen/-hindernisse*
II. Rechtsmittelbefugnis	
III. Beschwer	*II.* ***Verfahrensfehler*** *(**absolute**/relative)*
IV. Form/Frist d. Einlegung	***- §§ 26a Abs. 1, 338 Nr. 3 StPO (Befangenheit bei Rechtsfehler)***
V. Form/Frist d. Begründung	
VI. kein(e) Rücknahme/Verzicht	*III. Sachrüge*

Obersatz:
Es könnte ein anfechtbarer Verstoß gegen § 26a Abs. 1 StPO vorliegen, indem das Landgericht das Befangenheitsgesuch der Angeklagten zu Unrecht als unzulässig verworfen hat.

Problem:
Es stellt keinen Fehler dar, wenn das Gericht – wie hier – ein Ablehnungsgesuch unter Mitwirkung der abgelehnten Richter als unzulässig verwirft, da dies in § 26a Abs. 2 Satz 1 StPO so vorgesehen ist. Allerdings stellt sich die Frage, ob die Verwerfung als unzulässig gemäß § 26a Abs. 1 StPO richtig war.

Lösung:
Eine vermeintlich oder tatsächlich rechtsfehlerhafte Vorentscheidung begründet für sich genommen die Besorgnis der Befangenheit nicht, sodass ein darauf gestütztes Ablehnungsgesuch als unzulässig im Sinne des § 26a StPO verworfen werden kann. Für eine erfolgreiche Ablehnung müssen konkrete Umstände des Einzelfalls hinzutreten, welche die Besorgnis der Befangenheit zu begründen vermögen. Diese über die Vorentscheidung hinausreichenden Umstände muss der Antragsteller in seinem Gesuch vortragen und glaubhaft machen. Anhaltspunkte für die Besorgnis der Befangenheit können in dem Verhalten des Richters oder in den Gründen der vorangegangenen Entscheidung gefunden werden.
Es ging dem Angeklagten hier nicht um die Frage, ob die abgelehnten Richter den Sachverständigen tatsächlich ausreichend informierten, sondern (nur) darum, ob die Begründung des vorangegangenen Beschlusses rechtsfehlerhaft war. Neben der gerügten Fehlerhaftigkeit ist seine Ablehnung auf keine sonstigen Umstände gestützt.

Vorschlag:
Dem Angeklagten ist von der Durchführung der Revision abzuraten, da diese keine Aussicht auf Erfolg hat.

Tipp:
Der Rechtsgrundsatz, dass eine vom Richter geäußerte rechtsfehlerhafte Rechtsauffassung in der Regel nicht die Annahme der Befangenheit rechtfertigt, gilt nicht, wenn die Rechtsaufassung abwegig ist oder sogar den Anschein der Willkür erweckt (BGH, NStZ 2010, 342 Rn. 10).

Gericht, Az.:	Datum:	Fundstelle:
BGH, 3 StR 5/20	08.04.2020	NStZ 2021, 229 ff.

Ich sehe, dass sie nichts sieht

Das Landgericht hat den Angeklagten wegen besonders schweren räuberischen Diebstahls gemäß §§ 252, 249 Abs. 1, § 250 Abs. 2 Nr. 1 Alt. 2 StGB zu einer mehrjährigen Freiheitsstrafe verurteilt.

Nach den vom Landgericht getroffenen Feststellungen stieg der Angeklagte nachts in ein Haus ein. Während die Bewohnerinnen im ersten Stock schliefen, durchsuchte er das Erdgeschoss, nahm diverse Wertgegenstände an sich und verpackte sie in einem Rucksack. Anschließend bewaffnete er sich in der Küche mit einem Messer und ging ins Obergeschoss, um dort nach weiterem Diebesgut Ausschau zu halten. Eine Bewohnerin erwachte, als der Angeklagte an ihrem Bett stand. Um seine Flucht zu ermöglichen und zugleich die Beute zu sichern, rief er ihr mehrfach zu, dass er ein Messer habe. Hierdurch wollte er der Frau zu verstehen geben, dass er dieses gegen sie einsetzen werde, sollte sie sich ihm entgegenstellen. Die Bewohnerin konnte das Messer aufgrund der Dunkelheit nicht erkennen. Sie hegte jedoch keinen Zweifel daran, dass der Angeklagte ein solches tatsächlich in der Hand hielt und sie sich deshalb in Leib- und Lebensgefahr befand, wenn sie versuchen sollte, ihn aufzuhalten. Sie verharrte auf der Treppe, während dem Angeklagten mitsamt Messer und Beute die Flucht aus dem Haus gelang.

Der Angeklagte hat sich die Feststellungen genau durchgelesen und an der Verurteilung seine Zweifel. Er ist der Meinung, dass das Landgericht hier mehr gesehen habe als das Opfer. Haben Sie eine Idee, was er damit meinen könnte? Kann er auf seine Einschätzung erfolgreich eine Revision stützen?

A. Zulässigkeit der Revision	*B. Begründetheit der Revision*
I. Statthaftigkeit *II. Rechtsmittelbefugnis* *III. Beschwer* *IV. Form/Frist d. Einlegung* *V. Form/Frist d. Begründung* *VI. kein(e) Rücknahme/Verzicht*	*I. Prozessvoraussetzungen/-hindernisse* *II. Verfahrensfehler (absolute/relative)* ***III. Sachrüge*** ***- rechtliche Würdigung (§ 250 Abs. 2 Nr. 1 StGB – „Verwenden“)***

Obersatz:

Der Schuldspruch wegen eines besonders schweren räuberischen Diebstahls könnte rechtsfehlerhaft erfolgt sein, da der Angeklagte nach den im landgerichtlichen Urteil getroffenen Feststellungen möglicherweise kein objektiv gefährliches Tatmittel zur Tatbestandsverwirklichung verwendet hat.

Problem:

Fraglich ist, ob das Messer nicht „verwandt“ wurde, weil das Opfer es nicht sicher wahrgenommen hatte. Das Tatbestandsmerkmal des Verwendens im Sinne des § 250 Abs. 2 Nr. 1 Alt. 2 StGB umfasst jeden zweckgerichteten Gebrauch eines objektiv gefährlichen Tatmittels zur Verwirklichung des Raubtatbestands. Es liegt sonach vor, wenn der Täter eine Waffe oder ein gefährliches Werkzeug gerade als Mittel entweder der Ausübung von Gewalt gegen eine Person oder der Drohung mit gegenwärtiger Gefahr für Leib oder Leben gebraucht, um die Wegnahme einer fremden beweglichen Sache zu ermöglichen oder - im Fall des § 252 StGB - seinen Besitz an einer solchen zu erhalten. Im Fall der Drohung muss das Tatopfer das Nötigungsmittel und die Androhung seines Einsatzes wahrnehmen, da hierunter das ausdrückliche oder schlüssige In-Aussicht-Stellen eines künftigen Übels zu verstehen ist, auf das der Drohende Einfluss hat oder zu haben vorgibt. Eine Drohung erfordert daher, dass der Bedrohte Kenntnis von ihr erlangt und dadurch in eine Zwangslage gerät. Nimmt das Tatopfer die Drohung des Täters mit dem gefährlichen Werkzeug hingegen nicht wahr, so wird es nicht in die von § 250 Abs. 2 Nr. 1 Alt. 2 StGB vorausgesetzte qualifizierte Zwangslage versetzt, und es fehlt an einem vollendeten Verwenden des Drohmittels.

Lösung:

Ein vollendetes Verwenden des Messers zur Beutesicherung durch Drohung lag vor. Denn der Angeklagte war tatsächlich mit diesem bewaffnet und drohte dem Tatopfer für den Fall des Widerstands konkludent dessen Einsatz an. Die so Bedrohte erkannte sowohl das konkrete Nötigungsmittel als auch die Gefahr seines Gebrauchs durch den Täter sowie die damit einhergehende Gefahr für ihr Leib oder Leben, sollte sie sich ihm in den Weg stellen. Der Annahme vollendeten Verwendens steht nicht entgegen, dass die Bewohnerin das Messer in der Dunkelheit nicht erkennen konnte. Denn sie vernahm die Drohung mit dessen Einsatz akustisch. Dies genügt! Auf welche Weise oder durch welchen Körpersinn der Täter seinem Gegenüber die Bewaffnung vermittelt, ist nach dem Wortlaut für die Herbeiführung der qualifizierten Zwangslage im Sinne des § 250 Abs. 2 Nr. 1 StGB nicht entscheidend. Hierbei ist es sogar unschädlich, wenn das Opfer den verwendeten Gegenstand nicht identifizieren kann, solange es ihn zu Recht für gefährlich hält. Die finale Verknüpfung zwischen der Bedrohung mittels gefährlichen Werkzeugs und der Beuteerlangung oder -sicherung liegt in diesem Fall in gleichem Maße vor wie bei einem für das Opfer sichtbar eingesetzten Tatmittel.

Ergebnis:

Der Angeklagte sollte bezüglich der vorstehenden Problematik von einer Revisionseinlegung absehen.

Tipp:

Auf eine zulässige Sachrüge sind die einzelnen Bestandteile des Urteils auf Rechtsfehler zu überprüfen. Die sog. Darstellungsprüfung umfasst dabei die Feststellungen (zur Person und Sache) und die zugrundeliegende Beweiswürdigung. Zu prüfen ist hier, ob Feststellungen und Beweiswürdigung vorhanden, nicht widersprüchlich, unklar oder lückenhaft sind. Die Beweiswürdigung darf zudem nicht gegen gesicherte wissenschaftliche Erkenntnisse, Denkgesetze, Erfahrungssätze oder geltende Beweisregeln verstoßen. Die rechtliche Würdigung im Urteil wird dagegen auf Subsumtionsfehler geprüft.

Gericht, Az.:	Datum:	Fundstelle:
BGH, 4 StR 533/19	13.05.2020	NStZ 2021, 178 f.

Wo bleibt die Post?

Das Landgericht hat die Angeklagte wegen Körperverletzung mit Todesfolge zu einer Freiheitsstrafe von drei Jahren und vier Monaten verurteilt, von der vier Monate wegen einer rechtsstaatswidrigen Verfahrensverzögerung als vollstreckt gelten. Im Übrigen hat das Landgericht die Angeklagte freigesprochen.

Der Angeklagten und ihrem damaligen Verteidiger wurden zunächst versehentlich nicht die Anklageschrift vom 5. April 2011, sondern Abschriften eines anderslautenden Entwurfs der Anklage mitgeteilt, die sich lose in den Akten befunden hatten. Dieses Versehen war erst nach Eröffnung des Hauptverfahrens bemerkt worden. Danach verfügte der Vorsitzende die Zustellung der Anklage vom 5. April 2011 an die Verfahrensbeteiligten. Die Eröffnung des Hauptverfahrens wurde nicht wiederholt.

Die Angeklagte hat Revision eingelegt. Und möchte nun wissen, ob diese auf die „seltsame“ Mitteilung der Anklageschrift gestützt werden kann.

A. Zulässigkeit der Revision	**B. Begründetheit der Revision**
I. Statthaftigkeit	*I.* ***Prozess****voraussetzungen/-****hindernisse***
II. Rechtsmittelbefugnis	***- § 201 Abs. 1 StPO (Mitteilung der Anklageschrift)***
III. Beschwer	
IV. Form/Frist d. Einlegung	*II.* ***Verfahrensfehler*** *(absolute/****relative****)*
V. Form/Frist d. Begründung	
VI. kein(e) Rücknahme/Verzicht	*III. Sachrüge*

Obersatz:

1) Es könnte durch das Gerichts ein von Amts wegen zu beachtendes Verfahrenshindernis missachtet worden sein, indem der Vorsitzende entgegen § 201 Abs. 1 Satz 1 StPO eine Mitteilung der Anklageschrift vor der Entscheidung über die Eröffnung des Hauptverfahrens unterlassen hat.
2) Überdies könnte das Unterlassen des Gerichts auch eine Verfahrensrüge gemäß §§ 201 Abs. 1 Satz 1, 337 StPO begründen.

Problem:

Anklageschrift und Eröffnungsbeschluss gehören zu den Prozessvoraussetzungen. Fraglich ist, ob ein Prozesshindernis entsteht, wenn eine Anklageschrift vorliegt, aber der Umgang mit ihr verfahrensfehlerhaft erfolgt (1). Da es sich bei § 201 StPO auch um eine Verfahrensnorm handelt, könnte auch eine Verfahrensrüge begründet sein (2).

Lösung:

1) Die unterbliebene Mitteilung der Anklageschrift stellt einen Verstoß dar, der jedoch kein Verfahrenshindernis begründet und auch nicht zur Unwirksamkeit des Eröffnungsbeschlusses führt.
Zum einen gehören zu den von Amts wegen zu prüfenden Verfahrenshindernissen nur solche Umstände, die nach dem ausdrücklich erklärten oder aus dem Zusammenhang ersichtlichen Willen des Gesetzes für das Strafverfahren so schwer wiegen, dass von ihrem Vorhandensein oder Nichtvorhandensein die Zulässigkeit des Verfahrens im Ganzen abhängig gemacht werden muss. Eine solche Bedeutung kommt dem hier in Rede stehenden Mangel nicht zu (vgl. BGH, 2 StR 317/84 v. 19.04.1985, NJW 1985, 2960).
2) Außerdem ist der Verstoß gegen § 201 StPO im vorliegenden Fall im weiteren Verfahren durch Nachholung der Mitteilung geheilt worden. Daher könnte auch eine Verfahrensrüge gegen den Verstoß keinen Erfolg haben.

Ergebnis:

Die Revision kann nicht mit Erfolg auf die verfahrensfehlerhafte Mitteilung der Anklageschrift gestützt werden.

Tipp:

Denken Sie daran, dass es bei der Prüfung von Verfahrenshindernissen und Prozessvoraussetzungen darum geht, die Voraussetzungen für das überprüfte Sachurteil festzustellen. Daher ist der Zeitpunkt, zu dem die Sachurteilsvoraussetzungen vorliegen müssen, die Verkündung des (Sach-)Urteils. Bis dahin können ggf. Heilungen erfolgen.

Gericht, Az.:	Datum:	Fundstelle:
BGH, 1 StR 86/20	18.06.2020	NStZ-RR 2021, 84 ff.

Wie hätten Sie es gern?

Das Landgericht hat den Angeklagten O wegen Mordes zu lebenslanger Freiheitsstrafe verurteilt und im Übrigen freigesprochen. Die Angeklagte H hat es wegen Beihilfe zum Mord zu einer Freiheitsstrafe von sieben Jahren verurteilt. Im Urteil ist festgestellt, dass die Angeklagte H unter einer Angststörung leidet, die vor allem bei Menschenansammlungen zutage tritt. Seine Überzeugung von der Haupttat und einer vorsätzlichen Unterstützung dieser Tat durch die Angeklagte H, zumindest in Form eines Auftretens als Lockvogel, hat die Kammer auf eine dichte Beweis- und Indizienlage gestützt.

Das Landgericht hat durch Beschluss vom 15. März 2019 am fünften Hauptverhandlungstag auf Antrag der Zeugin A die Öffentlichkeit für die Dauer der Vernehmung der Zeugin gemäß § 171b Abs. 1 und 3 GVG ausgeschlossen. Zuvor hatte der Vorsitzende darauf hingewiesen, dass der Öffentlichkeitsausschluss während der Vernehmung dazu führe, dass die Öffentlichkeit auch für die Dauer der Schlussvorträge auszuschließen sei, und den Verfahrensbeteiligten diesbezüglich Gelegenheit zur Stellungnahme gegeben. Der Verteidiger des Angeklagten O hatte daraufhin vorgeschlagen, einen Ausschluss der Öffentlichkeit während der Schlussvorträge dadurch zu umgehen, dass die Verfahrensbeteiligten den Namen der Zeugin in öffentlicher Hauptverhandlung nicht nennen, sondern diesen durch einen Tarnnamen ersetzen. Der Nebenklägervertreter und der Zeugenbeistand hatten diesem Vorschlag zugestimmt, während die anderen Verfahrensbeteiligten keine Stellungnahme abgegeben hatten. Am Ende der Vernehmung der Zeugin, die das intime Verhältnis zum Angeklagten O zum Gegenstand hatte, verständigten sich sämtliche Verteidiger, der Nebenklägervertreter sowie der Vertreter der Staatsanwaltschaft darauf, bei den Schlussvorträgen in öffentlicher Hauptverhandlung auf die Nennung des Echtnamens der Zeugin zu verzichten und den Tarnnamen „U“ für sie zu verwenden. Die Angeklagten, die sich nicht zur Sache eingelassen hatten, und der Nebenkläger äußerten sich hierzu nicht. Die Zeugin erklärte sodann auf Frage des Vorsitzenden unter den zuvor besprochenen Bedingungen ihr Einverständnis damit, dass die Schlussvorträge in öffentlicher Hauptverhandlung gehalten würden. Nach der Vernehmung der Zeugin wurde die Öffentlichkeit wiederhergestellt.

Im weiteren Verlauf wurde die Öffentlichkeit am neunten Verhandlungstag erneut – nunmehr für die Dauer der Beweisaufnahme über die Ergebnisse einer PKW-Innenraumüberwachung des Fahrzeugs der Angeklagten auf Antrag der Verteidigung beider Angeklagten – gemäß § 171b Abs. 1 und 3 GVG ausgeschlossen und nach der diesbezüglichen Beweisaufnahme wiederhergestellt.

Die Verteidiger, der Nebenklägervertreter und die Staatsanwaltschaft hielten ihre Schlussvorträge in öffentlicher Hauptverhandlung; auch die Inhalte der unter Ausschluss der Öffentlichkeit durchgeführten Beweisaufnahme kamen dabei zur Sprache, ohne dass der Echtname der Zeugin A genannt wurde. Den Angeklagten, die sich bis zuletzt nicht zur Sache eingelassen hatten, wurde in öffentlicher Hauptverhandlung – auch Presse, Fernsehen und Freunde sowie Verwandte beider Angeklagten waren anwesend – das letzte Wort gewährt. Diese beschränkten sich hierbei darauf, sich den Ausführungen ihrer Verteidiger anzuschließen.

Ein Einverständnis mit dem Halten der Schlussvorträge in öffentlicher Hauptverhandlung wurde von den Angeklagten und dem Nebenkläger nicht erteilt. Eine Entscheidung über den Ausschluss der Öffentlichkeit während der Schlussvorträge wurde nicht getroffen.

Die Angeklagte H möchte gerne die Aufhebung des Urteils erreichen. Kann das gelingen?

A. Zulässigkeit der Revision	B. Begründetheit der Revision
I. Statthaftigkeit II. Rechtsmittelbefugnis III. Beschwer IV. Form/Frist d. Einlegung V. Form/Frist d. Begründung VI. kein(e) Rücknahme/Verzicht	I. Prozessvoraussetzungen/-hindernisse II. **Verfahrensfehler** (absolute/**relative**) **- § 171b Abs. 3 Satz 2 GVG (Ausschluss d. Öffentlichkeit)** III. Sachrüge

Obersatz:
Es könnte ein anfechtbarer Verstoß gegen § 171b Abs. 3 Satz 2 GVG vorliegen, indem das Gericht die Öffentlichkeit nicht für die Schlussvorträge ausschloss.

Lösung:
Gemäß § 171b Abs. 3 Satz 2 GVG ist die Öffentlichkeit zwingend für die Dauer der Schlussvorträge auszuschließen, wenn diese zuvor während der Beweisaufnahme nach § 171b Abs. 1 oder 2 GVG ausgeschlossen war. Unter Schlussvorträge im Sinne des § 171b Abs. 3 Satz 2 GVG fällt auch das letzte Wort des Angeklagten. Der Ausschluss soll verhindern, dass der Angeklagte in seinem letzten Wort eingeschränkt sein könnte, weil es sich um Umstände handelt, die seinen persönlichen Lebensbereich betreffen und über die er sich zuvor nicht oder nur in nichtöffentlicher Sitzung geäußert hat. Nach diesen Maßstäben liegt ein anfechtbarer Verfahrensverstoß vor.
1) Nachdem die Öffentlichkeit während der Vernehmung der Zeugin A und für die Dauer der Beweisaufnahme über die Ergebnisse der PKW-Innenraumüberwachung gemäß § 171b Abs. 1 und 3 GVG ausgeschlossen war, stellt es sich als Verletzung der zwingenden Verfahrensregelung des § 171b Abs. 3 Satz 2 GVG dar, dass die Öffentlichkeit für die Dauer der Schlussvorträge einschließlich der Erteilung des letzten Wortes nicht ebenfalls ausgeschlossen wurde. Die vom Verteidiger des Angeklagten O angestoßene Übereinkunft, den Name der Zeugin in den Schlussvorträgen durch einen Tarnnamen zu ersetzen, ändert an dem Verstoß nichts, weil der Ausschluss der Öffentlichkeit nach § 171b Abs. 3 Satz 2 GVG nicht zur Disposition der Verfahrensbeteiligten steht, sondern dem Ausschluss während der Beweisaufnahme zwingend nachfolgt.
Anderes gilt auch nicht nach § 171b Abs. 4 GVG, wonach in dem Fall, dass die in ihren persönlichen Lebensbereichen betroffenen Personen dem Ausschluss der Öffentlichkeit widersprechen, die Öffentlichkeit nach § 171b Abs. 1 oder 2 GVG nicht ausgeschlossen werden darf. Die durch die Aussage der Zeugin A in ihren Lebensbereichen betroffenen Personen – hierzu zählt neben der Zeugin auch der Angeklagte O – haben einem Ausschluss der Öffentlichkeit nicht widersprochen. Insbesondere ist das von der Zeugin A (unter einer Bedingung) erklärte Einverständnis mit dem Unterbleiben des Ausschlusses der Öffentlichkeit während der Schlussvorträge einem Widerspruch gegen den Ausschluss der Öffentlichkeit im Sinne des § 171b Abs. 4 GVG qualitativ nicht gleichzusetzen. Zudem war das Halten der Schlussvorträge in öffentlicher Hauptverhandlung auch wegen des von den Angeklagten beantragten Öffentlichkeitsausschlusses während der Beweisaufnahme über die – insbesondere deren eigene Privatsphäre berührende – PKW-Innenraumüberwachung nach § 171b Abs. 3 Satz 2, Abs. 1 und 2 GVG unzulässig, woran auch ein Widerspruch der Zeugin A gegen den Ausschluss der Öffentlichkeit von vornherein nichts hätte ändern können.
2) Die Verfahrensrüge ist auch nicht nach § 171b Abs. 5 GVG i.V.m. § 336 Satz 2 StPO ausgeschlossen. Zwar ist hiernach der revisionsgerichtlichen Kontrolle entzogen, ob die in § 171b Abs. 1 bis 4 GVG normierten tatbestandlichen Voraussetzungen für einen Ausschluss der Öffentlichkeit erfüllt sind; dies umfasst indes nicht die Prüfung, ob eine generelle Befugnis – oder Verpflichtung – zum Ausschluss der Öffentlichkeit während eines bestimmten Verfahrensabschnitts bestand.
3) Das Urteil beruht im Strafausspruch auf dem Rechtsfehler, soweit es die Angeklagte H betrifft, weil schon wegen ihrer Angststörung bei Menschenansammlungen nicht auszuschließen ist, dass sich die Angeklagte bei pflichtgemäßem Ausschluss der Öffentlichkeit während der Schlussvorträge in ihrem letzten Wort in einer Weise geäußert hätte, die das Urteil in dem sie betreffenden Strafausspruch hätte beeinflussen können. Wegen der dichten Beweis- und Indizienlage ist jedoch auszuschließen, dass bei einer Einlassung von H noch Zweifel am Schuldspruch aufkommen könnten, weshalb dieser Bestand hat.
Fazit: Das Urteil ist hinsichtlich H im Strafausspruch mit den Feststellungen aufzuheben.

Gericht, Az.:	Datum:	Fundstelle:
BGH, 5 StR 236/20	21.07.2020	NStZ 2021, 56 ff.

Schnell-Schluss-Vortrag

Das Landgericht hat den Angeklagten von den Vorwürfen eines sexuellen Übergriffs, einer sexuellen Belästigung und einer Beleidigung freigesprochen und seine Unterbringung in einem psychiatrischen Krankenhaus angeordnet. Folgendes Verfahrensgeschehen liegt zugrunde:

Die Hauptverhandlung war auf drei Verhandlungstage angesetzt, zu denen alle Verfahrensbeteiligten und die psychiatrische Sachverständige geladen wurden. Bereits Monate vorher hatte die Sachverständige zwei vorbereitende schriftliche Gutachten erstellt (Umfang 23 und 29 Seiten). Am ersten Hauptverhandlungstag wurde der Angeklagte vernommen, anschließend wurden bis in den Nachmittag sechs Zeugen gehört. Für den zweiten Hauptverhandlungstag waren ursprünglich wiederum sechs Zeugen geladen. Wie sich aus einer Mitteilung von diesem Tag ergab, konnte eine für mittags geladene Zeugin den Termin nicht wahrnehmen. Die psychiatrische Sachverständige erstattete zunächst bis 12.55 Uhr ihr Gutachten. Anschließend wurden weitere Zeugen und danach wieder die Sachverständige gehört. Sie wurde um 15.17 Uhr entlassen. Nunmehr verlas der Vorsitzende den Bundeszentralregisterauszug und die Beweisaufnahme wurde geschlossen.

Der Vorsitzende teilte mit, dass noch am selben Hauptverhandlungstag plädiert werden solle. Es folgte zwischen Gericht und Verteidigung ein Disput darüber, ob noch an diesem Tag plädiert werden könne und wieviel Zeit für die Vorbereitung des Plädoyers notwendig sei. Gemäß dem Antrag der Staatsanwaltschaft wollte der Vorsitzende eine Unterbrechung von 30 Minuten zur Vorbereitung der Plädoyers gewähren. Damit war der Verteidiger des Angeklagten nicht einverstanden und erhob „Gegenvorstellung". Er erklärte, dass er für seine Vorbereitung aufgrund des Umfangs der Hauptverhandlung und insbesondere des psychiatrischen Gutachtens deutlich mehr Zeit benötige.

Anschließend wurde um 15.20 Uhr die Hauptverhandlung für 30 Minuten unterbrochen. Unmittelbar nach Wiedereintritt in die Hauptverhandlung stellte der Verteidiger für den Angeklagten ein Ablehnungsgesuch gegen den Vorsitzenden und begründete dies sinngemäß damit, dass der Verteidigung angesichts des Umfangs der Beweisaufnahme und der Bedeutung der Sache mit 30 Minuten ein zu kurzer Zeitraum für die Vorbereitung ihres Plädoyers eingeräumt worden sei. Die Gewährung von mehr Vorbereitungszeit würde nicht zu Verzögerungen führen, weil noch ein weiterer Hauptverhandlungstermin anberaumt sei. Zudem habe das Gericht mit dieser Planung gezeigt, dass es an einer Vernehmung der nicht erschienenen Zeugin nicht interessiert sei, obgleich diese für die Feststellung eines bestimmten verfahrensrelevanten Geschehens unverzichtbar sei.

Das Gericht lehnte den Befangenheitsantrag unter Mitwirkung des abgelehnten Vorsitzenden nach § 26a Abs. 1 Nr. 1 StPO mit der Begründung ab, der Ablehnungsantrag sei verspätet erfolgt. Er sei nicht unverzüglich gestellt oder angekündigt worden, nachdem der Vorsitzende mitgeteilt habe, dass am selben Tag plädiert werden solle. Auch eine Frist zur Beratung mit dem Angeklagten oder zur Überlegung sei nicht eingefordert worden. Stattdessen sei der Befangenheitsantrag erst nach der Unterbrechung der Hauptverhandlung gestellt worden. Anschließend erhielten Staatsanwaltschaft, Verteidiger und Angeklagter Gelegenheit zu Ausführungen. Das Gericht sprach sodann noch an diesem Hauptverhandlungstag das Urteil, ohne dass der Verteidiger plädiert hatte.

Der Angeklagte möchte wissen, ob Sie eine Rügemöglichkeit sehen, mit der er eine Revision erfolgreich begründen könnte.

A. Zulässigkeit der Revision	B. Begründetheit der Revision
I. Statthaftigkeit	I. Prozessvoraussetzungen/-hindernisse
II. Rechtsmittelbefugnis	
III. Beschwer	**II. Verfahrensfehler** (**absolute**/relative)
IV. Form/Frist d. Einlegung	**- §§ 26a Abs. 1 Nr. 1, 25 Abs. 2 Nr. 2, 338 Nr. 3 & 8 (fair trial) StPO**
V. Form/Frist d. Begründung	
VI. kein(e) Rücknahme/Verzicht	III. Sachrüge

Obersatz:

Es könnten 2 anfechtbare Verstöße bestehen und zwar zum einen gegen den Grundsatz des fairen Verfahrens in Form einer unzulässigen Verteidigungsbeschränkung gemäß § 338 Nr. 8 StPO, indem das Gericht dem Verteidiger zu wenig Vorbereitung für das Plädoyer gewährte (1) und zum anderen gegen §§ 26a Abs. 1 Nr. 1, 338 Nr. 3 StPO, indem das Gericht das Ablehnungsgesuch als unzulässig verwarf (2).

Problem:

Zu 1) Fraglich ist die Rügemöglichkeit, da nur der Vorsitzende entschieden hat.
Zu 2) Ein absoluter Revisionsgrund gemäß § 338 Nr. 3 StPO liegt vor, wenn ein Ablehnungsgesuch zu Unrecht verworfen wird. Dies ist auch dann der Fall, wenn die unter Mitwirkung des abgelehnten Richters beschlossene Verwerfung gemäß § 26a StPO als unzulässig auf einer willkürlichen oder die Anforderungen des Art. 101 Abs. 1 Satz 2 GG grundlegend verkennenden Rechtsanwendung beruht; auf die sachliche Berechtigung der Ablehnungsgründe kommt es in diesem Fall nicht an. Prüfungsmaßstab ist dabei nicht nur die Begründetheit des Ablehnungsgesuchs nach Beschwerdegrundsätzen (§ 28 Abs. 2 StPO), sondern vielmehr, ob die Grenzen der Vorschrift des § 26a StPO, die den gesetzlichen Richter gewährleistet, eingehalten wurden. Willkür in diesem Sinne liegt vor, wenn die Entscheidung des Gerichts auf einem Fall grober Missachtung oder grober Fehlanwendung des Gesetzes beruht und daher in der Sache offensichtlich unhaltbar ist. Gleiches gilt, wenn das Gericht bei der Rechtsanwendung Bedeutung und Tragweite des von der Verfassung garantierten Rechts auf den gesetzlichen Richter (Art. 101 Abs. 1 Satz 2 GG) grundlegend verkennt. Dies ist anhand der jeweiligen Umstände des Einzelfalls zu beurteilen. Dieser Maßstab gilt nicht nur für die Anwendung von § 26a Abs. 1 Nr. 2 StPO, sondern auch für die Ablehnung eines Befangenheitsgesuchs als unzulässig wegen Verspätung nach § 26a Abs. 1 Nr. 1 StPO und Verschleppungsabsicht nach § 26a Abs. 1 Nr. 3 StPO.

Lösung:

Zu 1) Die Rüge, die Zeit für das Plädoyer des Verteidigers sei vom Vorsitzenden zu kurz bemessen gewesen, ist jedenfalls präkludiert. Denn der Angeklagte hat es versäumt, gegen diese Ermessensentscheidung des Vorsitzenden nach § 238 Abs. 2 StPO das Gericht anzurufen.
Zu 2) Die Ablehnung des Befangenheitsantrags des Angeklagten als verspätet im Sinne von § 26a Abs. 1 Nr. 1 StPO war hier willkürlich. Gemäß § 25 Abs. 2 Nr. 2 StPO sind während laufender Hauptverhandlung eintretende Befangenheitsgründe unverzüglich geltend zu machen. Dies bedeutet nicht „sofort“, sondern „ohne schuldhaftes Zögern“. Trotz des dabei anzulegenden strengen Maßstabes ist dem ablehnungsbefugten Angeklagten Zeit zur Überlegung, zur Besprechung mit seinem Verteidiger und zur Abfassung des Gesuchs einzuräumen. Die Zeitspanne hängt von den Umständen des Einzelfalls ab. Diese Frist ist dem Angeklagten von Gesetzes wegen eingeräumt; eines diesbezüglichen Antrags bedarf es nicht. Diese Maßstäbe hat die Strafkammer bei ihrer Entscheidung verfehlt. Der Verteidiger des Angeklagten war erst unmittelbar vor der Unterbrechung der Hauptverhandlung mit seiner Gegenvorstellung erfolglos geblieben. Dies war für den Angeklagten der wesentliche Grund für den Befangenheitsantrag. Die 30-minütige Unterbrechungspause durfte der Angeklagte zur Überlegung, Besprechung mit seinem Verteidiger und Formulierung des Antrags nutzen. Das Befangenheitsgesuch wurde unmittelbar nach Wiedereintritt in die Hauptverhandlung und demnach offensichtlich unverzüglich angebracht.
Die Auslegung des gesetzlichen Begriffs „unverzüglich“ gemäß § 25 Abs. 2 Nr. 2 StPO durch das Landgericht entgegen der langjährigen höchstrichterlichen Rechtsprechung führte zur willkürlichen Anwendung von § 26a Abs. 1 Nr. 1 StPO, da dem Angeklagten jede Überlegungs-, Besprechungs- und Abfassungszeit in unvertretbarer Weise abgesprochen wurde. Auf die Verfahrensrüge gemäß § 338 Nr. 3 StPO wäre das Urteil mit den Feststellungen aufzuheben.

Gericht, Az.:	Datum:	Fundstelle:
BGH, 2 StR 229/20	28.07.2020	NStZ 2021, 42 f.

Weg ist weg – oder nicht?

Das Landgericht hat die Angeklagten S und E jeweils wegen gefährlicher Körperverletzung in Tateinheit mit Diebstahl verurteilt, den Angeklagten S zu einer Freiheitsstrafe von zwei Jahren und drei Monaten, den Angeklagten E unter Einbeziehung von Einzelstrafen aus früheren Verurteilungen zu einer Gesamtfreiheitsstrafe von zwei Jahren und sechs Monaten. Außerdem hat es Einziehungsentscheidungen getroffen. Gegen dieses Urteil richtet sich die Revision des Angeklagten S. Das Landgericht hat folgende Feststellungen getroffen:

> Der Angeklagte S wohnte im Jahr 2016 für einige Zeit bei der früheren Freundin des Zeugen M. Dies führte zu verbalen Auseinandersetzungen. Am 16. Februar 2017 war der Angeklagte S bei dem Angeklagten E zu Besuch und führte seinen Rottweilerrüden mit. Anwesend war auch der Zeuge C; später kam die Zeugin O hinzu. Der Angeklagte S vernahm, dass sich der Zeuge M wegen der Streitigkeiten an seinen körperbehinderten Vater wenden wollte, was ihn erboste. Zur Aggressionsentladung schlug er den Angeklagten E. Dann forderte er die Zeugin O auf, ein Treffen zwischen ihr und M zu vereinbaren; dadurch sollte dieser in eine Falle gelockt werden, in der ihm eine „Abreibung" erteilt werden sollte. Treffpunkt sollte ein Innenhof in A sein. Die Zeugen O und C trafen zuerst dort ein und begegneten dem Zeugen M. Gegen 18 Uhr kamen die Angeklagten S und E hinzu. Sie führten ein Streitgespräch mit dem Zeugen M, wobei dieser einige Schritte zurückwich und stürzte. Am Boden liegend wurde er von den Angeklagten S und E getreten und geschlagen. Dann hetzte der Angeklagte S seinen Hund auf den Geschädigten, der mehrfach gebissen wurde. Der Angeklagte E entfernte sich, um sich von dem Angriff mit dem Hund zu distanzieren. Der Angeklagte S forderte den Geschädigten noch auf, sich „nackt zu machen". Dann war ein „Martinshorn" zu hören und der Zeuge C zog den Angeklagten S von dem Geschädigten fort.
>
> Im Rahmen des Tatgeschehens „verlor" M zwei Armbänder sowie seine Uhr. Vor Verlassen des Tatortes nahm der Angeklagte E das dicke Gliederarmband und der Angeklagte S die Armbanduhr und das Pandora-Armband an sich. Der Geschädigte konnte sich trotz seiner Verletzungen in den nahegelegenen Drogeriemarkt begeben und dort um Hilfe bitten.

Die Beweiswürdigung führt an, dass nach der Einlassung des Angeklagten E die Gegenstände am Boden lagen, nachdem der Geschädigte den Tatort verlassen habe. Dann habe er ein Armband an sich genommen, während der Angeklagte S das andere Armband und die Uhr eingesteckt habe. Der Geschädigte habe demgegenüber bekundet, einer der Angeklagten habe ihm das Pandora-Armband und die Uhr von seinem Handgelenk gelöst; nach der Tat hätten ihm aber definitiv drei Gegenstände gefehlt.

Das Landgericht hat die Tat des Angeklagten S als gefährliche Körperverletzung gemäß § 224 Abs. 1 Nr. 2 und Nr. 4 StGB, diejenige des Angeklagten E als gefährliche Körperverletzung nach § 224 Abs. 1 Nr. 4 StGB gewertet. Ferner hat es beide wegen tateinheitlich begangenen Diebstahls verurteilt, aber einen besonders schweren Raub ausgeschlossen, weil ein finaler Zusammenhang zwischen der Anwendung von Gewalt und der Wegnahme der Sachen des Geschädigten nicht festzustellen sei.

S möchte wissen, ob seine Revision begründet ist?

A. Zulässigkeit der Revision	*B. Begründetheit der Revision*
I. Statthaftigkeit *II. Rechtsmittelbefugnis* *III. Beschwer* *IV. Form/Frist d. Einlegung* *V. Form/Frist d. Begründung* *VI. kein(e) Rücknahme/Verzicht*	*I. Prozessvoraussetzungen/-hindernisse* *II. Verfahrensfehler (absolute/relative)* ***III. Sachrüge*** ***- Darstellungsprüfung (lückenhafte Gewahrsamsfeststellung)***

Obersatz:
Die Darstellungen im Urteil könnten rechtsfehlerhaft sein, da der Schuldspruch wegen Diebstahls aufgrund lückenhafter Feststellungen von diesen nicht getragen wird.

Problem:
Fraglich ist hier, ob die Feststellungen einen Gewahrsamsbruch iSv § 242 Abs. 1 StGB begründen, da das Landgericht festgestellt hat, dass M seine Schmuckstücke „verlor".

Lösung:
Diebstahl begeht gemäß § 242 Abs. 1 StGB, wer eine fremde bewegliche Sache in der Absicht wegnimmt, sich oder einem Dritten dieselbe rechtswidrig zuzueignen. Unter Wegnahme wird der Bruch fremden und die Begründung neuen Gewahrsams durch den Täter verstanden. Der Gewahrsam ist ein tatsächliches Herrschaftsverhältnis einer Person über eine Sache, das von deren Herrschaftswillen getragen ist. Dafür ist die Sachherrschaft wesentlich, der unter Ausschluss fremder Einwirkungsmöglichkeiten kein Hindernis entgegenstehen darf. Der einmal begründete Gewahrsam bleibt als tatsächliches Verhältnis, das dem Inhaber die Sachherrschaft ermöglicht, solange bestehen, bis dessen tatsächliche Einwirkungsmöglichkeit verloren geht. Selbst der Gewahrsam eines Verletzten an seinen neben ihm liegenden Sachen ist nicht schon deshalb zu verneinen, weil er nicht mehr fähig ist, etwas zu deren Schutz zu unternehmen. Jedoch endet der Gewahrsam mit einem Verlieren der Sache.
Danach kann anhand der Feststellungen das Bestehen des Gewahrsams des geschädigten M im Zeitpunkt der Zueignung nicht eindeutig begründet werden. Die Feststellungen sind lückenhaft, da nicht auszuschließen ist, dass M die Armbänder und die Uhr verloren hatte, als S und E diese an sich nahmen. Ob das Landgericht mit der Umschreibung des „Verlierens" den Verlust der Einwirkungsmöglichkeit feststellen wollte, bleibt unklar, da nach den Feststellungen die Angeklagten die Schmuckstücke an sich nahmen, als M sich noch in unmittelbarer Nähe der Gegenstände befand. Auch die Beweiswürdigung vermag dies nicht aufzuklären. Die Strafkammer hat die Widersprüche zwischen den Aussagen von E und M in den Feststellungen nur dahin aufgelöst, dass dem Geschädigten nach ihrer Überzeugung drei Schmuckstücke abhandengekommen seien und die Angeklagten diese eingesteckt hätten. Das reicht jedoch nicht aus, um den Diebstahl – fortbestehende Einwirkungsmöglichkeit, da noch nicht verloren – rechtsfehlerfrei von Unterschlagung – kein Gewahrsam, da verloren – abzugrenzen.
Aufgrund der noch aufklärbaren Lücke kommt eine Schuldspruchänderung iRd Revision in Unterschlagung nicht in Betracht. Die Aufhebung des Schuldspruchs wegen Diebstahls zieht auch die der tateinheitlichen gefährlichen Körperverletzung nach sich. Der sachlich-rechtliche Fehler, der zur Aufhebung der Verurteilung des Angeklagten S führt, betrifft in gleicher Weise die Verurteilung des Angeklagten E; daher ist die Aufhebung auf ihn zu erstrecken (§ 357 StPO).

Antrag:
Auf die Revision des Angeklagten S wird das Urteil des Landgerichts ..., auch soweit es den Angeklagten E betrifft, mit den Feststellungen aufgehoben. Die Sache wird zu neuer Verhandlung und Entscheidung, auch über die Kosten des Rechtsmittels, an eine andere Strafkammer des Landgerichts zurückverwiesen.

Tipp:
Da hier Tatsachen in den Feststellungen fehlten, um das Verlieren der Schmuckstücke vor der Gewahrsamserlangung durch die Täter ausschließen zu können, lag ein Darstellungsfehler vor. Sind die Feststellungen weder lückenhaft, widersprüchlich oder unklar, erlauben aber nicht die Subsumtion des Schuldspruchs, liegt ein Subsumtionsfehler iRd rechtlichen Würdigung vor.

Gericht, Az.:	Datum:	Fundstelle:
BGH, 2 StR 202/20	25.08.2020	NStZ 2021, 58 f.

Alles in Butter mit der Mutter?

Das Landgericht hat den Angeklagten wegen Mordes zu lebenslanger Freiheitsstrafe verurteilt und dessen Unterbringung in einer Entziehungsanstalt angeordnet.

Das Landgericht hat am ersten Hauptverhandlungstag die Mutter des Angeklagten als Zeugin vernommen. Sie wurde gemäß § 52 StPO über ihr Zeugnisverweigerungsrecht belehrt und verweigerte sodann unter Berufung auf dieses Recht die Aussage. Im Protokoll heißt es nur: „Auf Befragen erklärte sie sich damit einverstanden, dass ihre Angaben aus dem Ermittlungsverfahren verwertet und die Polizeibeamten hierzu befragt werden dürfen."

Hierauf gestützt hat die Strafkammer die Angaben der Zeugin sodann ausweislich der Urteilsgründe durch Vernehmung eines Vernehmungsbeamten in die Hauptverhandlung eingeführt. Die Angaben der Mutter zur Entwicklung des Angeklagten (dessen Gewaltausbrüche, dessen übersteigertes Ego etc.) sind nach den Urteilsgründen auch zur Begründung des Mordmerkmals der niedrigen Beweggründe gewürdigt und zur Bejahung der Schuldfähigkeit des Angeklagten zum Tatzeitpunkt herangezogen worden.

Der Angeklagte ist über seine „bereitwillige" Mutter erbost und der Meinung, dass man seine Rechte nicht so umgehen könne. Er möchte wissen, ob Sie eine Anfechtungsmöglichkeit sehen.

A. Zulässigkeit der Revision	*B. Begründetheit der Revision*
I. Statthaftigkeit *II. Rechtsmittelbefugnis* *III. Beschwer* *IV. Form/Frist d. Einlegung* *V. Form/Frist d. Begründung* *VI. kein(e) Rücknahme/Verzicht*	*I. Prozessvoraussetzungen/-hindernisse* ***II. Verfahrensfehler** (absolute/**relative)*** ***- § 252 StPO (Verwertungsverbot)*** *III. Sachrüge*

Obersatz:
Es könnte ein anfechtbarer Verfahrensverstoß gegen § 252 StPO vorliegen, indem das Gericht entgegen dem aus dieser Norm folgenden Verwertungsverbot den Vernehmungsbeamten als Zeugen vom Hörensagen vernommen und so die Erkenntnisse der Mutter erhoben und verwertet hat.

Problem:
§ 252 StPO ist – über den Wortlaut hinaus – nicht nur als Verlesungs-, sondern als Verwertungsverbot aufzufassen, das auch jede andere Verwertung der bei einer nichtrichterlichen Vernehmung gemachten Aussage, insbesondere die Vernehmung von Verhörspersonen, ausschließt. Zwar kann ein zur Zeugnisverweigerung berechtigter Zeuge die Verwertung seiner in einer polizeilichen Vernehmung getätigten Angaben wirksam gestatten, da es sich um eine Zeugenschutznorm handelt und der Schutzzweck daher für ihn disponibel ist. Allerdings kann eine wirksame Disposition nur erfolgen, wenn er zuvor über die Folgen des Verzichts ausdrücklich belehrt worden ist (sog. „qualifizierte Belehrung“).

Lösung:
Hier ist durch den Inhalt des Hauptverhandlungsprotokolls und dessen negative Beweiskraft bewiesen, dass eine qualifizierte Belehrung der Mutter des Angeklagten nicht erfolgte. Aus dem Hauptverhandlungsprotokoll ergibt sich, dass die Einverständniserklärung der Zeugin weder auf deren Initiative zurückging noch nach Belehrung erfolgte, sie sich vielmehr „auf Befragen“ erklärte. Damit lässt sich dem Protokoll nicht entnehmen, dass die Zeugin hinreichend belehrt wurde oder ihr die Tragweite ihrer Erklärung bewusst war. Da die Belehrung eine wesentliche Förmlichkeit des Verfahrens darstellt (§ 273 Abs. 1 StPO), beweist das Schweigen des Protokolls, dass sie nicht stattgefunden hat.
Dies muss zur Aufhebung des angefochtenen Urteils mit den Feststellungen führen. Es ist nicht auszuschließen, dass das angefochtene Urteil auf dem Verfahrensmangel beruht. Die Angaben der Mutter zur Entwicklung des Angeklagten (dessen Gewaltausbrüche, dessen übersteigertes Ego etc.) haben nach den Urteilsgründen schließlich auch zur Bejahung des Mordmerkmals der niedrigen Beweggründe geführt und sind auch für die Bejahung der Schuldfähigkeit des Angeklagten zur Tatzeit herangezogen worden.

Antrag:
Auf die Revision des Angeklagten wird das Urteil des Landgerichts ... mit den Feststellungen aufgehoben. Die Sache wird zu neuer Verhandlung und Entscheidung, auch über die Kosten des Rechtsmittels, an eine andere Schwurgerichtskammer des Landgerichts zurückverwiesen.

Tipp:
Diese Problematik ist Teil einer sehr wichtigen Klausurkasuistik (vgl. auch Fall *„Mutter, was machst Du?“*). Insbesondere an folgende Problemkreise sollten Sie im Zusammenhang mit § 252 StPO denken:

- Bestehen und Nachweis eines Zeugnisverweigerungsrechts
- weiter Vernehmungsbegriff
- Dispositionsmöglichkeit
- Einverständnis aufgrund der Initiative des Zeugen oder nach qualifizierter Belehrung über die Folgen des Verzichts
    - Beweiskraft des Protokolls

Verlieren Sie in diesem Zusammenhang auch § 250 S. 2 StPO und § 244 Abs. 2 StPO als mögliche weitere verletzte Rechtsnormen nicht aus dem Blick.

Gericht, Az.:	Datum:	Fundstelle:
BGH, 5 StR 249/20	16.09.2020	NStZ 2021, 61 f.

Ein heimlicher Plausch ohne Folgen

Das Landgericht hat den Angeklagten wegen Untreue in 195 Fällen und Urkundenfälschung zu einer Gesamtfreiheitsstrafe von vier Jahren verurteilt und daneben Einziehungsentscheidungen getroffen.

Der Angeklagte ist mit dem Urteil unzufrieden und möchte von Ihnen wissen, ob ein Rechtsmittel erfolgreich begründet werden könnte. Er trägt vor, die Vorsitzende der Strafkammer habe drei Gespräche mit Verteidiger S, die sie am 03.07. und 04.07.2018 sowie am 09.01.2020 mit dem Ziel der Verständigung geführt habe, in der Hauptverhandlung nicht mitgeteilt. Folgendes Geschehen liegt zugrunde:

Nach Zustellung der Anklageschrift am 29.06.2018 rief die Vorsitzende Richterin am 03.07.2018 bei dem Verteidiger Rechtsanwalt S an. In dem Telefonat teilte sie eine Verlängerung der Erklärungsfrist bis Ende August 2018 und ihre Einschätzung mit, dass sich die Sache für eine Verständigung eigne und bei streitiger Verhandlung wohl erst ab Januar 2019 terminiert werden könne. Der Verteidiger erklärte, erst mit seinem Mandanten sprechen zu müssen und noch keine belastbare Aussage treffen zu können. Am Folgetag begegneten sich die Vorsitzende und der Verteidiger auf der Geschäftsstelle des Landgerichts. Die Vorsitzende sprach ihn darauf an, dass er sich melden solle, falls er ein Verständigungsgespräch wünsche. Dabei äußerte sie die Auffassung, dass die Anklage auf die ersten beiden Anklagepunkte beschränkt werden könne und ein Geständnis aufgrund des Umfangs der Sache außerordentlich strafmildernd sei.

Nach Verkündung eines gegen den Angeklagten erlassenen Haftbefehls suchte der Verteidiger Rechtsanwalt S am 09.01.2020 die Vorsitzende auf. Sie sprach ihn erneut auf die Möglichkeit einer Verständigung an. Auf seine Erklärung, eine Verständigung käme nur dann in Betracht, wenn der Haftbefehl aufgehoben würde, erwiderte die Vorsitzende, dass sie sich dies vorstellen könne.

In der Hauptverhandlung vom 15.01.2020 teilte die Vorsitzende nach Verlesung des Anklagesatzes mit, dass zwischen den Verfahrensbeteiligten keine verständigungsbezogenen Gespräche geführt worden seien. Sie erklärte weiterhin, Rechtsanwalt C in einem Gespräch Ende 2019, in dem dieser angekündigt habe sich als weiterer Verteidiger bestellen zu lassen, darauf hingewiesen zu haben, dass im Falle eines Geständnisses des Angeklagten eine geringere Strafe in Aussicht gestellt und eventuell das Verfahren gemäß § 154 StPO bezüglich einzelner Anklagefälle eingestellt werden könne.

Am 05.02.2020 kam es auf Anregung des Verteidigers Rechtsanwalt C zwischen den Verfahrensbeteiligten zu einem Verständigungsgespräch außerhalb der Hauptverhandlung, in dem er darauf hinwies, dass für den Angeklagten die Aufhebung des Haftbefehls Hauptbedingung einer Verständigung sei. Diese Voraussetzung wurde von Gericht und Staatsanwaltschaft akzeptiert. In der Hauptverhandlung vom 12.02.2020 teilte die Vorsitzende den Inhalt des von ihr in der Akte dokumentierten Verständigungsgesprächs mit. Der damit verbundene Verständigungsvorschlag der Strafkammer sah unter anderem vor, dass bei einer geständigen Einlassung des Angeklagten eine Gesamtfreiheitsstrafe zwischen vier Jahren und vier Jahren und sechs Monaten verhängt, mehrere Anklagepunkte gemäß § 154 Abs. 2 StPO eingestellt und der Haftbefehl (mit der Urteilsverkündung) aufgehoben werden sollte.

Nach Belehrung des Angeklagten in der Hauptverhandlung am 19.02.2020 nach § 257c Abs. 5 i.V.m. Abs. 4 StPO und Zustimmungen durch ihn und die Vertreterin der Staatsanwaltschaft zu der vorgeschlagenen Verständigung, ließ sich der Angeklagte am 04.03.2020 geständig ein.

Der Angeklagte wüsste gerne, ob Sie einen Erfolg versprechenden Verstoß des Gerichts sehen.

A. Zulässigkeit der Revision	*B. Begründetheit der Revision*
I. Statthaftigkeit	*I. Prozessvoraussetzungen/-hindernisse*
II. Rechtsmittelbefugnis	
III. Beschwer	*II.* ***Verfahrensfehler*** *(absolute/**relative**)*
IV. Form/Frist d. Einlegung	***- § 243 Abs. 4 S. 1 StPO (Mitteilungspflicht)***
V. Form/Frist d. Begründung	
VI. kein(e) Rücknahme/Verzicht	*III. Sachrüge*

Obersatz:
Es könnte ein anfechtbarer Verstoß gegen § 243 Abs. 4 Satz 1 StPO vorliegen, indem das Gericht die Mitteilung über eine vorherige verständigungsbezogene Erörterung unterlassen hat.

Problem:
Gemäß § 243 Abs. 4 Satz 1 StPO hätte die Vorsitzende zu Beginn der Hauptverhandlung Erörterungen mitteilen müssen, wenn deren Gegenstand die Möglichkeit einer Verständigung (§ 257c) gewesen waren und wenn ja, deren wesentlichen Inhalt. Fraglich ist hier, ob solche Erörterungen vorlagen und in diesem Fall das Urteil auf einem Verstoß gegen § 243 Abs. 4 Satz 1 StPO beruhte.

Lösung:
Im ersten Telefonkontakt vom 03.07.2018 lag keine verständigungsbezogene Erörterung, da es nur dem organisatorischen Hintergrund und der Terminabstimmung diente. Bei den Gesprächen am 04.07.2018 und am 09.01.2020 fand jedoch eine verständigungsbezogene Erörterung statt. Zwar war bei beiden Unterredungen der mögliche Inhalt einer Verständigung noch wenig konkret. Jedoch war die Ablegung eines Geständnisses mit den einer Verständigung zugänglichen Gesichtspunkten (Beschränkung der Anklagevorwürfe und Haftfrage) verbunden worden. Die unterbliebene Mitteilung hierüber stellt einen Verstoß gegen § 243 Abs. 4 Satz 1 StPO dar.
Allerdings beruht das Urteil ausnahmsweise nicht auf dem Verstoß. Zwar führt ein Verstoß gegen die Transparenz- und Dokumentationspflichten grundsätzlich zur Rechtswidrigkeit einer Verständigung mit der Folge, dass ein Beruhen des Urteils auf dem Gesetzesverstoß regelmäßig nicht auszuschließen ist. Hier kann aber ausnahmsweise unter Berücksichtigung von Art und Schwere des Verstoßes ein Beruhen ausgeschlossen werden. In die wertende Gesamtbetrachtung ist einzubeziehen, dass der Angeklagte in der Hauptverhandlung vom 12.02.2020 durch die Vorsitzende über den Inhalt und das Ergebnis eines auf Anregung seines Verteidigers geführten Verständigungsgesprächs informiert worden war, das schließlich Grundlage der Verfahrensabsprache wurde. Der Inhalt dieses Verständigungsgesprächs vom 05.02.2020 umfasste auch die in den zuvor am 04.07.2018 und 09.01.2020 geführten Gesprächen angesprochenen Gesichtspunkte einer Beschränkung der Anklagevorwürfe bzw. der Haftfrage. Hinzu kommt, dass die Vorsitzende mit ihrem zu Beginn der Hauptverhandlung am 15.01.2020 gegebenen Hinweis auf das Ende 2019 mit dem weiteren Verteidiger geführte Gespräch die Verfahrensbeteiligten und die Öffentlichkeit über eine mögliche Beschränkung der Anklagevorwürfe im Falle eines Geständnisses unterrichtet hatte. Daher erscheint es ausgeschlossen, dass ein beim Angeklagten bestehendes Informationsdefizit über Inhalt und Verlauf der Gespräche vom 04.07.2018 und 09.01.2020 seine Rechtsstellung und seine Verteidigungsmöglichkeiten beeinträchtigt haben könnte.
Auch eine Beeinflussung der Entscheidungsfindung durch eine unzureichende Unterrichtung der Öffentlichkeit, deren Informationsbedarf die Vorschrift des § 243 Abs. 4 Satz 1 StPO zugleich schützt, ist auszuschließen. Die Öffentlichkeit war durch die am 12.02.2020 in der Hauptverhandlung vorgenommene vollständige und zutreffende Mitteilung des Inhalts des Vorgesprächs vom 05.02.2020 ebenfalls über sämtliche Essentialia für eine Verfahrensabsprache gemäß § 257c StPO unterrichtet und durch diese Mitteilung sowie durch den Hinweis in der Hauptverhandlung vom 15.01.2020 auf die Unterredung der Vorsitzenden mit dem weiteren Verteidiger Ende 2019 auch darüber informiert, dass überhaupt außerhalb der Hauptverhandlung Gespräche über mögliche Verfahrensabläufe stattgefunden haben.

Ergebnis:
Die Beanstandungen des Angeklagten vermögen keine Erfolg versprechende Verfahrensrüge zu begründen.

Gericht, Az.:	Datum:	Fundstelle:
BGH, 2 StR 459/19	16.09.2020	NStZ-RR 2021, 180

Erörterungswürdiges Urteil

Das Landgericht hat den Angeklagten wegen mehrerer Delikte zu einer Gesamtfreiheitsstrafe von sechs Jahren und neun Monaten verurteilt.

Der Vorsitzende der Strafkammer stellte nach Verlesung des Anklagesatzes in der Hauptverhandlung fest, dass Gespräche mit dem Ziel einer Verständigung nicht stattgefunden hätten. Daraufhin erklärte der Verteidiger des Angeklagten, dass vor Beginn der Hauptverhandlung zwischen ihm und dem Sitzungsvertreter der Staatsanwaltschaft ein Gespräch stattgefunden hätte, das zu keinem Ergebnis geführt habe. Anschließend erörterte das Gericht die Sach- und Rechtslage mit den Verfahrensbeteiligten. Die Hauptverhandlung wurde um 09.28 Uhr unterbrochen und um 10.16 Uhr fortgesetzt. In der Zwischenzeit fanden ausweislich des Protokolls auf Anregung der Staatsanwaltschaft und des Verteidigers Erörterungen „gemäß § 257c StPO“ statt. Dazu teilte der Vorsitzende mit, dass die Strafkammer im Fall einer geständigen Einlassung des Angeklagten eine Gesamtfreiheitsstrafe mit einem Strafrahmen von sechs bis sechseinhalb Jahren als tat- und schuldangemessen erachte. Eine Absprache zwischen Gericht, Staatsanwaltschaft und Verteidigung sei aber nicht erfolgt.

Der Angeklagte hat sich am folgenden Hauptverhandlungstag durch Bezugnahme auf eine Erklärung seines Verteidigers zur Sache eingelassen; dem ist die Strafkammer nur zum Teil gefolgt.

Der Angeklagte zeigt sich Ihnen gegenüber verwundert, dass der Vorsitzende nicht mitgeteilt habe, warum die Verständigung nicht zustande gekommen sei. Auch sei über Äußerungen der Verfahrensbeteiligten im Hinweis des Vorsitzenden nichts ausgesagt worden. Er hätte sich doch noch weiter einlassen können.

Soll der Angeklagte das Urteil anfechten?

A. Zulässigkeit der Revision	*B. Begründetheit der Revision*
I. Statthaftigkeit *II. Rechtsmittelbefugnis* *III. Beschwer* *IV. Form/Frist d. Einlegung* *V. Form/Frist d. Begründung* *VI. kein(e) Rücknahme/Verzicht*	*I. Prozessvoraussetzungen/-hindernisse* *II.* ***Verfahrensfehler*** *(absolute/****relative****)* ***- Verletzung der Mitteilungspflicht gemäß § 243 Abs. 4 StPO*** *III. Sachrüge*

Obersatz:

Es könnte ein anfechtbarer Verstoß gegen § 243 Abs. 4 Satz 1 und 2 StPO vorliegen, indem das Gericht sich durch den Vorsitzenden darauf beschränkte, den Standpunkt des Gerichts zur Straferwartung im Fall eines Geständnisses sowie das Ausbleiben einer Übereinstimmung unter den Verfahrensbeteiligten mitzuteilen.

Problem:

Nach § 243 Abs. 4 Satz 1 StPO teilt der Vorsitzende des Gerichts mit, ob Erörterungen nach den §§ 202a, 212 StPO stattgefunden haben, wenn deren Gegenstand die Möglichkeit einer Verständigung (§ 257c StPO) gewesen ist und wenn ja, deren wesentlichen Inhalt. Diese Pflicht gilt nach § 243 Abs. 4 Satz 2 StPO auch im Verlauf der Hauptverhandlung, soweit sich Änderungen gegenüber der Mitteilung zu Beginn der Hauptverhandlung ergeben haben. Sie ist selbst dann zu beachten, wenn es um erfolglos geführte Gespräche geht, in deren Verlauf keine Verständigung zustande gekommen ist. Die Pflicht zur Mitteilung der mit dem Ziel einer Verständigung über den Verfahrensausgang geführten Gespräche erstreckt sich auf die Darlegung, von welcher Seite die Frage einer Verständigung aufgeworfen wurde, welche Standpunkte von den einzelnen Gesprächsteilnehmern vertreten wurden und auf welche Resonanz diese bei den anderen Beteiligten gestoßen sind.

Lösung:

1) Auf den Inhalt des Gesprächs zwischen dem Verteidiger und dem Sitzungsvertreter der Staatsanwaltschaft vor Beginn der Hauptverhandlung kommt es für die Frage der Verletzung einer Hinweispflicht des Gerichts nicht an.
2) Gemessen an den vorstehenden Maßstäben genügte die Mitteilung des Standpunktes des Gerichts zur Straferwartung im Fall eines Geständnisses sowie des Ausbleibens einer Übereinstimmung unter den Verfahrensbeteiligten den Anforderungen des § 243 Abs. 4 Satz 1 StPO nicht.
Ein ursächlicher Zusammenhang zwischen dem Verfahrensfehler und dem Schuldspruch kann nicht ausgeschlossen werden. Denn es ist nicht auszuschließen, dass der Angeklagte anders oder weitergehend zur Tat-, Schuld- und Rechtsfolgenfrage ausgesagt hätte, wenn er den nicht offen gelegten Inhalt der Erörterungen in seiner Abwesenheit gekannt hätte.

Antrag:

Auf die Revision des Angeklagten wird das Urteil des Landgerichts ... mit den Feststellungen aufgehoben. Die Sache wird zu neuer Verhandlung und Entscheidung, auch über die Kosten des Rechtsmittels, an eine andere Strafkammer des Landgerichts zurückverwiesen.

Tipp:

Die Revisionsbegründung wäre hier gemäß § 344 Abs. 2 Satz 2 StPO bereits formgerecht angebracht, wenn der Inhalt des Protokolls der Hauptverhandlung vorgetragen wird. Den Inhalt der Erörterungen während der Unterbrechung der Hauptverhandlung muss sie nicht mitteilen. Aus dem Protokoll ergibt sich, dass „Gespräche gemäß § 257c StPO geführt wurden". Daraus ist zu entnehmen, dass es auch nach der Beurteilung des Landgerichts um Gespräche mit dem Ziel einer Verständigung ging. Dass nicht mehr als protokolliert vorgetragen wurde, ergibt sich aus der negativen Beweiskraft des Protokolls.

Gericht, Az.:	**Datum:**	**Fundstelle:**
BGH, 4 StR 144/20	24.09.2020	NStZ 2021, 59

Mi casa, su casa

Das Landgericht hat den Angeklagten wegen unerlaubten Handeltreibens mit Betäubungsmitteln in nicht geringer Menge in zwei Fällen, davon in einem Fall in Tateinheit mit unerlaubtem Besitz von Betäubungsmitteln, mit vorsätzlichem Fahren ohne Fahrerlaubnis und mit „gefährlichem Eingriff in den Straßenverkehr" zu einer Gesamtfreiheitsstrafe von vier Jahren und acht Monaten verurteilt. Darüber hinaus hat es seine Unterbringung in einer Entziehungsanstalt angeordnet, die Fahrerlaubnisbehörde angewiesen, dem Angeklagten vor Ablauf von drei Jahren keine neue Fahrerlaubnis zu erteilen, sowie Einziehungsentscheidungen getroffen.

Hiergegen möchte der Angeklagte sich mit einer Revision wenden. Er trägt Ihnen vor, das Landgericht habe rechtsfehlerhaft Beweistatsachen verwertet, die im vorbereitenden Verfahren durch Durchsuchungsmaßnahmen bei ihm und dem gesondert verfolgten L unter Verstoß gegen den verfassungsrechtlichen bzw. einfachgesetzlichen Richtervorbehalt gewonnen worden seien. Den Maßnahmen hätten zwar die erforderlichen ermittlungsrichterlichen Beschlüsse zugrunde gelegen, doch habe der Ermittlungsrichter jeweils die gebotene eigenverantwortliche und selbständige Prüfung der Eingriffsvoraussetzungen vermissen lassen, indem er vorbereitete Beschlussentwürfe der antragenden Staatsanwaltschaft ohne weiteres lediglich „gegengezeichnet" habe.

Würden Sie ihm im Hinblick auf seine „Einwände" zur Durchführung der Revision raten?

A. Zulässigkeit der Revision	***B. Begründetheit der Revision***
I. Statthaftigkeit *II. Rechtsmittelbefugnis* *III. Beschwer* *IV. Form/Frist d. Einlegung* *V. Form/Frist d. Begründung* *VI. kein(e) Rücknahme/Verzicht*	*I. Prozessvoraussetzungen/-hindernisse* ***II. Verfahrensfehler** (absolute/**relative**)* ***- Art. 13 Abs. 2 GG, § 105 Abs. 1 StPO (Verwertungsverbot)*** *III. Sachrüge*

Obersatz:
Es könnten anfechtbare Verfahrensverstöße gegen Art. 13 Abs. 2 GG, § 105 Abs. 1 StPO vorliegen, indem das Landgericht die Erkenntnisse aus den Durchsuchungen beim Angeklagten und dem gesondert verfolgten L in der Hauptverhandlung erhoben und im Urteil verwertet hat.

Probleme:
1) Zunächst ist fraglich, ob es dem Richtervorbehalt gemäß Art. 13 Abs. 2 GG, § 105 Abs. 1 StPO genügt, wenn der Ermittlungsrichter von der Staatsanwaltschaft vorgefertigte Beschlüsse nur noch unterzeichnet.
2) Außerdem ist zu prüfen, ob der Angeklagte sich auf einen Verstoß gegen den Richtervorbehalt berufen kann, wenn die Durchsuchung bei einem Dritten erfolgt.

Lösung:
Zu 1) Die äußerlich den Vorgaben von Art. 13 Abs. 2 GG, § 105 Abs. 1 StPO genügenden Durchsuchungsbeschlüsse bieten keinen Anhalt, der Ermittlungsrichter habe es unterlassen, die Voraussetzungen der Durchsuchung eigenverantwortlich und selbständig zu prüfen. Im Übrigen erlaubt allein die Übernahme eines von der Staatsanwaltschaft vorbereiteten und mit Antragstellung vorgelegten Entscheidungsentwurfs durch den Ermittlungsrichter nicht den Schluss, eine solche Prüfung sei unterblieben.
Zu 2) Überdies kann der Angeklagte hinsichtlich der Durchsuchung der Wohnung beim gesondert Verfolgten L den zugrundeliegenden Durchsuchungsbeschluss nicht mit Erfolg angreifen. Denn die mögliche Verletzung einer Verfahrensnorm, die nicht dem Schutz des Beschuldigten dient, führt ihm gegenüber nicht zu einem Beweisverwertungsverbot und kann daher nicht erfolgreich mit der Revision gerügt werden, da sein Rechtskreis nicht betroffen ist. Dies gilt auch hier, da der Angeklagte weder Bewohner noch Inhaber der betroffenen Wohnung war. Daher fiel die Durchsuchung nicht in seinen Schutzbereich.

Ergebnis:
Der Angeklagte sollte hinsichtlich der von ihm gerügten Verwertung der Erkenntnisse aus den Durchsuchungen bei ihm und dem gesondert verfolgten L von einer Durchführung der Revision absehen, da diese insoweit keine Aussicht auf Erfolg hätte.

Tipp:
Die vorstehende Lösung zu 2) zeigt, dass man bei der Prüfung von Verfahrensfehlern nach der Feststellung einer Rechtsverletzung nicht aufhören darf, sondern an alle Voraussetzungen denken muss:

- Verstoß gegen eine Verfahrensnorm
- keine Heilung durch Nachholung
- Rügebefugnis (verletzte Rechtsnorm schützt zumindest auch den Rechtskreis des Angeklagten)
- kein Verlust der Rügebefugnis durch
  - ggf. unterlassene(n) Widerspruch/Beanstandung
  - Verzicht
  - Verwirkung durch Verursachung des Verfahrensfehlers oder widersprüchlichem Prozessverhalten
- Beruhen des Urteils auf dem Verstoß

Gericht, Az.:	Datum:	Fundstelle:
BGH, 4 StR 290/20	21.10.2020	NStZ 2021, 179 f.

Da oder nicht da?

Das Landgericht hat den Angeklagten wegen unerlaubten Handeltreibens mit Betäubungsmitteln in zehn Fällen zu einer Gesamtfreiheitsstrafe von zwei Jahren und drei Monaten (Fälle 2 bis 11 der Urteilsgründe) sowie wegen unerlaubten Besitzes von Betäubungsmitteln in nicht geringer Menge unter Einbeziehung der Strafen aus zwei Vorverurteilungen nach Auflösung der insoweit gebildeten Gesamtgeldstrafe zu einer weiteren Gesamtfreiheitsstrafe von einem Jahr und drei Monaten verurteilt (Fall 1 der Urteilsgründe). Darüber hinaus hat es die Einziehung aus den Vorverurteilungen aufrechterhalten und eine Einziehungsentscheidung (zu den Fällen 2 bis 11 der Urteilsgründe) getroffen. Folgendes Verfahrensgeschehen lag dem Urteil zugrunde:

Nachdem das Amtsgericht am 28. Februar 2019 das Hauptverfahren hinsichtlich des Tatvorwurfs des unerlaubten Besitzes von Betäubungsmitteln in nicht geringer Menge (Fall 1 der Urteilsgründe) vor dem Amtsgericht – Schöffengericht – eröffnet hatte, hat die Vorsitzende des Schöffengerichts am 6. Dezember 2019 die Akten dem Landgericht vorgelegt und am 13. Dezember 2019 telefonisch gegenüber dem Vorsitzenden der Strafkammer die Übernahme und Verbindung mit dem zum Landgericht angeklagten Verfahren beantragt. Der Vorsitzende der Strafkammer hat mit Vermerk vom 13. Dezember 2019 festgehalten, dass die Strafkammer zur Übernahme des amtsgerichtlichen Verfahrens zwecks Verbindung bereit sei. Ohne zuvor einen Übernahmebeschluss herbeizuführen, wurde das Verfahren des Amtsgerichts mit einem landgerichtlichen Aktenzeichen versehen.

Sodann hat die Strafkammer mit Beschluss vom 19. Dezember 2019 das unmittelbar zu ihr angeklagte Verfahren (Fälle 2 bis 11 der Urteilsgründe) eröffnet und die beiden Verfahren unter Angabe der landgerichtlichen Aktenzeichen sowie dem Klammerzusatz „Landgericht" zur gemeinsamen Verhandlung und Entscheidung verbunden.

Der Angeklagte sieht keine Anfechtungsmöglichkeit. Wie ist es mit Ihnen?

A. Zulässigkeit der Revision	B. Begründetheit der Revision
I. Statthaftigkeit	I. **Prozessvoraussetzungen**/-hindernisse
II. Rechtsmittelbefugnis	**- § 225a Abs. 3 StPO: sachliche Zuständigkeit ohne Übernahme**
III. Beschwer	
IV. Form/Frist d. Einlegung	II. Verfahrensfehler (absolute/relative)
V. Form/Frist d. Begründung	
VI. kein(e) Rücknahme/Verzicht	III. Sachrüge

Obersatz:
Es könnte für das Urteil des Landgerichts in Fall 1 an der sachlichen Zuständigkeit gefehlt haben, da das Landgericht das Verfahren vom Amtsgericht nicht wirksam übernommen hat.

Problem:
Fraglich ist, ob die Zuständigkeit des Landgerichts in Fall 1 begründet wurde. Dem könnte entgegenstehen, dass eine ausdrückliche Übernahmeentscheidung gemäß § 225a Abs. 3 StPO durch das Landgericht nicht getroffen wurde. Es stellt sich die Frage, ob die Entscheidung in wirksamer Form konkludent erging.

Lösung:
Die Entscheidung des höheren Gerichts über die Übernahme gemäß § 225a StPO ergeht in der für Entscheidungen außerhalb der Hauptverhandlung vorgeschriebenen Besetzung. Die Form des Übernahmebeschlusses, der den Eröffnungsbeschluss insoweit abändert, als er die Zuständigkeit des erkennenden Gerichts abweichend von diesem regelt (vgl. §§ 207 Abs. 1 & 225a Abs. 3 S. 1 StPO), richtet sich nach den für den Eröffnungsbeschluss geltenden Bestimmungen (§ 225a Abs. 3 S. 2 StPO). Ein ordnungsgemäßer Übernahmebeschluss muss als Grundlage für das Hauptverfahren und aus Gründen der Rechtssicherheit schriftlich abgefasst werden; hingegen ist die Unterzeichnung eines solchen Beschlusses durch den oder die erlassenden Richter keine Wirksamkeitsvoraussetzung. Eine Übernahmeentscheidung kann in einem Verbindungsbeschluss nur dann gesehen werden, wenn das Gericht seinen Willen zur Übernahme zweifelsfrei zum Ausdruck gebracht hat, was hier nicht der Fall ist.
1) Der Vermerk des Vorsitzenden vom 13. Dezember 2019 stellt – unbeschadet der äußeren Form und der fehlenden Unterschriften der beteiligten Richter – keine hinreichend deutliche schriftliche Dokumentation des Willens der Strafkammer dar, das Verfahren zu übernehmen. Es handelt sich um eine bloße Absichtserklärung des Vorsitzenden, der sich nicht entnehmen lässt, dass das Verfahren nach entsprechender Prüfung von der Strafkammer auch tatsächlich übernommen worden ist.
2) Auch aus oder in Verbindung mit dem von allen drei mitwirkenden Richtern unterzeichneten Verbindungsbeschluss ist der Wille der Strafkammer, das amtsgerichtliche Verfahren zu übernehmen, nicht zweifelsfrei ersichtlich. In diesem werden beide Verfahren jeweils nur mit dem landgerichtlichen Aktenzeichen sowie dem Klammerzusatz „Landgericht" bezeichnet. Es fehlt damit an Anhaltspunkten dafür, dass sich die Strafkammer der noch ausstehenden Übernahmeentscheidung bewusst war, weshalb auch dem Verbindungsbeschluss der Wille der Strafkammer zur Übernahme des amtsgerichtlichen Verfahrens nicht mit der erforderlichen Eindeutigkeit entnommen werden kann.
Die Aufhebung der Verurteilung im Fall 1 entzieht der nachträglich gebildeten Gesamtfreiheitsstrafe die Grundlage. Die mangelnde sachliche Zuständigkeit führt – im Gegensatz zu anderen Prozesshindernissen – nicht zu einer Einstellung des Verfahrens, sondern gemäß § 355 StPO zu einer Verweisung der Sache an das zuständige Gericht. Dies ist hier das Amtsgericht – Schöffengericht –, da bei neuer Verhandlung und Entscheidung eine höhere als die ausgesprochene Gesamtfreiheitsstrafe nicht zu erwarten ist (§ 358 Abs. 2 StPO).

Antrag:
Auf die Revision des Angeklagten wird das Urteil des Landgerichts … mit den Feststellungen aufgehoben,
a) soweit der Angeklagte im Fall 1 der Urteilsgründe wegen unerlaubten Besitzes von Betäubungsmitteln in nicht geringer Menge verurteilt worden ist;
b) im Ausspruch über die Gesamtfreiheitsstrafe von einem Jahr und drei Monaten.
Im Umfang der Aufhebung wird die Sache zu neuer Verhandlung und Entscheidung, auch über die Kosten des Rechtsmittels, an das Amtsgericht – Schöffengericht – … verwiesen.

Gericht, Az.:	Datum:	Fundstelle:
BGH, 1 StR 344/20	29.10.2020	NStZ 2021, 235 f.

Der gönnerhafte Betrüger

Das Landgericht hat den Angeklagten wegen Computerbetruges in 482 Fällen und wegen unerlaubter Einreise in das Bundesgebiet zu einer Gesamtfreiheitsstrafe von vier Jahren verurteilt. Daneben hat es die Einziehung des Wertes von Taterträgen in Höhe von 76.057,45 € angeordnet.

Nach den Urteilsfeststellungen erlangte der Angeklagte durch seine Betrugstaten zu Lasten der D. GmbH "Onlinetickets", die er in mehreren, im Einzelnen nicht genauer bezeichneten Fällen ohne Gegenleistung an andere weiterleitete. Der eingetretene Schaden lag in sämtlichen Fällen über 25 €. Das Landgericht hat alle Fälle als gewerbsmäßig begangene Betrugsstraftaten angesehen und entsprechend verschärft verurteilt.

Der Angeklagte ist der Meinung, dass seine Taten nicht so schlimm waren. Er habe doch mit der Weitergabe Gutes getan. Könnte eine Revision hier Aussicht auf Erfolg haben?

A. Zulässigkeit der Revision	B. Begründetheit der Revision
I. Statthaftigkeit II. Rechtsmittelbefugnis III. Beschwer IV. Form/Frist d. Einlegung V. Form/Frist d. Begründung VI. kein(e) Rücknahme/Verzicht	I. Prozessvoraussetzungen/-hindernisse II. Verfahrensfehler (absolute/relative) **III. Sachrüge** **- Strafrahmen (Regelbeispiel - § 263 Abs. 3 S. 2 Nr. 1 StGB)**

Obersatz:
Es könnte ein mit der Sachrüge anfechtbarer Verstoß vorliegen, indem das Landgericht der Strafzumessung in den 482 Einzelfällen jeweils den Regelstrafrahmen für gewerbsmäßige Betrugsstraftaten gemäß §§ 263a Abs. 1, Abs. 2, § 263 Abs. 3 Satz 1 und 2 Nr. 1 StGB zugrunde gelegt hat, obwohl in einer unbestimmten Anzahl von Fällen die Weitergabe der erlangten Onlinetickets unentgeltlich erfolgte.

Problem:
Gewerbsmäßig handelt, wer sich durch wiederholte Tatbegehung eine nicht nur vorübergehende Einnahmequelle von einigem Umfang und einiger Dauer verschaffen will. Gewerbsmäßigkeit setzt daher stets – im Unterschied zu den Voraussetzungen des Betrugstatbestandes – eigennütziges Handeln und damit tätereigene Einnahmen voraus. Zwar ist das Erstreben von Geldmitteln nicht unbedingt erforderlich; so kann es etwa genügen, dass der Täter die Tatbeute für sich verwendet, indem er sie zur Deckung eigener Bedürfnisse einsetzt und eigene Aufwendungen erspart. Aber auch dann ist für die Annahme einer gewerbsmäßigen Begehungsweise erforderlich, dass der Täter die Nutzungsvorteile erzielt. Sollte der Angeklagte in den Schenkungsfällen allein fremdnützig, insbesondere auf Weisung und im Interesse der Beschenkten gehandelt haben, würde dies das Regelbeispiel der Gewerbsmäßigkeit ausschließen.

Lösung:
Die kostenlose Weitergabe der betrügerisch erlangten Tickets stellt kein gewerbsmäßiges Handeln dar. Da Feststellungen dazu fehlen, in welchen Fällen der Angeklagte die Tickets kostenlos übertrug, sind sämtliche Einzelstrafen zu den Betrugsfällen mit den zugehörigen Feststellungen (§ 353 Abs. 2 StPO) aufzuheben. Die Schadenshöhen sind hingegen nicht vom Rechtsfehler betroffen und bleiben aufrechterhalten. Daher kommt nur eine Teilaufhebung des Urteils in Betracht.

Antrag:
Auf die Revision des Angeklagten wird das Urteil des Landgerichts … in den Einzelstrafaussprüchen sowie im Gesamtstrafausspruch mit den jeweils zugehörigen Feststellungen aufgehoben. Die Feststellungen zum Umfang der Vermögensschäden bleiben jedoch aufrechterhalten.
Im Umfang der Aufhebung wird die Sache zu neuer Verhandlung und Entscheidung, auch über die Kosten des Rechtsmittels, an eine andere Strafkammer des Landgerichts zurückverwiesen.

Tipp:
1. Der Fehler betrifft hier die Voraussetzungen eines Regelbeispiels. Liegen diese nicht vor, fehlt es an dem normierten Regelfall und es entfällt die Regelwirkung. Diese besteht regelmäßig in der Verschiebung des Strafrahmens. Da es sich bei dem Regelbeispiel trotz seiner tatbestandlichen Ausgestaltung nicht um eine Qualifikationsnorm, sondern um eine Strafzumessungsnorm handelt, hat es für die Schuldfrage keine Bedeutung. Daher müssen Regelbeispiele auch nicht im Schuldspruch des Tenors, sondern nur bei den angewandten Strafvorschriften erwähnt werden.
2. Vergleiche zur Gewerbsmäßigkeit als besonderes persönliches Merkmal gemäß § 28 Abs. 2 StGB auch den Fall „*Schlüsseldienst im Knast*“.

Gericht, Az.:	Datum:	Fundstelle:
BGH, 2 StR 48/20	11.11.2020	NStZ-RR 2021, 181 f.

Verschusselter Tenor

Das Landgericht hat die Angeklagte „wegen Beihilfe zu einem besonders schweren Raub in Tateinheit mit Beihilfe zu gefährlicher Körperverletzung sowie versuchter Erpressung und falscher Verdächtigung“ zu einer Gesamtfreiheitsstrafe von drei Jahren verurteilt. In der Liste der angewendeten Vorschriften wird „§ 145d StGB“, nicht aber § 164 Abs. 1 StGB genannt.

In den Urteilsgründen führt das Landgericht – abweichend vom Urteilstenor – aus, dass die Verurteilung nicht wegen falscher Verdächtigung, vielmehr wegen Vortäuschens einer Straftat nach § 145d Abs. 1 Nr. 1 StGB erfolgt sei und es sich bei der Formulierung im Tenor um ein „Schreibversehen“ handele.

Die Feststellungen tragen einen Schuldspruch wegen falscher Verdächtigung gemäß § 164 Abs. 1 StGB nicht, da insoweit hinreichende Feststellungen zur inneren Tatseite, insbesondere zur Absicht der Angeklagten bei ihrer Beschuldigtenvernehmung ein behördliches Verfahren gegen den Geschädigten einzuleiten, fehlen.

Die Angeklagte ist verwirrt und möchte wissen, ob sie die Unklarheit zu ihrem Vorteil nutzen kann.

A. Zulässigkeit der Revision	***B. Begründetheit der Revision***
I. Statthaftigkeit *II. Rechtsmittelbefugnis* *III. Beschwer* *IV. Form/Frist d. Einlegung* *V. Form/Frist d. Begründung* *VI. kein(e) Rücknahme/Verzicht*	*I. Prozessvoraussetzungen/-hindernisse* *II. Verfahrensfehler (absolute/relative)* *III.* ***Sachrüge*** ***- rechtliche Würdigung: unwirksame Berichtigung des Tenors***

Obersatz:
Das Urteil könnte rechtsfehlerhaft sein, da der im Tenor angeführte Schuldspruch (falsche Verdächtigung, § 164 Abs. 1 StGB) nicht von den Urteilsgründen getragen wird. Hiernach soll die Angeklagte sich des Vortäuschens einer Straftat (§ 145d Abs. 1 Nr. 1 StGB) schuldig gemacht haben.

Problem:
Fraglich ist, ob der Tenor für den Schuldspruch maßgeblich ist oder durch das Urteil berichtigt wurde. Eine Berichtigung der Urteilsformel nach Abschluss der mündlichen Urteilsverkündung kommt nur bei einem offensichtlichen Schreib- bzw. Verkündungsversehen in Betracht. Bei dieser Prüfung ist ein strenger Maßstab anzulegen, um zu verhindern, dass mit einer solchen Berichtigung eine unzulässige inhaltliche Abänderung des Urteils verbunden ist. Insbesondere ist in Ansehung der überragenden Bedeutung der Urteilsformel, die – anders als die schriftlichen Urteilsgründe – bei Verkündung schriftlich vorliegen muss, bei ihrer Berichtigung Zurückhaltung geboten. Ein der Berichtigung zugängliches offensichtliches Verkündungsversehen kann nur angenommen werden, wenn sich der Fehler ohne Weiteres aus solchen Tatsachen ergibt, die für alle Verfahrensbeteiligten – auch ohne Berichtigung – klar zu Tage liegen und der auch nur entfernte Verdacht einer späteren inhaltlichen Änderung des verkündeten Urteils ausgeschlossen ist; die Berichtigung also lediglich dazu dient, die äußere Übereinstimmung der Urteilsformel mit der tatsächlich beschlossenen herzustellen.

Lösung:
Trotz der Ausführungen des Landgerichts in den Urteilsgründen und des Umstandes, dass in der Liste der angewendeten Vorschriften § 145d StGB aufgeführt ist, kann nicht mit der für ein offensichtliches Verkündungsversehen erforderlichen Sicherheit festgestellt werden, dass das Auseinanderfallen von Schuldspruch und Urteilsgründen auf einem bloßen Verkündungsversehen beruht.
Der Rechtsfehler führt zur Aufhebung des Schuldspruchs wegen falscher Verdächtigung. Die Aufhebung des Schuldspruchs mit den zugehörigen Feststellungen entzieht der dafür ausgeurteilten Einzelstrafe und damit auch dem Gesamtstrafausspruch die Grundlage. Zugunsten der Angeklagten gilt für die neue Verhandlung das Verböserungsverbot (§ 358 Abs. 2 StPO).

Antrag:
Auf die Revision der Angeklagten wird das Urteil des Landgerichts … im Schuldspruch wegen falscher Verdächtigung mit der zugrundeliegenden Einzelstrafe sowie den jeweils zugehörigen Feststellungen und im Gesamtstrafausspruch aufgehoben. Die Sache wird im Umfang der Aufhebung zu neuer Verhandlung und Entscheidung, auch über die Kosten des Rechtsmittels, an eine andere Strafkammer des Landgerichts zurückverwiesen.

Gericht, Az.:	Datum:	Fundstelle:
BGH, 5 StR 197/20	11.11.2020	NJW 2021, 479 ff.

Kein Spruch zum Widerspruch

Der Vorsitzende traf am 13. Hauptverhandlungstag eine Anordnung zur Durchführung des Selbstleseverfahrens und verteilte Selbstleseordner an die Verfahrensbeteiligten. Inhaltlich ging es dabei um zwei Vermerke eines Kriminalbeamten über die Auswertung von Verkehrsdaten, zwei Vermerke eines weiteren Polizisten über Auswertungen von Maßnahmen der Telekommunikationsüberwachung und ein Wortprotokoll eines ins Deutsche übersetzten Telefongesprächs. Der Verteidiger beantragte, ihm bis zum nächsten Hauptverhandlungstag Gelegenheit zu geben, „der Selbstleseanordnung eventuell zu widersprechen"; dies wurde gewährt. Am folgenden Verhandlungstag erklärte der Verteidiger einen Widerspruch gegen die Einführung von Vermerken, in denen Inhalte von Telefongesprächen zusammengefasst werden, und beantragte, sämtliche in der Selbstlesemappe befindlichen verschrifteten Telefongespräche durch Abspielen in Augenschein zu nehmen. Einige der beanstandeten Telefongespräche waren schon vor Anordnung des Selbstleseverfahrens angehört worden. Am 19. Hauptverhandlungstag wurde das Selbstleseverfahren abgeschlossen. Eine Entscheidung über den Widerspruch erfolgte bis zum Urteil nicht.

Das Landgericht hat den Angeklagten wegen versuchten Totschlags in Tateinheit mit gefährlicher Körperverletzung zu einer Freiheitsstrafe von drei Jahren und vier Monaten verurteilt.

Der Angeklagte hat Revision eingelegt und gerügt, das Landgericht habe einen Widerspruch gegen die Anordnung des Selbstleseverfahrens nicht beschieden.

Wird er mit dieses Rüge Erfolg haben?

A. Zulässigkeit der Revision	B. Begründetheit der Revision
I. Statthaftigkeit	I. Prozessvoraussetzungen/-hindernisse
II. Rechtsmittelbefugnis	
III. Beschwer	II. **Verfahrensfehler** (absolute/**relative**)
IV. Form/Frist d. Einlegung	**- § 249 Abs. 2 S. 2 StPO (Selbstleseverfahren/Widerspruch)**
V. Form/Frist d. Begründung	
VI. kein(e) Rücknahme/Verzicht	III. Sachrüge

Obersatz:
Es könnte ein anfechtbarer Verfahrensverstoß gegen § 249 Abs. 2 Satz 2 StPO vorliegen, indem das Gericht nicht über den Widerspruch gegen die Anordnung des Vorsitzenden entschieden hat.

Problem:
Ein Verstoß gegen § 249 Abs. 2 Satz 2 StPO liegt vor, da vom Gericht nicht über den Widerspruch entschieden wurde. Fraglich ist, ob das Urteil auf diesem Verstoß beruht. Hierbei geht es nicht um das „Ob“, sondern das „Wie“ der Beweiserhebung (Urkunde - Verlesung/Selbstleseverfahren).

Lösung:
Die Rüge kann keinen Erfolg haben, denn auf einem bloßen Verstoß gegen die Bescheidungspflicht nach § 249 Abs. 2 Satz 2 StPO kann ein Urteil regelmäßig nicht beruhen (so nun auch der 5. Senat im Einklang mit den übrigen Senaten).
1) Auf einem Verstoß gegen Verfahrensrecht beruht das Urteil (§ 337 Abs. 1 StPO), wenn nicht auszuschließen ist, dass sich der Verfahrensfehler auf die Entscheidung ausgewirkt hat. Die Beruhensprüfung bei Verstößen gegen § 249 Abs. 2 Satz 2 StPO bezieht sich dabei lediglich auf die Frage, ob bei alternativer Verlesung nach § 249 Abs. 1 StPO ein abweichendes Ergebnis denkbar wäre, weil der Widerspruch gegen die Anordnung des Selbstleseverfahrens lediglich die Art und Weise der Beweiserhebung – Verlesen oder Selbstlesen – und nicht die Verwertung der Urkunden als solche betrifft. Nach der gesetzlichen Wertung sind das Verlesen nach § 249 Abs. 1 StPO und das Selbstlesen nach § 249 Abs. 2 StPO gleichwertig, das Verlesen von Urkunden also gegenüber dem Selbstleseverfahren keine vorzugswürdige Form der Erhebung des Urkundenbeweises.
2) Weil der Widerspruch gegen die Anordnung des Selbstleseverfahrens nach § 249 Abs. 2 Satz 2 StPO als besondere Form des Zwischenrechtsbehelfs gegen eine Entscheidung des Vorsitzenden konzipiert ist, gilt wie bei § 238 Abs. 2 StPO, dass das Unterlassen eines Gerichtsbeschlusses nach Anrufung des Gerichts die Revision regelmäßig nur begründet, wenn die beanstandete Maßnahme des Vorsitzenden gegen das Verfahrensrecht verstoßen hat. Dabei muss sich im Fall des § 249 Abs. 2 Satz 2 StPO dieser Verstoß nicht auf die Einführung des Urkundeninhalts überhaupt („ob“), sondern gerade auf die Einführung im Wege des Selbstleseverfahrens („wie“) beziehen. Ein Rechtsfehler bei dieser Wahl ist nur ausnahmsweise denkbar, da die Unterschiede in der Form der Beweiserhebung sich regelmäßig nicht in einem anderen Beweisinhalt niederschlagen und die Mitwirkungsrechte der Verfahrensbeteiligten in beiden Fällen gewahrt bleiben.
3) Eine fehlerhafte Beweiserhebung wegen Verstoßes gegen § 250 Satz 2 StPO hat der Angeklagte nicht gerügt. Hierzu müsste er die entsprechende Angriffsrichtung („Ob“ der Beweiserhebung) deutlich machen.

Ergebnis:
Auf die unterbliebene Entscheidung des Gerichts über den Widerspruch gegen die Anordnung des Selbstleseverfahrens durch den Vorsitzenden kann eine Revision nicht mit Erfolg gestützt werden.

Tipp:
Dieser Fall zeigt: Denken Sie mit System! Machen Sie sich bei der Erhebung von Beweisen zuerst klar, ob die verletzte Norm das „Ob“ oder das „Wie“ der Erhebung regelt und was betroffen ist. Es können auch beide Bereiche und dann verschiedene Rechtsnormen verletzt sein. Hier hätte z.B. neben § 249 Abs. 2 Satz 2 StPO („Wie“) auch § 250 Satz 2 StPO („Ob“) geprüft werden können. Die Wortprotokolle sind jedoch gemäß § 249 Abs. 1 StPO (vgl. Meyer-Goßner/Schmitt/Köhler, StPO, 64. Aufl., § 100a Rn. 30) und die polizeilichen Ermittlungsvermerke gemäß § 256 Abs. 1 Nr. 5 StPO verlesbar.

Gericht, Az.:	Datum:	Fundstelle:
BGH, 2 StR 241/20	11.11.2020	NStZ 2021, 751 ff.

Verhindert und gehindert

Das Landgericht hat den Angeklagten wegen bandenmäßigen unerlaubten Handeltreibens mit Betäubungsmitteln in nicht geringer Menge sowie Beihilfe zum bandenmäßigen unerlaubten Handeltreiben mit Betäubungsmitteln in nicht geringer Menge zu einer Gesamtfreiheitsstrafe von sechs Jahren und acht Monaten verurteilt.

Das angefochtene Urteil wurde am 13. Dezember 2019 nach 16 Hauptverhandlungstagen verkündet. Die Frist zur Urteilsabsetzung lief bis zum 14. Februar 2020. Die letzte Fassungsberatung der drei Berufsrichter fand zwischen dem 27. Januar und dem 30. Januar 2020 statt. Am 5. Februar 2020 wurde der Vorsitzende in einem Parallelverfahren als Zeuge vernommen, in dem den dortigen Angeklagten unter anderem vorgeworfen wurde, in einer Vielzahl von Fällen gemeinschaftlich mit dem hier Angeklagten als Mitglieder einer Bande Betäubungsmittel in nicht geringer Menge gehandelt zu haben. Gegenstand der Vernehmung war der Inhalt der geständigen Einlassung des Angeklagten in dem gegen ihn geführten Verfahren.

Am 6. Februar 2020 übermittelte der Berichterstatter die letzte Fassung der Urteilsgründe elektronisch an den Vorsitzenden, der diese am 7. Februar 2020 ausdruckte und die in der letzten Fassungsberatung überarbeiteten Passagen nochmals las. Am 7. Februar 2020 unterzeichneten der Berichterstatter und der Vorsitzende die Urteilsurkunde, ohne weitere Änderungen an dieser vorzunehmen. Ferner brachte Letzterer einen Verhinderungsvermerk betreffend die urlaubsbedingt ortsabwesende weitere Beisitzerin auf der Urteilsurkunde an. Die so unterzeichneten Urteilsgründe gelangten noch am selben Tag zur Geschäftsstelle.

Der Angeklagte würde das Urteil gerne anfechten. Sehen Sie hierfür einen Ansatzpunkt?

A. Zulässigkeit der Revision	B. Begründetheit der Revision
I. Statthaftigkeit II. Rechtsmittelbefugnis III. Beschwer IV. Form/Frist d. Einlegung V. Form/Frist d. Begründung VI. kein(e) Rücknahme/Verzicht	I. Prozessvoraussetzungen/-hindernisse II. **Verfahrensfehler (absolute**/relative) **§§ 275 Abs. 2 Satz 2, 338 Nr. 7 StPO (Ersetzung der Unterschrift)** III. Sachrüge

Obersatz:
Es könnte ein anfechtbarer Verstoß § 275 Abs. 2 Satz 2 StPO vorliegen, indem der Vorsitzende der Strafkammer die Urteilsurkunde zu einem Zeitpunkt unterzeichnet hat, zu dem er von der Ausübung des Richteramts gemäß § 22 Nr. 5 StPO ausgeschlossen war.

Problem:
Der Vorsitzende war gemäß § 22 Nr. 5 StPO aus Rechtsgründen von der Mitwirkung an der Unterzeichnung des Urteils ausgeschlossen. Fraglich ist, ob dieser Formfehler dazu führt, dass das Urteil entgegen § 275 Abs. 1 Satz 2 StPO nicht fristgerecht vollständig zur Akte gelangt ist.

Lösung:
Die Urteilsgründe sind nicht vollständig innerhalb des sich aus § 275 Abs. 1 Satz 2 und 4 StPO ergebenden Zeitraums zu den Akten gebracht worden. Dies begründet den absoluten Revisionsgrund des § 338 Nr. 7 StPO. Danach unterfällt ein Urteil u.a. der Aufhebung, wenn es nicht innerhalb der Absetzungsfrist vollständig zu den Akten gebracht ist. Vollständig ist das Urteil erst, wenn es mit den Unterschriften aller Berufsrichter, die an der Entscheidung mitgewirkt haben (§ 275 Abs. 2 Satz 1 StPO), innerhalb der Fristen des § 275 Abs. 1 Satz 2 und Satz 4 StPO zu den Akten gelangt. Ist ein Richter verhindert, muss seine Unterschrift binnen gleicher Frist durch einen Verhinderungsvermerk nach § 275 Abs. 2 Satz 2 StPO ersetzt werden. Verhindert an der Unterschrift ist ein Richter, wenn er seine Unterschrift aus tatsächlichen Gründen nicht mehr leisten kann oder aus Rechtsgründen nicht mehr leisten darf. Eine Verhinderung aus Rechtsgründen wird angenommen, wenn ein Berufsrichter durch das Ausscheiden aus dem Amt gehindert ist, ein Urteil zu unterschreiben, das unter seiner Mitwirkung zuvor verkündet wurde. Er darf, ohne Richter zu sein, die hiermit verbundene richterliche Tätigkeit, die auch seine Unterschrift unter den schriftlichen Urteilsgründen umfasst, nicht mehr ausüben. Eine derartige Verhinderung aus Rechtsgründen ist durch den Vorsitzenden oder an seiner Stelle durch den dienstältesten Richter unter dem Urteil zu vermerken. Nichts anderes gilt für einen ausgeschlossenen Richter. Ihm ist jede weitere richterliche Tätigkeit in der betroffenen Sache verwehrt. Der Ausschluss nach § 22 StPO wird kraft Gesetzes in dem Zeitpunkt wirksam, in dem der Ausschlussgrund entsteht. Nach Eintritt des Ausschlussgrundes ist dem Richter eine rechtskonforme Herstellung der Urteilsgründe ebenso wenig möglich wie die Teilnahme an einer Fassungsberatung oder die Urteilsunterzeichnung.
Der Vorsitzende war hier nach seiner Zeugenvernehmung vom 5. Februar 2020 in dieser Sache von der weiteren Ausübung des Richteramts ausgeschlossen (§ 22 Nr. 5 StPO). Er hat zur Einlassung des Angeklagten in dem von ihm geführten Verfahren als Zeuge Bekundungen gemacht, die auch die Schuld- und Straffrage in den abzusetzenden Urteilsgründen in tatsächlicher und rechtlicher Hinsicht betrafen. Die vom Vorsitzenden nach Eintritt des Ausschlussgrundes bewirkte Unterschrift unter dem Urteil sowie die Anbringung des Verhinderungsvermerkes für die ortsabwesende Beisitzerin waren fehlerhaft. Da § 22 StPO alle Personen von weiteren richterlichen Handlungen ausschließt, bei denen aus den in § 22 Nr. 1 bis Nr. 5 StPO angeführten Gründen die abstrakte Gefahr der Voreingenommenheit besteht, kommt es nicht darauf an, dass der Vorsitzende in dem Zeitraum zwischen seiner förmlichen Zeugenvernehmung und der Unterzeichnung der Urteilsurkunde tatsächlich keinen weiteren Einfluss auf den Inhalt der Urteilsgründe genommen hat.

Antrag:
Auf die Revision des Angeklagten wird das Urteil des Landgerichts … mit den Feststellungen aufgehoben. Die Sache wird zu neuer Verhandlung und Entscheidung, auch über die Kosten des Rechtsmittels, an eine andere Strafkammer des Landgerichts zurückverwiesen.

Gericht, Az.:	Datum:	Fundstelle:
BGH, 4 StR 118/20	18.11.2020	NJW 2021, 959 f.

Das kranke Verfahren

Das Landgericht hat den Angeklagten wegen schweren Bandendiebstahls in vierzehn Fällen, davon in einem Fall tateinheitlich mit Sachbeschädigung und in einem weiteren Fall tateinheitlich mit vorsätzlichem Fahren ohne Fahrerlaubnis, sowie wegen versuchten schweren Bandendiebstahls in Tateinheit mit Sachbeschädigung in vierzehn Fällen, davon in vier Fällen in Tateinheit mit Diebstahl, sowie wegen Bandendiebstahls, versuchten Diebstahls in Tateinheit mit Sachbeschädigung und wegen vorsätzlichen Fahrens ohne Fahrerlaubnis zu einer Gesamtfreiheitsstrafe von sieben Jahren und zehn Monaten verurteilt und außerdem eine Einziehungsentscheidung getroffen.

Die Hauptverhandlung, die am 13. Februar 2018 begonnen hatte, wurde am 18. September 2018 – dem 21. Hauptverhandlungstag – unterbrochen und am 29. Oktober 2018 fortgesetzt. Die Unterbrechungsfrist war wegen der Erkrankung einer beisitzenden Richterin gehemmt, was das Landgericht durch Beschluss feststellte. Vom 29. Oktober 2018 bis zur Unterbrechung am 18. Dezember 2018 fand die Hauptverhandlung an insgesamt neun Tagen statt und wurde am 6. Februar 2019 fortgesetzt. Während dieser Unterbrechung war die Vorsitzende erkrankt; das Landgericht stellte durch Beschluss die abermalige Hemmung der Unterbrechungsfrist fest. Vom 6. Februar 2019 bis zum 12. März 2019 fand die Hauptverhandlung an insgesamt sechs Hauptverhandlungstagen statt. Am 12. März 2019 wurde sie bis zum 16. April 2019 unterbrochen. Während dieser Unterbrechung war erneut die beisitzende Richterin erkrankt. Das Landgericht stellte abermals durch Beschluss die Hemmung der Unterbrechungsfrist fest. Aussetzungsanträge der Verteidigung am 16. April 2019 lehnte es mit einem Beschluss ab.

Wenn es schon nicht mit den Aussetzungsanträgen funktioniert hat, möchte der Angeklagte nun mit einem Rechtsmittel ein rechtskräftiges Urteil verhindern. Wie beurteilen Sie seine Erfolgschance?

A. Zulässigkeit der Revision	*B. Begründetheit der Revision*
I. Statthaftigkeit *II. Rechtsmittelbefugnis* *III. Beschwer* *IV. Form/Frist d. Einlegung* *V. Form/Frist d. Begründung* *VI. kein(e) Rücknahme/Verzicht*	*I. Prozessvoraussetzungen/-hindernisse* *II. **Verfahrensfehler** (absolute/**relative**)* ***- § 229 Abs. 1 bis 3 StPO (mehrfache Fristhemmung)*** *III. Sachrüge*

Obersatz:

Es könnte ein anfechtbarer Verstoß des Gerichts gegen § 229 Abs. 1, Abs. 2 StPO vorliegen, da die wiederholte Hemmung der Unterbrechungsfrist gemäß § 229 Abs. 3 StPO gegen die Konzentrationsmaxime verstoßen haben und daher rechtsunwirksam sein könnte.

Problem:

Fraglich ist, ob die wiederholte Hemmung der Unterbrechungsfrist gemäß § 229 Abs. 3 StPO möglich ist, da sonst die Unterbrechungen vom 18. Dezember 2018 bis zum 6. Februar 2019 sowie vom 12. März bis zum 16. April 2019 die Fristen des § 229 Abs. 1 und 2 StPO überschritten hätten. Man könnte der Ansicht sein, dass eine wiederholte Hemmung jedenfalls voraussetzt, dass die Hauptverhandlung nach einer ersten Hemmung an mindestens zehn weiteren Tagen fortgesetzt wurde.

Lösung:

Der Rüge steht nicht entgegen, dass das Landgericht die Aussetzungsanträge vom 16. April 2019 abgelehnt hat, da die Rechtsfolgen der Überschreitung einer gesetzlichen Unterbrechungsfrist kraft Gesetzes und damit unabhängig davon eintreten, ob ein Verfahrensbeteiligter einen Aussetzungsantrag gestellt hat.
Ob und unter welchen Voraussetzungen bei wiederholter Erkrankung einer der in § 229 Abs. 3 StPO genannten Personen der Lauf der in § 229 Abs. 1 und 2 StPO bestimmten Fristen jeweils erneut gehemmt wird, ist soweit ersichtlich höchstrichterlich noch nicht entschieden worden. Nach Ansicht der überwiegenden Literatur soll es genügen, wenn zwischen den Unterbrechungen an einem Tag verhandelt worden ist. Dem hat sich nun der 4. Strafsenat beim BGH nach dem Wortlaut der Vorschrift sowie aufgrund teleologischer und systematischer Erwägungen angeschlossen.
Der Wortlaut des § 229 Abs. 3 StPO enthält keinen Hinweis, dass eine wiederholte Hemmung von Unterbrechungsfristen ausgeschlossen ist, oder die einschränkende Voraussetzung einer bestimmten Mehrzahl von Fortsetzungsterminen zwischen den Unterbrechungen. Der Vergleich des Wortlauts der Absätze 2 und 3 spricht gerade gegen eine Übertragung der Voraussetzungen der Unterbrechung nach § 229 Abs. 2 StPO auf die Fälle des Absatzes 3. In dem letztgenannten Absatz fehlt das Wort „jeweils“. Nach dem Wortverständnis der Norm reicht es danach aus, wenn vor Eintritt einer – auch wiederholten – Hemmung insgesamt an mindestens zehn Tagen verhandelt worden ist.
Der Zweck des § 229 Abs. 3 StPO spricht ebenfalls für dieses Verständnis. Die Norm soll es ermöglichen, eine Hauptverhandlung im Fall von Ereignissen fortzusetzen, die dem Einfluss des Gerichts entzogen sind. Etwas anderes ergibt sich auch nicht daraus, dass eine Hemmung gemäß § 229 Abs. 3 StPO eine Mindestzahl von zehn Hauptverhandlungstagen voraussetzt. Denn dies soll lediglich bezwecken, dass eine Hemmung ausschließlich in solchen Verfahren eintritt, in denen die Hauptverhandlung „in der Regel mit nicht unerheblichem Aufwand zu gewissen Erkenntnissen geführt hat, die nicht verloren gehen sollen“.
Mit Blick auf diesen Zweck der Norm greift auch das systematische Argument nicht durch, die uneingeschränkte wiederholte Anwendung von § 229 Abs. 3 StPO widerspreche der Detailregelung des § 229 Abs. 2 StPO.
Die einzelnen Regelungen des § 229 StPO beziehen sich dabei auf spezifische Verfahrenslagen, für die der Gesetzgeber bewusst differenzierte Rechtsfolgen vorgesehen hat.

Ergebnis:

Die mögliche Revision des Angeklagten hätte wegen der erfolgten Unterbrechungen aufgrund der eingetretenen Hemmungen für den Ablauf der Unterbrechungsfristen keine Aussicht auf Erfolg.

Gericht, Az.:	Datum:	Fundstelle:
BGH, 4 StR 431/20	19.11.2020	NStZ 2021, 186 ff.

Nur keine Hemmungen

Am Ende des Hauptverhandlungstages vom 13. März 2020 bestimmte der Vorsitzende als Fortsetzungstermin den 31. März 2020. Tatsächlich wurde die Hauptverhandlung jedoch erst am 30. April 2020 fortgesetzt. An diesem Tag verkündete das Landgericht nach Anhörung der Prozessbeteiligten einen Beschluss, in dem festgestellt wurde, dass der Lauf der Unterbrechungsfrist vom 28. März 2020 bis zum 29. April 2020 gehemmt war. Zur Begründung berief sich das Landgericht auf § 10 EGStPO und führte aus, dass der Vorsitzende am 28. März 2020 von der Schöffin erfahren habe, dass sich ihr Ehemann am 14. April 2020 einem unaufschiebbaren operativen Eingriff am Herzen unterziehen müsse. Aus ärztlicher Sicht sei eine Ansteckung mit dem Coronavirus sowohl vor als auch nach der Operation bis zur Mitte der 18. Kalenderwoche unbedingt zu vermeiden, weshalb die Schöffin und ihr Ehemann fast jeglichen Außenkontakt innerhalb des fraglichen Zeitraums gemieden hätten.

Der durch das Landgericht nachfolgend wegen sexuellen Missbrauchs eines Kindes zu einer Freiheitsstrafe verurteilte Angeklagte möchte wissen, ob das Vorgehen des Landgerichts eine Revisionsmöglichkeit eröffnet.

A. Zulässigkeit der Revision	***B. Begründetheit der Revision***
I. Statthaftigkeit	*I. Prozessvoraussetzungen/-hindernisse*
II. Rechtsmittelbefugnis	
III. Beschwer	*II. **Verfahrensfehler** (absolute/**relative**)*
IV. Form/Frist d. Einlegung	***- §§ 229 Abs. 1 StPO, 10 Abs. 1 S. 1 EGStPO (Hemmung, COVID)***
V. Form/Frist d. Begründung	
VI. kein(e) Rücknahme/Verzicht	*III. Sachrüge*

Obersatz:
Es könnten anfechtbare Verfahrensverstöße gegen § 229 Abs. 1 StPO in Verbindung mit § 10 Abs. 1 Satz 1 und 2 EGStPO vorliegen, indem das Gericht erst nach Ablauf der als gehemmt angesehenen Unterbrechungsfrist einen Beschluss über den Zeitraum der Hemmung gefasst hat (1) und überdies zu Unrecht von einer wirksamen Hemmung ausgegangen ist (2).

Probleme:
1) Fraglich ist, ob die dreiwöchige Unterbrechungsfrist des § 229 Abs. 1 StPO nicht gewahrt ist, weil der Beginn ihrer Hemmung gemäß § 10 Abs. 1 Satz 1 EGStPO nicht innerhalb von drei Wochen nach der Unterbrechung festgestellt worden ist.
2) Fraglich ist auch, ob der Hemmungsgrund gemäß § 10 Abs. 1 EGStPO angenommen werden konnte. Nach dieser Vorschrift ist der Lauf der in § 229 Abs. 1 und 2 StPO genannten Unterbrechungsfristen gehemmt, solange die Hauptverhandlung aufgrund von Schutzmaßnahmen zur Verhinderung der Verbreitung von Infektionen mit dem SARS-CoV-2-Virus (COVID-19-Pandemie) nicht durchgeführt werden kann, längstens jedoch für zwei Monate.

Lösung:
Zu 1) Dass das Gericht den Beginn der Hemmung nicht innerhalb der dreiwöchigen Unterbrechungsfrist des § 229 Abs. 1 StPO festgestellt hat, stellt keinen Rechtsverstoß dar. Die Hemmung des § 10 Abs. 1 Satz 1 EGStPO tritt kraft Gesetzes ein. Der Feststellungsbeschluss gemäß Satz 2 hat nur insofern konstitutive Bedeutung, als er den Beginn und das Ende der Hemmung unanfechtbar feststellt.
Zu 2) Da das Gericht nach § 10 Abs. 1 Satz 2 EGStPO Beginn und Ende der Hemmung durch unanfechtbaren Beschluss feststellt, kommt mit Blick auf § 336 Satz 2 Alt. 1 StPO eine Richtigkeitsprüfung über den Willkürmaßstab hinaus nicht in Betracht; sie ist auch verfassungsrechtlich nicht geboten. Anhaltspunkte dafür, dass die Voraussetzungen des § 10 Abs. 1 Satz 1 EGStPO für eine Hemmung überhaupt nicht vorgelegen haben, sind nicht ersichtlich.
a) Die weitgehende Kontaktvermeidung des Ehemannes der Schöffin aufgrund einer ärztlichen Empfehlung stellte eine Schutzmaßnahme zur Verhinderung der Verbreitung von Infektionen mit dem SARS-CoV-2-Virus dar. Die Schutzmaßnahme musste nicht gerichtlich oder gesundheitsbehördlich angeordnet oder empfohlen worden sein. § 10 EGStPO enthält insoweit keine Einschränkung. Es genügt, wenn sie nachvollziehbar der Verhinderung der Verbreitung von Infektionen mit dem Coronavirus dienen soll. Dies ist aufgrund der ärztlichen Empfehlung der Fall. Maßnahmen, die eine weitere Durchführung der Hauptverhandlung verhindern, sind auch solche, die dem Schutz von Personen dienen, die zur Risikogruppe gehören, wie beispielsweise ältere Personen, Personen mit Grunderkrankung oder einem unterdrückten Immunsystem.
b) Dass die Schöffin nur mittelbar durch die Schutzmaßnahme betroffen war, ist unerheblich. Ein Hindernis für die Durchführung der Hauptverhandlung liegt auch vor, wenn es nur mittelbar auf Schutzmaßnahmen beruht.
c) Es ist aus Rechtsgründen auch nicht zu beanstanden, dass das Landgericht keine anderen Maßnahmen als die Unterbrechung der Hauptverhandlung zum Schutz des Ehemannes der Schöffin getroffen hat. Die Annahme des Landgerichts, dass die Hauptverhandlung nicht durchgeführt werden konnte, ist jedenfalls nicht willkürlich.

Ergebnis:
Da die festgestellte Hemmung nicht zu beanstanden ist, war die Unterbrechungsfrist nicht abgelaufen. Eine Revision kann daher auf eine entsprechende Verfahrensrüge nicht gestützt werden.

Gericht, Az.:	Datum:	Fundstelle:
BGH, 2 StR 554/18	20.11.2019	NStZ 2021, 33

Das Nothelferlein

Das Landgericht ist in einem gegen A und P geführten Strafverfahren zu einem Urteil gelangt und hat hierin folgende Feststellungen getroffen:

Am 27. November 2016 gegen 03.25 Uhr kam es vor der Diskothek „N“ in G zunächst zu einer in ihren Einzelheiten nicht mehr genau feststellbaren verbalen Auseinandersetzung zwischen dem Angeklagten P und den Nebenklägern B und S, wobei P eine abfällige Bemerkung gegenüber B machte. Der bis dahin unbeteiligte Zeuge D stellte sich zwischen die Streitenden, um sie zu trennen. Daraufhin versetzte ihm der Angeklagte P unvermittelt einen Kopfstoß, packte ihn am Hals und stieß ein weiteres Mal mit dem Kopf zu. Im anschließenden Gerangel gingen beide zu Boden; der Zeuge D lag unten, der Angeklagte P auf ihm. Das Landgericht konnte nicht feststellen, ob der Angeklagte P den Zeugen D weiter geschlagen oder ihm weitere Kopfstöße versetzt hatte.

Die Nebenkläger B und S versuchten nunmehr den Angeklagten P von D zu trennen. Die Schwurgerichtskammer hat nicht sicher feststellen können, aber auch nicht ausgeschlossen, dass die Nebenkläger mehrfach nach dem Angeklagten P traten und diesen dabei auch trafen.

Der Angeklagte A, der bis dahin lediglich danebengestanden und sich nicht in das Geschehen eingemischt hatte, ergriff nun das von ihm in seiner Jackentasche mitgeführte Klappmesser, öffnete es und stach in kurzer Reihenfolge dem Zeugen S dreimal und dem Zeugen B einmal von hinten in den Rücken. Der Angeklagte A handelte mit dem Willen, weitere von ihm wahrgenommene Tritte der Nebenkläger B und S gegen den Mitangeklagten P zu unterbinden und die Auseinandersetzung zu beenden. Nach den Stichen flüchteten die beiden Angeklagten.

Durch mindestens eine der Stichverletzungen wurde der Brustkorb des Geschädigten S eröffnet, der einen Spannungspneumothorax erlitt; der Geschädigte B erlitt eine etwa 7 cm tiefe Stichverletzung, die sich auf den Weichteilmantel des Rückens beschränkte.

Das Landgericht hat den Angeklagten P wegen vorsätzlicher Körperverletzung zum Nachteil des Geschädigten D zu einer Geldstrafe von 90 Tagessätzen zu je 30 Euro verurteilt. Soweit dem P darüber hinaus vorgeworfen wurde, dem Geschädigten B ebenfalls einen Kopfstoß versetzt zu haben, hat das Landgericht dazu keine Feststellungen treffen können und ihn von dem Vorwurf der vorsätzlichen Körperverletzung aus tatsächlichen Gründen freigesprochen.

Den Angeklagten A hat es vom Vorwurf des versuchten Mordes in Tateinheit mit gefährlicher Körperverletzung zum Nachteil des Geschädigten S und vom Vorwurf der gefährlichen Körperverletzung zum Nachteil des Nebenklägers B freigesprochen. Diese Taten seien durch Nothilfe gemäß § 32 StGB gerechtfertigt gewesen. Zugunsten des A ist die Schwurgerichtskammer davon ausgegangen, dass die Nebenkläger B und S den Mitangeklagten P durch Tritte angegriffen haben. Dieser Angriff sei rechtswidrig, insbesondere nicht durch Nothilfe zugunsten des Geschädigten D gerechtfertigt gewesen. Die Schwurgerichtskammer ist dabei weiter zugunsten des A davon ausgegangen, dass die beiden Kopfstöße des Angeklagten P zum Nachteil des Geschädigten D abgeschlossen und eine Wiederholung von Verletzungshandlungen nicht unmittelbar zu befürchten war.

B möchte wissen, ob er sich gegen den Freispruch des Angeklagten A wegen des Vorwurfs der gefährlichen Körperverletzung an ihm erfolgreich mit einem Rechtsmittel wehren kann.

A. Zulässigkeit der Revision	B. Begründetheit der Revision
I. Statthaftigkeit II. Rechtsmittelbefugnis III. Beschwer IV. Form/Frist d. Einlegung V. Form/Frist d. Begründung VI. kein(e) Rücknahme/Verzicht	I. Prozessvoraussetzungen/-hindernisse II. Verfahrensfehler (absolute/relative) **III. Sachrüge** **- rechtliche Würdigung (§ 32 StGB – Gebotenheit)**

Obersatz:
Die rechtliche Würdigung könnte fehlerhaft sein, da zugunsten des A zu Unrecht angenommen wurde, er habe wegen Nothilfe gemäß § 32 StGB gerechtfertigt gehandelt.

Problem:
Nicht rechtswidrig handelt derjenige, der eine Tat begeht, die durch Notwehr/Nothilfe geboten ist. Dabei kann das Merkmal der Gebotenheit im Einzelfall sozialethisch begründete Einschränkungen an sich erforderlicher Verteidigungshandlungen notwendig machen. Die Verteidigung ist nicht geboten, wenn von dem Angegriffenen aus Rechtsgründen die Hinnahme der Rechtsgutverletzung oder eine eingeschränkte risikoreichere Verteidigung zu verlangen ist. Wer durch ein sozialethisch zu beanstandendes Vorverhalten einen Angriff auf sich schuldhaft provoziert hat, selbst wenn er ihn nicht in Rechnung gestellt haben sollte oder gar beabsichtigt hat, darf nicht bedenkenlos von seinem Notwehrrecht Gebrauch machen und sofort ein lebensgefährliches Mittel einsetzen. Er muss vielmehr dem Angriff nach Möglichkeit ausweichen und darf zur Trutzwehr mit einer lebensgefährlichen Waffe erst übergehen, nachdem er alle Möglichkeiten zur Schutzwehr ausgenutzt hat. Nur wenn sich ihm diese Möglichkeit verschließt, ist er zu entsprechend weitreichender Verteidigung befugt. Gegen einen unbewaffneten Gegner kommt der Gebrauch einer lebensgefährlichen Waffe nur ausnahmsweise als das letzte Mittel zur Verteidigung in Betracht.

Lösung:
Hier liegt ein sozialethisch zu beanstandendes sowie rechtwidriges Vorverhalten des P vor (abfällige Bemerkung gegenüber B, Verletzungshandlung gegenüber Streitschlichter D), welches zur Einschränkung des Nothilferechts führt. Ob der Angriff des P beendet war – so das Landgericht – ist im Ergebnis unerheblich, da die Beendigung die Vorrangigkeit der hier möglichen Schutzwehr nicht entfallen lässt. Bei zeitlich aufeinanderfolgenden wechselseitigen Angriffen der Beteiligten bedarf es zur Prüfung der Notwehrlage einer Gesamtbetrachtung unter Einschluss des der Tathandlung vorausgegangenen Geschehens; derjenige kann sich nicht auf ein Notwehrrecht berufen, der zuvor einen anderen rechtswidrig angegriffen hat, sodass dieser seinerseits aus Notwehr handelt. Nach den Feststellungen dauerte der rechtswidrige Angriff des P jedoch an und stand daher einer Nothilfe durch A entgegen. Der Angriff von P war noch nicht beendet, da P auf dem D lag und so dessen Fortbewegungsfreiheit beeinträchtigte.
A hätte sich bei der möglichen Schutzwehr darauf beschränken können, den gefährlichen Messereinsatz von hinten anzudrohen und – sofern dies zur Beendigung des Angriffs Erfolg versprechend gewesen wäre – die sich in der Nähe aufhaltenden Zeugen um Hilfe rufen können.

Antrag:
Auf die Revision des Nebenklägers B wird das Urteil des Landgerichts ... mit den Feststellungen aufgehoben, soweit der Angeklagte A vom Vorwurf der gefährlichen Körperverletzung zum Nachteil des B freigesprochen wurde. Im Umfang der Aufhebung wird die Sache zu neuer Verhandlung und Entscheidung, auch über die Kosten des Rechtsmittels, an eine andere Strafkammer des Landgerichts zurückverwiesen.

Tipp:
Nach § 400 Abs. 1 StPO ist ein Nebenkläger nicht befugt, das Urteil mit dem Ziel anzufechten, dass eine andere Rechtsfolge der Tat verhängt oder der Angeklagte wegen einer Gesetzesverletzung verurteilt wird, die nicht zum Anschluss als Nebenkläger berechtigt. Ist der Angeklagte wegen eines nebenklagefähigen Delikts verurteilt worden, dann bedarf die Revision des Nebenklägers eines genauen Antrages oder einer Begründung, die deutlich macht, dass er eine Änderung des Schuldspruchs hinsichtlich des Nebenklagedelikts verfolgt – eine „allgemeine Sachrüge“ genügt also nicht.

Gericht, Az.:	Datum:	Fundstelle:
BGH, 3 StR 360/20	24.11.2020	NStZ-RR 2021, 42 f.

Eins, zwei, drei – jetzt ist's vorbei

Mit rechtskräftigem Urteil vom 28. Februar 2019 - vor der hier abgeurteilten Tat - hatte das Amtsgericht den Angeklagten wegen Abgabe von Betäubungsmitteln an einen Minderjährigen zu einer Freiheitsstrafe von einem Jahr unter Strafaussetzung zur Bewährung verurteilt. Mit rechtskräftigem Urteil vom 12. November 2019 - nach der hier abgeurteilten Tat - hatte dasselbe Gericht ihn der gefährlichen Körperverletzung schuldig gesprochen; dieses Delikt hatte er vor der ersten Vorverurteilung verübt. Das Amtsgericht hatte deswegen eine Freiheitsstrafe von einem Jahr und sechs Monaten verhängt; diese Strafe hatte es mit derjenigen aus dem vorangegangenen Erkenntnis auf eine Gesamtfreiheitsstrafe von einem Jahr und elf Monaten wiederum unter Strafaussetzung zur Bewährung zurückgeführt.

Das Landgericht hat den Angeklagten nun am 29. Juni 2020 wegen eines Betäubungsmitteldeliktes, das er zwischen den Verurteilungen vom 28. Februar und 12. November 20219 begangen hatte, schuldig gesprochen und ihn unter Einbeziehung der mit Urteil des Amtsgerichts vom 12. November 2019 festgesetzten Einzelstrafe nach Auflösung der dort nachträglich gebildeten Gesamtstrafe zu einer Gesamtfreiheitsstrafe von drei Jahren und sieben Monaten verurteilt. Ferner hat es ausgesprochen, dass die weitere in die vormalige Gesamtstrafe einbezogene Einzelstrafe aus dem Urteil des Amtsgerichts vom 28. Februar 2019 bestehen bleibt.

Der Angeklagte kommt mit diesem Sachverhalt zu Ihnen, weil er keine so lange Strafe verbüßen möchte. Wie hoch seine Einzelstrafen für die zuletzt abgeurteilten Delikte waren, weiß er nicht mehr. Aber vielleicht kommt Ihnen auch so schon eine Idee?

A. Zulässigkeit der Revision	B. Begründetheit der Revision
I. Statthaftigkeit II. Rechtsmittelbefugnis III. Beschwer IV. Form/Frist d. Einlegung V. Form/Frist d. Begründung VI. kein(e) Rücknahme/Verzicht	I. Prozessvoraussetzungen/-hindernisse II. Verfahrensfehler (absolute/relative) III. **Sachrüge** **- Rechtsfolge: Nachträgliche Gesamtstrafe, § 55 StGB**

Obersatz:
Es könnte ein anfechtbarer Verstoß gegen § 55 StGB vorliegen, indem das Gericht eine nachträgliche Gesamtstrafe gebildet hat, obwohl die Voraussetzungen hierfür nicht eröffnet waren.

Problem:
Fraglich ist, ob die Voraussetzungen für § 55 vorlagen oder eine Zäsur durch das Urteil vom 28. Februar 2019 dem entgegenstand.

Lösung:
Die Voraussetzungen des § 55 Abs. 1 StGB für die nachträgliche Bildung einer Gesamtstrafe haben nicht vorgelegen. Der Angeklagte beging die hier abgeurteilte Tat zwischen den zwei ihrerseits untereinander gesamtstrafenfähigen Vorverurteilungen. In diesem Fall darf aus der neuen und der letzten Strafe keine Gesamtstrafe gebildet werden. Es gilt: Wurde zwar die eine neue Strafe nach sich ziehende Tat vor einer rechtskräftigen Vorverurteilung begangen, lag dieser aber eine Tat zugrunde, die wiederum vor einer (nicht erledigten) vorausgegangenen Vorverurteilung begangen wurde, hat die zeitlich erste Entscheidung ihrerseits Zäsurwirkung, nicht hingegen die zweite. Das spätere Urteil hat gesamtstrafenrechtlich keine eigenständige Bedeutung. Es wäre nicht ergangen, wenn mit dem früheren Urteil die Taten aus beiden Entscheidungen geahndet worden wären.
Durch die vom Landgericht vorgenommene nachträgliche Bildung der Gesamtfreiheitsstrafe ist der Angeklagte schon deshalb beschwert, weil es eine Freiheitsstrafe, deren Vollstreckung zur Bewährung ausgesetzt war, zu Unrecht in eine nicht mehr bewährungsfähige Gesamtfreiheitsstrafe einbezogen hat. Dies kommt einem Widerruf der Strafaussetzung (§ 56f StGB) gleich, über den im vorliegenden Verfahren nicht zu entscheiden ist.
Im Umfang der Aufhebung bedarf die Sache erneuter Prüfung. Die berufene Strafkammer wird ein besonderes Augenmerk auf das Verschlechterungsverbot (§ 358 Abs. 2 Satz 1 StPO) zu legen haben, aus dem sich der Grundsatz ergibt, dass dem revidierenden Angeklagten der durch die fehlerhafte Anwendung des § 55 Abs. 1 StGB erlangte Vorteil nicht wieder genommen werden darf.
Die Aufhebung des Strafausspruchs umfasst auch die vom Landgericht angeordnete Auflösung der Gesamtfreiheitstrafe aus dem Urteil vom 12. November 2019. Aus dem Verschlechterungsverbot folgt, dass es dem neuen Tatgericht nicht gestattet ist, die für die hier abgeurteilte Tat zu bestimmende Einzelstrafe auf mehr als zwei Jahre und acht Monate Freiheitsstrafe zu bemessen. Denn diese Strafe und die (zu keinem Zeitpunkt rechtskräftig aufgelöste) Gesamtfreiheitsstrafe von einem Jahr und elf Monaten aus der benannten Vorverurteilung dürfen in der Addition die Dauer von 55 Monaten (Summe aus der im ersten Rechtsgang nachträglich gebildeten Gesamtfreiheitsstrafe von drei Jahren und sieben Monaten sowie der aufrechterhaltenen Freiheitsstrafe von einem Jahr aus dem Urteil vom 28. Februar 2019) nicht übersteigen.

Antrag:
Auf die Revision des Angeklagten wird das Urteil des Landgerichts ... im Strafausspruch mit den zugehörigen Feststellungen aufgehoben. Im Umfang der Aufhebung wird die Sache zu neuer Verhandlung und Entscheidung, auch über die Kosten des Rechtsmittels, an eine andere Strafkammer des Landgerichts zurückverwiesen.

Gericht, Az.:	Datum:	Fundstelle:
BGH, 5 StR 439/20	24.11.2020	NStZ-RR 2021, 57 f.

Der schusselige Angeklagte

Das Landgericht hat den Angeklagten unter anderem wegen schweren sexuellen Missbrauchs eines Kindes zu einer Freiheitsstrafe verurteilt.

Gegen dieses Urteil hat der in der Hauptverhandlung anwesende Angeklagte fristgerecht Revision eingelegt. Das abgefasste Urteil wurde seiner Verteidigerin auf Verfügung des Vorsitzenden von Anfang April 2020 am 26. April 2020 und damit mehrere Wochen nach der Verkündung zugestellt.

Um die Revision zu begründen wollte seine Verteidigerin anschließend Einsicht in die Verfahrensakte und hierbei insbesondere in den Protokollband nehmen. Die Verteidigerin des Angeklagten berichtet zutreffend, dass ihr mehrere Tage nach der Urteilszustellung auf der Geschäftsstelle die Einsichtnahme in das Protokoll mit der Begründung verweigert wurde, dieses sei noch nicht fertiggestellt, es müssten noch Änderungen vorgenommen und Unterschriften eingeholt werden. Die begehrte Einsicht in den Protokollband wurde ihr etwa eine Woche danach genehmigt. Dabei fand sie unter dem Protokoll den Vermerk, wonach dieses bereits am 30. März 2020 fertiggestellt wurde

In der Akte findet sich weiterhin ein Vermerk des Vorsitzenden von Anfang Mai, wonach das Hauptverhandlungsprotokoll erst später fertiggestellt wurde als im Protokoll vermerkt, weil eine lediglich am zweiten von 15 Hauptverhandlungstagen eingesetzte Justizbeschäftigte aufgrund eigener Krankheit und eingeschränkten Dienstbetriebs wegen der Corona-Pandemie eine Ergänzung nur später genehmigen konnte. Bei der vom Vorsitzenden als unerheblich beschriebenen Ergänzung handelte es sich um einen zuvor nicht vollständig aufgenommenen Beschluss zum Ausschluss der Öffentlichkeit nach § 171b Abs. 1, Abs. 3 GVG, der um einen Halbsatz zur Begründung ergänzt wurde.

Die Verteidigerin hat eine Revisionsbegründungsschrift gefertigt und mit dem Angeklagten am 25. Mai 2020 besprochen. Dieser bestand darauf, den Schriftsatz selbst am gleichen Tag in den Briefkasten des Landgerichts einzuwerfen. Auf dem Weg dorthin wurde er abgelenkt und vergaß den Schriftsatz. Der Einwurf erfolgte erst 10 Tage später.

Der Angeklagte baut auf Sie, weil seine Verteidigerin keinen Rat weiß. Was werden Sie ihm sagen?

A. Zulässigkeit der Revision	**B. Begründetheit der Revision**
I. Statthaftigkeit	*I. Prozessvoraussetzungen/-hindernisse*
II. Rechtsmittelbefugnis	
III. Beschwer	*II. Verfahrensfehler (absolute/relative)*
IV. Form/Frist d. Einlegung	
*V. Form/**Frist d. Begründung - § 273 Abs. 4 StPO (Zustellung)***	*III. Sachrüge*
VI. kein(e) Rücknahme/Verzicht	

Obersatz:
Die Revisionsbegründung des Angeklagten könnte verfristet sein, da die Revisionsbegründung erst nach Ablauf der Monatsfrist gemäß § 345 Abs. 1 Satz 1 StPO beim Landgericht einging.

Problem:
Fraglich ist aber, ob der Lauf der Revisionsbegründungsfrist überhaupt ausgelöst wurde. Gemäß § 345 Abs. 1 Satz 2 StPO aF (seit 01.07.2021: § 345 Abs. 1 S. 3 StPO) beginnt die Frist mit der Zustellung des Urteils, hier an die Verteidigerin gemäß § 145a StPO. Nach § 273 Abs. 4 StPO darf das Urteil nicht zugestellt werden, bevor das Protokoll fertiggestellt ist. Ein Verstoß hiergegen macht die Zustellung wirkungslos und setzt deshalb die Revisionsbegründungsfrist nicht in Lauf. Durch diese Regelung soll sichergestellt werden, dass mit dem Protokoll schon zu Beginn der regelmäßig mit der Urteilszustellung in Lauf gesetzten Revisionsbegründungsfrist eine abgeschlossene Grundlage für die Entscheidung über die Anbringung von Verfahrensrügen vorliegt, die dem Anfechtungsberechtigten während der gesamten Revisionsbegründungsfrist zur Einsichtnahme offensteht.

Lösung:
Das Protokoll war, was freibeweislich festzustellen ist, im Zeitpunkt der Urteilszustellungen vom 26. April 2020 an die Verteidigerin des Angeklagten noch nicht fertiggestellt. Fertiggestellt ist ein Protokoll in dem Zeitpunkt, in dem die letzte der für die Beurkundung des gesamten Protokolls erforderlichen Unterschriften geleistet wurde, selbst wenn die Niederschrift sachlich oder formell fehlerhaft ist oder Lücken aufweist. Dies gilt aber nur, wenn beide Urkundspersonen (Vorsitzender und Urkundsbeamte der Geschäftsstelle, § 271 Abs. 1 StPO) das Protokoll als abgeschlossen ansehen. Dies war im Zeitpunkt der Urteilszustellung offensichtlich noch nicht der Fall (Begründung für zunächst versagte Akteneinsicht; Vermerk des Vorsitzenden).
Ist der Vorsitzende demnach selbst davon ausgegangen, dass seine Ergänzung der Genehmigung bedarf, war nach seiner Vorstellung die Protokollfertigung noch nicht abgeschlossen. Deshalb kommt es nicht darauf an, ob die aus Sicht des Vorsitzenden notwendige Genehmigung nur eine weniger erhebliche Änderung betraf.
Angesichts dessen erweist sich der unter dem Protokoll angebrachte Vermerk, wonach dieses bereits am 30. März 2020 fertiggestellt wurde, als widerlegt. Zwar ergibt sich aus dem Protokoll selbst immer noch nicht mit hinreichender Klarheit, ob und gegebenenfalls wann die Protokollführerin die nach Ansicht des Vorsitzenden genehmigungsbedürftige Änderung genehmigt hat. Dem genannten Vermerk des Vorsitzenden ist jedoch zu entnehmen, dass das Protokoll inzwischen fertiggestellt ist.

Ergebnis:
Das Urteil bedarf erneuter Zustellung an die Verteidigerin des Angeklagten. Bis dahin beginnt die Revisionsbegründungsfrist nicht zu laufen. Die bereits eingereichte Begründung war also nicht verfristet.

Tipp:
Der 5. Strafsenat hat in der Entscheidung auf folgenden wichtigen Umstand hingewiesen: Stehen Krankheit oder sonstige Hinderungsgründe in der Person des Urkundsbeamten der Fertigstellung des Protokolls entgegen und käme es bei einem Zuwarten zu einer unangemessenen Verzögerung, kann der Vorsitzende dies unter Angabe des Hinderungsgrundes vermerken und damit das Protokoll fertigstellen. Durch die Corona-Pandemie bedingte Einschränkungen des Dienstbetriebs können im Gegensatz zu dienstlicher Überlastung ebenfalls geeignet sein, die geregelte Abwicklung des Verfahrens wesentlich zu verzögern, und deshalb im Einzelfall die Annahme einer näher darzulegenden Verhinderung rechtfertigen.

Gericht, Az.:	Datum:	Fundstelle:
BGH, 2 StR 267/20	02.12.2020	NStZ 2021, 753 f.

Der unpünktliche Angeklagte

Der Angeklagte ist wegen Betäubungsmitteldelikten durch das Landgericht zu einer Freiheitsstrafe verurteilt worden. Gegen dieses Urteil hat er zu Protokoll der Geschäftsstelle rechtzeitig eine Revision eingelegt und diese mit der allgemeinen Sachrüge begründet und hierzu Ausführungen gemacht.

Die vom Landgericht nach der Fertigstellung des Protokolls verfügte Zustellung des Urteils an den Wahlverteidiger gelang zunächst nicht und musste wiederholt werden. Beim zweiten Versuch – einige Wochen später – gelang die Zustellung des Urteils.

Der Angeklagte, dem das Urteil formlos übermittelt worden war, hatte in einem eigenen Schreiben an das Landgericht die Gründe mitgeteilt, die nach seiner Ansicht veranlassen müssten das Urteil aufzuheben. Hierbei rügte er verschiedene Verfahrensfehler. Eine weitere Erklärung zu der Revision erfolgte vom Angeklagten und seinen Verteidiger vor Ablauf der Revisionsbegründungsfrist nicht.

Der Generalbundesanwalt vertritt in seiner – nach Ablauf der Revisionsbegründungsfrist abgegebenen – Stellungnahme die Auffassung, dass die Revision zwar aufgrund der angebrachten Sachrüge zulässig, jedoch mangels hierauf zu prüfender und den Angeklagten belastender Rechtsfehler nicht begründet sei. Die vom Angeklagten angebrachten Verfahrensrügen seien nicht auf ihre Begründetheit zu prüfen. Die Ausführungen zu der erhobenen Sachrüge würden Umstände beschreiben, die nur mit einer Verfahrensrüge beanstandet werden könnten, was jedoch nicht geschehen sei.

Der Angeklagte stellt daraufhin den Antrag, ihm zur Anbringung der unterlassenen und zur Nachholung der unzulässigen Verfahrensrügen Wiedereinsetzung in den vorigen Stand zu gewähren. Er weiß bereits, dass der Generalbundesanwalt mit seiner Einschätzung recht hat. Er möchte nun von Ihnen wissen, wie die Sache für ihn ausgehen wird.

Obersatz:
Es stellt sich die Frage, ob dem Angeklagten eine Wiedereinsetzung zu gewähren ist, weil es ihm nicht gelungen war, innerhalb der Revisionsbegründungsfrist frist- und formgerecht die (nunmehr) vorgebrachten Verfahrensrügen anzubringen. Die von ihm schriftlich erhobenen Verfahrensrügen genügen nicht den formellen Anforderungen gemäß § 345 Abs. 2 StPO, wonach die Revisionsbegründung des Angeklagten in einer von dem Verteidiger oder einem Rechtsanwalt unterzeichneten Schrift oder zu Protokoll der Geschäftsstelle erfolgen muss.

Problem:
Eine Wiedereinsetzung in den vorigen Stand zur Nachholung von Verfahrensrügen kommt nur ausnahmsweise bei besonderen Verfahrenslagen in Betracht, in denen dies zur Wahrung des Anspruchs des Beschwerdeführers auf rechtliches Gehör (Art. 103 Abs. 1 GG) unerlässlich erscheint.

Lösung:
Der Antrag des Angeklagten auf Gewährung von Wiedereinsetzung in den vorigen Stand zur Heilung der Mängel von nicht den Anforderungen des § 344 Abs. 2 Satz 2 StPO entsprechenden Verfahrensrügen ist unzulässig. Die Zulässigkeit des Wiedereinsetzungsgesuchs ergibt sich insbesondere nicht daraus, dass geltend gemacht wird, den Angeklagten treffe an den Mängeln kein Verschulden. Könnte ein Angeklagter, dem durch die Antragsschrift des Generalbundesanwalts ein formaler Mangel in der Begründung einer Verfahrensrüge aufgezeigt worden ist, diese unter Hinweis auf ein Verschulden seines Verteidigers nachbessern, würde im Ergebnis die Formvorschrift des § 344 Abs. 2 Satz 2 StPO außer Kraft gesetzt. Dies würde nicht mit dem öffentlichen Interesse in Einklang stehen, einen geordneten Fortgang des Verfahrens zu sichern und ohne Verzögerung alsbald eine klare Verfahrenslage zu schaffen. Eine Wiedereinsetzung in den vorigen Stand zur Nachbesserung einer Verfahrensrüge kommt daher nur in besonderen Prozesssituationen ausnahmsweise in Betracht, wenn dies zur Wahrung des Anspruchs des Beschwerdeführers auf rechtliches Gehör (Art. 103 Abs. 1 GG) unerlässlich erscheint. Ein solcher Ausnahmefall liegt hier nicht vor, auch nicht mit Blick darauf, dass die Urteilszustellung an den Wahlverteidiger zunächst nicht bewirkt werden konnte. Durch die sodann erfolgte spätere Zustellung der Urteilsurkunde wurde die Revisionsbegründungsfrist für den Beschwerdeführer insgesamt sogar verlängert.

Entscheidung:
1. Der Antrag des Angeklagten, ihm zur Anbringung der unterlassenen und zur Nachholung der nicht formgerecht begründeten Verfahrensrügen Wiedereinsetzung in den vorigen Stand zu gewähren, wird als unzulässig verworfen.
2. Die Revision des Angeklagten gegen das vorbezeichnete Urteil wird als unbegründet verworfen, da die Nachprüfung des Urteils auf Grund der Revisionsrechtfertigung keinen Rechtsfehler zum Nachteil des Angeklagten ergeben hat.
   Der Beschwerdeführer hat die Kosten seines Rechtsmittels zu tragen.

Gericht, Az.:	**Datum:**	**Fundstelle:**
BGH, 3 StR 391/20	17.12.2020	NStZ-RR 2021, 148

An Klage nicht genug?

Das Landgericht hat den Angeklagten wegen schweren sexuellen Missbrauchs von Kindern in Tateinheit mit sexuellem Missbrauch von Schutzbefohlenen, sexuellen Missbrauchs von Kindern in Tateinheit mit sexuellem Missbrauch von Schutzbefohlenen in vier Fällen und wegen sexuellen Missbrauchs von Schutzbefohlenen in zwei Fällen zu einer Gesamtfreiheitsstrafe von vier Jahren und sechs Monaten verurteilt. Das Landgericht hat dabei auf Einzelstrafen von zweimal drei Jahren, einmal einem Jahr und neun Monaten sowie viermal einem Jahr und sechs Monaten erkannt.

Mit der unverändert zur Hauptverhandlung zugelassenen Anklage war dem Angeklagten zur Last gelegt worden, die Nebenklägerin insgesamt über zwei Jahre hinweg zu jeweils nur ungefähr benannten Zeitpunkten bei einer größeren Anzahl verschiedenartiger sexueller Übergriffe sexuell missbraucht zu haben. Unter anderem wurde ihm angelastet, an einem nicht mehr genau feststellbaren Tag etwa im September 2018 auf der Couch im Wohnzimmer mit der Nebenklägerin den Oralverkehr ausgeübt zu haben und zwar in der Weise, dass er sie veranlasste, seinen Penis in den Mund zu nehmen.

Nach den Feststellungen des Landgerichts zu Fall B. I. 7. der Urteilsgründe führte der Angeklagte in dem genannten Zeitraum an dem besagten Ort indessen seine Hand in die Unterhose der Nebenklägerin, legte seine Finger an deren Scheide und bewegte diese hin und her. Als Einzelstrafe wurde für diesen Fall auf eine Freiheitsstrafe von einem Jahr und sechs Monaten erkannt.

In der Hauptverhandlung wurde im Hinblick auf die geänderte Sachlage ein rechtlicher Hinweis gemäß § 265 Abs. 2 Nr. 3 StPO erteilt.

Der Angeklagte möchte von Ihnen wissen, ob eine Revision bei dieser Sachlage Sinn macht und was er mit dieser vermutlich erreichen kann.

A. Zulässigkeit der Revision	*B. Begründetheit der Revision*
I. Statthaftigkeit	*I.* ***Prozessvoraussetzungen****/-hindernisse*
II. Rechtsmittelbefugnis	***- fehlende Anklage für geänderte Sachlage***
III. Beschwer	
IV. Form/Frist d. Einlegung	*II. Verfahrensfehler (absolute/relative)*
V. Form/Frist d. Begründung	
VI. kein(e) Rücknahme/Verzicht	*III. Sachrüge*

Obersatz:
Soweit das Landgericht den Angeklagten in Fall B. I. 7. der Urteilsgründe verurteilt hat, könnte es an der Verfahrensvoraussetzung einer Anklageerhebung und demzufolge auch an einem Eröffnungsbeschlusses fehlen.

Problem:
Anklage und Eröffnungsbeschluss sind als Prozessvoraussetzungen Sachurteilsvoraussetzungen. Fehlen sie, ist das Verfahren in der Revision gemäß § 354 Abs. 1, § 206a Abs. 1 StPO einzustellen. Ob ein rechtlicher Hinweis gemäß § 265 StPO für eine Verurteilung genügt oder eine Nachtragsanklage gemäß § 266 StPO erforderlich ist, bestimmt sich danach, ob der Vorgang noch zu der angeklagten prozessualen Tat gehört. Gegenstand der Urteilsfindung ist nur die in der Anklage bezeichnete Tat im Sinne des § 264 Abs. 1 StPO. Allerdings hat das Gericht die angeklagte Tat im verfahrensrechtlichen Sinne erschöpfend abzuurteilen. Zur Tat in diesem Sinne gehört das gesamte Verhalten des Angeklagten, soweit es mit dem durch die Anklage bezeichneten geschichtlichen Vorkommnis nach der Lebensauffassung einen einheitlichen Vorgang darstellt. In diesem Rahmen muss das Tatgericht seine Untersuchung auch auf Teile der Tat erstrecken, die erst in der Hauptverhandlung bekannt werden. Diese Umgestaltung der Strafklage darf aber nicht dazu führen, dass die Identität der von der Anklage umfassten Tat nicht mehr gewahrt ist, weil das ihr zugrundeliegende Geschehen durch ein anderes ersetzt wird.

Lösung:
Dies ist hier jedoch der Fall. In Fall B. I. 7. der Urteilsgründe weichen die Feststellungen der Strafkammer hinsichtlich der Modalitäten der Tatbegehung so erheblich vom Anklagevorwurf ab, dass mit ihnen eine andere als die angeklagte Tat beschrieben ist. Nach dem dargelegten, der Anklageerhebung zugrundeliegenden Ermittlungsergebnis war die Nebenklägerin über zwei Jahre hinweg zu jeweils nur ungefähr benannten Zeitpunkten Opfer einer größeren Anzahl verschiedenartiger sexueller Übergriffe des Angeklagten an verschiedenen Tatorten, sodass gerade der konkret beschriebenen Art und Weise der Tatverwirklichung – die hier nicht nur umgestaltet, sondern ersetzt worden ist – erhebliche Bedeutung zukam. Mangels Erhebung einer Nachtragsanklage war eine Aburteilung des Falles B. I. 7. der Urteilsgründe demnach nicht möglich. An dem Fehlen hinreichender Tatindividualisierung vermag auch die Erteilung eines diesbezüglichen Hinweises nach § 265 Abs. 2 Nr. 3 StPO in der Hauptverhandlung nichts zu ändern.
Mangels Anklageerhebung ist das Verfahren hinsichtlich des in Fall B. I. 7. der Urteilsgründe enthaltenen Vorwurfs einzustellen (§§ 354 Abs. 1, 206a Abs. 1 StPO). Da hiermit auch die insoweit erkannte Einzelstrafe entfällt, stellt sich die Frage, ob der Gesamtstrafausspruch ohne diese unverändert bleibt. Angesichts der nach der Teileinstellung bestehenbleibenden Einzelstrafen von zweimal drei Jahren, einmal einem Jahr und neun Monaten sowie dreimal einem Jahr und sechs Monaten ist es gut möglich, dass es das Revisionsgericht gemäß § 354 Abs. 1a StPO ausschließt, dass das Landgericht ohne die weggefallene Strafe auf eine niedrigere Gesamtfreiheitsstrafe als vier Jahre und sechs Monate erkannt hätte.

Ergebnis:
Bei Anwendung von § 354 Abs. 1a StPO würde auf die Revision des Angeklagten gegen das Urteil des Landgerichts … das Verfahren eingestellt, soweit der Angeklagte in Fall B. I. 7. der Urteilsgründe verurteilt worden ist.

Tipp:
§ 354 Abs. 1a StPO kann in der Klausur bei Prüfung der Zweckmäßigkeit der Revision zu bedenken sein.

Gericht, Az.:	Datum:	Fundstelle:
BGH, 3 StR 423/20	17.12.2020	NStZ 2021, 245 f.

Form-, frist-, fruchtlos?

Das Landgericht hat den Angeklagten wegen Raubes in Tateinheit mit Körperverletzung sowie wegen Raubes in Tateinheit mit räuberischer Erpressung in zwei tateinheitlichen Fällen und in weiterer Tateinheit mit Körperverletzung zu einer Gesamtfreiheitsstrafe von fünf Jahren verurteilt. Zudem hat es die Unterbringung des Angeklagten in einer Entziehungsanstalt und in der Sicherungsverwahrung angeordnet sowie eine Einziehungsentscheidung getroffen.

Gegen dieses Urteil hat der Angeklagte fristgerecht Revision eingelegt. Das schriftliche Urteil ist dem Angeklagten am 10. August 2020 zugestellt worden. Nachdem bis zum 17. September 2020 keine Revisionsbegründung eingegangen war, hat das Landgericht mit Beschluss von diesem Tage die Revision nach § 346 Abs. 1 StPO als unzulässig verworfen. Der Beschluss ist dem Verteidiger zugestellt und an den Angeklagten formlos übersandt worden.

Mit einem beim Landgericht am 1. Oktober 2020 eingegangenen persönlichen Schreiben vom 28. September 2020 hat der Angeklagte vorgebracht, ihm sei der Revisionsverwerfungsbeschluss am 24. September 2020 zugegangen. Da sein Verteidiger die Revisionsbegründung nicht fristgerecht eingereicht habe, lege er "Widerruf gegen den Bescheid" ein und bitte darum, die Frist zur Abgabe der Revisionsbegründung um mindestens 14 Tage zu verlängern; er habe einen neuen Anwalt mandatiert.

Mit Schriftsatz seines bisherigen Verteidigers vom 5. Oktober 2020, eingegangen beim Landgericht am selben Tag, hat der Angeklagte um Wiedereinsetzung in den vorigen Stand ersucht, die Aufhebung des Urteils vom 30. Juni 2020 beantragt und die Revision mit der allgemein erhobenen Sachrüge begründet. Zum Wiedereinsetzungsantrag trägt der Verteidiger vor, nach Zustellung des schriftlichen Urteils am 10. August 2020 habe er eine Revisionsbegründung erstellt, unterschrieben und zur Absendung per Fax an das Landgericht bereitgelegt. Durch ein Versäumnis einer Kanzleiangestellten sei diese jedoch nicht abgesandt worden. Er sei vom 14. September 2020 bis einschließlich 4. Oktober 2020 im Urlaub gewesen. Nach seiner Rückkehr am 5. Oktober 2020 habe er Kenntnis davon erlangt, dass die von ihm gefertigte Revisionsbegründungsschrift nicht abgesandt worden war.

Wie wird der Bundesgerichtshof über den Antrag des Angeklagten auf Wiedereinsetzung in die Revisionsbegründungsfrist entscheiden?

A. Zulässigkeit der Revision	*B. Begründetheit der Revision*
I. Statthaftigkeit	*I. Prozessvoraussetzungen/-hindernisse*
II. Rechtsmittelbefugnis	
III. Beschwer	*II. Verfahrensfehler (absolute/relative)*
IV. Form/Frist d. Einlegung	
*V. Form/**Frist d. Begründung (Wiedereinsetzung i. d. v. Stand)***	*III. Sachrüge*
VI. kein(e) Rücknahme/Verzicht	

Obersatz:
Es könnte den Anträgen auf Wiedereinsetzung in den vorigen Stand an den Zulässigkeitsvoraussetzungen fehlen.

Problem:
Wiedereinsetzung in den vorigen Stand ist auf Antrag demjenigen zu gewähren, der ohne Verschulden verhindert war, eine Frist einzuhalten (§ 44 Satz 1 StPO). Der Antrag ist binnen einer Woche nach Wegfall des Hindernisses zu stellen (§ 45 Abs. 1 Satz 1 StPO); innerhalb der Wochenfrist muss der Antragsteller auch Angaben über den Zeitpunkt des Wegfalls des Hindernisses machen. Zudem ist innerhalb der Antragsfrist die versäumte Handlung nachzuholen (§ 45 Abs. 2 Satz 2 StPO). Fraglich ist, ob die Nachholungsfrist auch für die einmonatige Revisionsbegründungsfrist gilt. Außerdem stellt sich für den Antrag vom 5. Oktober 2020 die Frage, ob es genügt, Angaben zur Kenntnis des Verteidigers zu machen.

Lösung:
1) Das am 1. Oktober 2020 beim Landgericht eingegangene Schreiben des Angeklagten vom 28. September 2020 ist als Wiedereinsetzungsantrag auszulegen. Dieser ist fristgerecht innerhalb der Wochenfrist des § 45 Abs. 1 Satz 1 StPO angebracht worden, da der Angeklagte erst am 24. September 2020 von der Versäumung der Revisionsbegründungsfrist Kenntnis erlangt hatte und damit das Hindernis für die Fristwahrung entfallen war. Jedoch ist entgegen § 45 Abs. 2 Satz 2 StPO innerhalb der am 1. Oktober 2020 endenden Wochenfrist die Revisionsbegründung und damit die versäumte Handlung nicht nachgeholt worden. Die Frist des § 45 Abs. 1 Satz 1 StPO gilt - von hier nicht relevanten Ausnahmefällen abgesehen - auch dann, wenn es sich bei der versäumten und nachzuholenden Handlung um die Begründung einer Revision handelt. Die Monatsfrist des § 345 Abs. 1 StPO wird insofern durch die Wochenfrist des § 45 Abs. 1 Satz 1 StPO ersetzt. Die Revisionsbegründung ist jedoch erst mit dem Verteidigerschreiben vom 5. Oktober 2020 nachgeholt worden. Anhaltspunkte dafür, dass der Angeklagte schuldlos gehindert war für ein Anbringen der Revisionsbegründung innerhalb der Frist des § 45 Abs. 1 Satz 1 StPO Sorge zu tragen, sind nicht ersichtlich, zumal er in seinem Schreiben vom 28. September 2020 vorgebracht hat, er habe bereits einen anderen Anwalt mandatiert. Daher war ihm auch nicht von Amts wegen eine Wiedereinsetzung in die Nachholungsfrist gemäß § 45 Abs. 2 Satz 2 StPO zu gewähren.
2) Der weitere mit Verteidigerschriftsatz vom 5. Oktober 2020 gestellte Antrag auf Wiedereinsetzung in den vorigen Stand genügt den Formerfordernissen des § 45 StPO nicht. Denn maßgebend für den Beginn der Wochenfrist des § 45 Abs. 1 Satz 1 StPO ist der Zeitpunkt, zu dem der Angeklagte selbst Kenntnis von der Versäumung der Revisionsbegründungsfrist erlangt hat. Dies gilt selbst dann, wenn der Verteidiger – wie hier – eigenes Verschulden geltend macht, das dem Angeklagten nicht zuzurechnen ist. Daher hätten mit dem Verteidigervorbringen Angaben dazu gemacht werden müssen, wann der Angeklagte Kenntnis von der Versäumung der Revisionsbegründungsfrist erlangt hat. Hieran fehlt es jedoch.
Der mit dem Verteidigerschriftsatz vom 5. Oktober 2020 gestellte weitere Wiedereinsetzungsantrag ist außerdem unzulässig, da die mit diesem Schreiben angebrachte Revisionsbegründung entgegen § 45 Abs. 2 Satz 2 StPO nicht innerhalb der Frist des § 45 Abs. 1 Satz 1 StPO nachgeholt worden ist. Aus dem Vorbringen des Angeklagten in seinem Schreiben vom 28. September 2020 ergibt sich, dass dieser – wie dargetan – bereits am 24. September 2020 Kenntnis davon erlangt hat, dass die Revisionsbegründungsfrist versäumt worden war.

Ergebnis:
Die als ein Antrag auf Wiedereinsetzung in den vorigen Stand hinsichtlich der versäumten Revisionsbegründungsfrist auszulegenden Gesuche des Angeklagten werden als unzulässig verworfen.

Gericht, Az.:	Datum:	Fundstelle:
BGH, 5 StR 519/20	06.01.2021	NStZ-RR 2021, 81 f.

Kuddelmuddel

Das Landgericht hat die Angeklagte wegen „gewerbsmäßigen Betruges“ in 26 Fällen zu einer Gesamtfreiheitsstrafe von vier Jahren verurteilt und eine Einziehungsentscheidung getroffen.

Bei Eröffnung des damals noch gegen vier Angeklagte geführten Hauptverfahrens beschloss die Strafkammer am 21. Januar 2020 eine Besetzung mit drei Richtern und zwei Schöffen. Es wurden 30 Hauptverhandlungstage bis Anfang August 2020 bestimmt. Außerdem wurde die Hinzuziehung eines Ergänzungsschöffen und eines Ergänzungsrichters angeordnet. Die für den ersten Hauptverhandlungstag zugelosten beiden Hauptschöffinnen A und B und der von der Schöffengeschäftsstelle gemäß der gesetzlichen Reihenfolge zugewiesene Hilfsschöffe C wurden von ihrem Einsatz benachrichtigt. Am 23. Januar 2020 wurde die Hinzuziehung eines zweiten Ergänzungsschöffen angeordnet. Zugewiesen wurde gemäß der vorgesehenen Reihenfolge die Hilfsschöffin D. Ende Januar 2020 bat die Hauptschöffin B wegen bereits gebuchten Urlaubs um Entbindung. Dem kam der Vorsitzende nach und bat um Zuweisung des nächstbereiten Hilfsschöffen. Dies war die Hilfsschöffin E.

Unter dem 30. Januar 2020 teilte das Gericht den Verfahrensbeteiligten seine Besetzung mit. Danach sollten neben den Berufsrichtern die verbliebene Hauptschöffin A und als weiterer Schöffe der zunächst zugezogene Hilfsschöffe C tätig werden, als Ergänzungsschöffinnen hingegen die Hilfsschöffinnen D und E.

Nach Ladung bat die auserkorene Hilfsschöffin E aufgrund einer kollidierenden wichtigen Prüfungsvorbereitung um Entpflichtung. Der Vorsitzende entband sie daraufhin von ihrer Dienstpflicht und bat um Zuweisung des nächstbereiten Hilfsschöffen. Drei weitere Hilfsschöffen wurden wegen Urlaubs antragsgemäß entpflichtet, schließlich wurde der Hilfsschöffe F als Ergänzungsschöffe bestimmt.

Zu Beginn der Hauptverhandlung teilte der Vorsitzende mit, dass anstelle der Schöffin E nunmehr der Schöffe F an der Hauptverhandlung teilnehme. Welche konkrete Funktion dieser neu benannte Schöffe einnehme, wurde nach dem Protokoll nicht gesondert hervorgehoben. Auf Antrag der Verteidigung wurde die Hauptverhandlung bis zum nächsten vorgesehenen Hauptverhandlungstag (27. Februar 2020) unterbrochen. Am 19. Februar 2020 rügte die Angeklagte die vorschriftswidrige Besetzung des Gerichts „hinsichtlich des Hilfsschöffen F als Ergänzungsschöffe“ und begründete dies mit einer fehlerhaften Entbindung der Schöffin E. Dieser Besetzungseinwand wurde schließlich vom Oberlandesgericht am 9. März 2020 verworfen.

Am Urteil haben neben den Berufsrichtern die ursprünglich für diesen Tag zugeloste Schöffin A und der zuletzt zugewiesene Hilfsschöffe F mitgewirkt. Während der gesamten Hauptverhandlung war aber auch der zuerst bestimmte Hilfsschöffe C anwesend.

Nachdem die Angeklagte Revision eingelegt hat, erklären die richterlichen Mitglieder der erkennenden Kammer in einer „Revisionserklärung“, man habe durch Aufruf der Schöffen und deren Handzeichen dem Verteidiger zu Beginn der Hauptverhandlung offengelegt, welche Schöffen Ergänzungsschöffen sind und welche als Schöffen mitentscheiden, zudem habe sich die Funktion der Schöffen aus der Reihenfolge ihrer Nennung und den Sitzplätzen sowie dem Gang ins Beratungszimmer zur Zwischenberatung am ersten Hauptverhandlungstag ergeben.

Die Angeklagte ist damit nicht zufrieden. Wie sieht es bei Ihnen aus?

A. Zulässigkeit der Revision	B. Begründetheit der Revision
I. Statthaftigkeit II. Rechtsmittelbefugnis III. Beschwer IV. Form/Frist d. Einlegung V. Form/Frist d. Begründung VI. kein(e) Rücknahme/Verzicht	I. Prozessvoraussetzungen/-hindernisse II. **Verfahrensfehler** (**absolute**/relative) **- Art. 101 Abs. 1 Satz 2 GG, § 16 Satz 2 GVG, § 338 Nr. 1 StPO** III. Sachrüge

Obersatz:
Es könnte ein anfechtbarer Verstoß gegen Art. 101 Abs. 1 Satz 2 GG, § 16 Satz 2 GVG vorliegen, indem die Kammer in fehlerhafter Besetzung entschied und damit der Angeklagten ihren gesetzlichen Richter entzog.

Problem:
Neben dem Verstoß gegen den gesetzlichen Richter (1) ist auch zu prüfen, ob eine solche Rüge gemäß § 338 Nr. 1 Hs. 2 Buchst. b StPO ausgeschlossen (2) ist, weil nach § 222a StPO die Mitteilung der Besetzung vorgeschrieben war, das Rechtsmittelgericht aber über die Besetzung bei Urteilsfassung nicht nach § 222b Abs. 3 StPO entschieden hat. Zudem könnten die Vorschriften über die Besetzungsmitteilung gemäß § 222a Abs. 1 Satz 1 und 3 StPO verletzt worden sein (3).

Lösung:
1) Das Gericht war bei seiner Entscheidung nicht richtig besetzt. Die Hinzuziehung des zuletzt bestimmten Hilfsschöffen F zur Beratung und Entscheidung war rechtsfehlerhaft. Nach § 48 Abs. 2 GVG tritt im Fall der Verhinderung eines Hauptschöffen der zunächst zugewiesene Ergänzungsschöffe auch dann an seine Stelle, wenn die Verhinderung vor Beginn der Sitzung bekannt wird. Zur Mitwirkung an der Entscheidung war der zuerst als Ergänzungsschöffe bestimmte Hilfsschöffe C berufen. Umstände, die dem Einsatz dieses Schöffen entgegenstanden, sind nicht ersichtlich; für ihn ist kein Ergänzungsfall eingetreten.
2) Die Rüge ist nicht nach § 338 Nr. 1 Hs. 2 Buchst. b lit. aa) StPO präkludiert, da keine Entscheidung des Rechtsmittelgerichts nach § 222b Abs. 3 StPO über die Hinzuziehung des Hilfsschöffen F als Schöffen vorliegt. Das Oberlandesgericht hat lediglich darüber entschieden, dass dieser Schöffe zu Recht als Ergänzungsschöffe ausgewählt wurde und insoweit den gesetzlich bestimmten Richter darstellte. Nur darauf bezog sich auch die erhobene Besetzungsrüge. Die Frage, ob dieser Hilfsschöffe an die Stelle des in der ursprünglichen Besetzungsmitteilung noch zutreffend als „Schöffe" bezeichneten C treten soll, wird weder von der Besetzungsrüge noch von der Entscheidung des Oberlandesgerichts berührt.
3) Zudem sind die Vorschriften über die Mitteilung verletzt worden. Findet die Hauptverhandlung im ersten Rechtszug vor dem Landgericht statt, ist nach § 222a Abs. 1 Satz 1 StPO spätestens zu Beginn der Hauptverhandlung die Besetzung des Gerichts unter Hervorhebung des Vorsitzenden und hinzugezogener Ergänzungsrichter und Ergänzungsschöffen mitzuteilen. Erfolgt – wie hier – vor der Hauptverhandlung eine solche Mitteilung und ändert sich anschließend die mitgeteilte Besetzung, so muss dies nach § 222a Abs. 1 Satz 3 StPO spätestens zu Beginn der Hauptverhandlung mitgeteilt werden. Bei dieser Mitteilung handelt es sich um eine wesentliche Förmlichkeit im Sinne von § 273 Abs. 1 StPO, deren Beobachtung gemäß § 274 Satz 1 StPO nur durch das Protokoll bewiesen werden kann.
Eine Mitteilung, aus der sich eindeutig ergab, dass entgegen der ursprünglichen Besetzungsmitteilung F anstelle von C von Beginn an als Schöffe mitwirken soll, ist nach dem Protokoll nicht erfolgt. Aus dem Protokoll ergibt sich mit negativer Beweiskraft (vgl. § 274 Satz 1 StPO), dass es hinsichtlich der Beteiligung des Hilfsschöffen F als Schöffe anstelle des bis dahin benannten C (ohne Hervorhebung der Ergänzungsschöffeneigenschaft) keinen ausreichenden Hinweis nach § 222a Abs. 1 Satz 1 und 3 StPO gab. Die negative Beweiskraft des Protokolls vermag auch die „Revisionserklärung" der Kammer nicht zu entkräften. Eine hierfür erforderliche Protokollberichtigung ist nicht erfolgt.

Antrag:
Auf die Revision der Angeklagten wird das Urteil des Landgerichts ... mit den Feststellungen aufgehoben. Die Sache wird zu neuer Verhandlung und Entscheidung, auch über die Kosten des Rechtsmittels, an eine andere Strafkammer des Landgerichts zurückverwiesen.

Gericht, Az.:	Datum:	Fundstelle:
BGH, 3 StR 422/20	12.01.2021	NStZ-RR 2021, 112 f.

Der Klassiker

Das Landgericht hat den Angeklagten S wegen Betäubungsmitteldelikten zu einer Freiheitsstrafe von drei Jahren und sechs Monaten verurteilt sowie die Einziehung sichergestellter Betäubungsmittel angeordnet.

Gegen das am 19. August 2020 in seiner Anwesenheit verkündete Urteil hat der Angeklagte mit Schriftsatz seines Verteidigers vom 26. August 2020 Revision eingelegt. Das an das in der gleichen Stadt gelegene Amtsgericht unter Bezugnahme auf die "Strafsache gegen S“ und das Aktenzeichen adressierte Rechtsmittel ist am 26. August 2020 (8:32 Uhr) auf der Faxeingangsstelle des Amtsgerichts eingegangen. Der Schriftsatz wurde im Geschäftsgang an die Geschäftsstelle der Strafabteilung gereicht und von dort spätestens am 27. August 2020 an das Landgericht weitergeleitet, wo es an diesem Tag einging. Mit Schreiben vom 7. September 2020, eingegangen beim Verteidiger des Angeklagten am 8. September 2020, hat das Landgericht auf den verspäteten Eingang des Revisionsschriftsatzes hingewiesen und Gelegenheit zur Stellungnahme binnen einer Woche gewährt. Der Angeklagte hat mit weiterem Schriftsatz seines Verteidigers vom „26. August 2020“, eingegangen beim Landgericht am 15. September 2020, Wiedereinsetzung in den vorigen Stand gegen die Versäumung der Frist zur Einlegung der Revision beantragt und das Rechtsmittel erneut eingelegt. Zur Begründung hat der Verteidiger ausgeführt, er habe eine Revisionseinlegung an das Landgericht diktiert. Die sonst zuverlässige Rechtsanwaltsfachangestellte habe das Rechtsmittel fälschlicherweise an das Amtsgericht gefaxt. Sein Mandant habe ihm "heute" ein Mitteilungsschreiben vom 27. August.2020 vorgelegt, "dass das Urteil angeblich rechtskräftig geworden sein soll". Ein Schreiben vom 27. August 2020 enthält die Sachakte nicht. Vielmehr ist dem Angeklagten und seinem Verteidiger mit formlosem Schreiben vom 1. September 2020 eine Urteilsausfertigung mit Rechtskraftvermerk vom 27. August 2020 übermittelt worden.

Wie wird das Revisionsgericht über den Wiedereinsetzungsantrag und das Rechtsmittel des Angeklagten entscheiden?

A. Zulässigkeit der Revision	*B. Begründetheit der Revision*
I. Statthaftigkeit *II. Rechtsmittelbefugnis* *III. Beschwer* *IV. Form/**Frist d. Einlegung - §§ 44, 45 StPO*** *V. Form/Frist d. Begründung* *VI. kein(e) Rücknahme/Verzicht*	*I. Prozessvoraussetzungen/-hindernisse* *II. Verfahrensfehler (absolute/relative)* *III. Sachrüge*

Obersatz:
Die Revision könnte unzulässig sein, wenn dem Angeklagten wegen der versäumten Einlegungsfrist keine Wiedereinsetzung in den vorigen Stand zu gewähren ist.

Problem:
Fraglich ist, ob der Wiedereinsetzungsantrag zulässig erhoben wurde (1). Auch ohne Antrag könnte eine Wiedereinsetzung zu gewähren sein, wenn das fehlende Verschulden des Angeklagten sich aus der Akte ergäbe (2).

Lösung:
Der Wiedereinsetzungsantrag ist unzulässig, weil die Voraussetzungen gemäß § 45 Abs. 2 Satz 1 StPO nicht eingehalten worden sind.
1) Wiedereinsetzung in den vorigen Stand ist auf Antrag demjenigen zu gewähren, der ohne Verschulden gehindert war, eine Frist einzuhalten (§ 44 Abs. 1 StPO). Innerhalb der Antragsfrist von einer Woche ist die versäumte Handlung nachzuholen (§ 45 Abs. 2 Satz 2 StPO). Innerhalb der Wochenfrist muss der Antragsteller, sofern sich - wie hier - die Wahrung der Frist des § 45 Abs. 1 StPO nicht offensichtlich aus den Akten ergibt, auch Angaben über den Zeitpunkt des Wegfalls des Hindernisses machen Der Antrag "vom 26. August 2020" enthält keine ausreichenden Angaben dazu, wann das Hindernis weggefallen ist, das der Fristwahrung entgegenstand. Maßgeblich hierfür ist der Zeitpunkt der Kenntnisnahme durch den Angeklagten. Wann dem Angeklagten das erwähnte Schreiben vom 27. August 2020, in dem das Urteil als rechtskräftig vermerkt sein soll, zugegangen und ihm dadurch die Versäumung der Revisionseinlegungsfrist bekannt geworden ist, wird nicht vorgetragen. Dies ergibt sich auch nicht aus den Sachakten, die ein Schreiben vom 27. August 2020 nicht enthalten. Aufgrund der formlosen Übermittlung der Urteilsausfertigung an den Angeklagten mit Schreiben vom 1. September 2020 ist auch hierüber kein Empfangsnachweis in der Akte. Irrelevant für die Wahrung der Wochenfrist des § 45 Abs. 2 Satz 1 StPO ist die Kenntnisnahme des Verteidigers von dem Wegfall des Hindernisses, weshalb dessen fristgemäße Reaktion auf das Hinweisschreiben des Landgerichts für die Zulässigkeit des Gesuchs nicht von Bedeutung ist.
2) Es besteht ferner kein Anlass, dem Angeklagten mit Blick auf die spätestens am 27. August 2020 erfolgte Weiterleitung der Revisionseinlegungsschrift von Amts wegen Wiedereinsetzung in den vorigen Stand (§ 45 Abs. 2 Satz 3 StPO) zu gewähren. Denn ein diesbezügliches Verschulden der Justizbehörden liegt nicht vor. Mit einer Weiterleitung der Revisionseinlegung an das Landgericht konnte frühestens nach Eingang des Telefaxes auf der Geschäftsstelle der Strafabteilung beim Amtsgericht gerechnet werden. Für den Geschäftsgang von der Eingangsstelle zur Geschäftsstelle der Strafabteilung ist üblicherweise mit einem Werktag zu rechnen. Damit war die Revisionsbegründungsfrist zu diesem Zeitpunkt schon abgelaufen.

Antrag:
1. Der Antrag des Angeklagten auf Wiedereinsetzung in den vorigen Stand gegen die Versäumung der Frist zur Einlegung der Revision gegen das Urteil des Landgerichts vom 19. August 2020 wird verworfen.
2. Die Revision des Angeklagten gegen das vorbezeichnete Urteil wird verworfen.

Gericht, Az.:	Datum:	Fundstelle:
BGH, 3 StR 410/20	13.01.2021	NStZ 2021, 431 ff.

Wirkt's noch?

Der vom Landgericht wegen Handeltreibens mit Betäubungsmitteln in nicht geringer Menge in sechs Fällen (Marihuana im Kilobereich) zu einer Freiheitsstrafe verurteilte Angeklagte bittet Sie um Ihre Einschätzung, ob ein Rechtsmittel gegen das Urteil erfolgreich zu begründen wäre.

Dabei legt er Ihnen die Vernehmung des Zeugen M dar, auf dessen Aussage seine Verurteilung entscheidend gestützt wurde. Bei dem Zeugen handelt es sich um einen Betäubungsmittelabnehmer des Angeklagten. Der Angeklagte berichtet zutreffend, bei der polizeilichen Beschuldigtenvernehmung des Zeugen sei ihm von dem Vernehmungsbeamten zugesagt worden, ihn nicht wegen bandenmäßigen Betäubungsmittelhandels zu belangen und keinen Haftantrag zu stellen, sollte er Aufklärungshilfe leisten. Der Tatnachweis des bandenmäßigen Handels sei gegen M jedoch eindeutig zu führen gewesen. Die Vollstreckung von Untersuchungshaft gegen M habe deshalb nahegelegen und sei auch vollzogen worden.

Der Angeklagte ist der Auffassung, M sei in der Vernehmung „über den Tisch gezogen“ worden. Über die vom Angeklagten angenommene Unverwertbarkeit der polizeilichen Aussage sei der Zeuge in der Hauptverhandlung nicht belehrt worden.

Auch nach Einschätzung des Angeklagten waren in der Beweisaufnahme keine Anhaltspunkte dafür ersichtlich, dass der Zeuge davon ausging, er könne sich von seinen früheren Angaben nicht distanzieren. Der anwaltlich vertretene Zeuge, dessen eigenes Strafverfahren bereits rechtskräftig abgeschlossen war, ist ordnungsgemäß nach § 55 StPO belehrt worden.

Der Angeklagte meint dennoch, die Angaben des Zeugen in der Beweisaufnahme hätten seiner Verurteilung nicht zugrunde gelegt werden dürfen. Was halten Sie davon?

A. Zulässigkeit der Revision	B. Begründetheit der Revision
I. Statthaftigkeit	*I. Prozessvoraussetzungen/-hindernisse*
II. Rechtsmittelbefugnis	
III. Beschwer	***II. Verfahrensfehler** (absolute/**relative**)*
IV. Form/Frist d. Einlegung	***- §§ 136a Abs. 3, 69 Abs. 3 StPO (Fortwirkung des Verstoßes)***
V. Form/Frist d. Begründung	
VI. kein(e) Rücknahme/Verzicht	*III. Sachrüge*

Obersatz:

Es könnte ein anfechtbarer Verstoß des Gerichts gegen §§ 136a Abs. 1, Abs. 3 Satz 2, 69 Abs. 3 StPO vorliegen, indem es den Zeugen M ohne „qualifizierte" Belehrung vernommen hat.

Problem:

Unabhängig davon, ob die polizeiliche Beschuldigtenvernehmung des M gegen § 136a Abs. 1 StPO verstieß, ist fraglich, ob das Verwertungsverbot des § 136a Abs. 3 StPO auch die nachfolgende Zeugenaussage des M erfasste. Grundsätzlich gilt § 136a Abs. 3 StPO nur für die Angaben des Angeklagten oder Zeugen, die unter Missachtung des § 136a Abs. 1 StPO herbeigeführt worden sind. Eine spätere Aussage, bei der die Willensfreiheit nicht mehr beeinträchtigt war, ist regelmäßig verwertbar. Wirkt jedoch der Verstoß dergestalt fort, dass hierdurch auch bei einer zeitlich nachgelagerten Vernehmung die Aussagefreiheit des Beschuldigten oder Zeugen in rechtserheblicher Weise beeinträchtigt ist, umfasst das Verwertungsverbot des § 136a Abs. 3 StPO auch die spätere Beweiserhebung. Als Indizien für eine derartige Fortwirkung kommen ein naher zeitlicher Zusammenhang zwischen der Anwendung der verbotenen Vernehmungsmethode und der neuen Befragung sowie die Schwere der Beeinträchtigung der Willensfreiheit in Betracht. Maßgeblich gegen eine Fortwirkung spricht indessen, wenn sich der Beschuldigte oder Zeuge bei der späteren Vernehmung seiner Freiheit bewusst ist, sich von seiner früheren Einlassung zu distanzieren.
Ob von einer vollständigen Entschließungsfreiheit des Beschuldigten oder Zeugen nur dann ausgegangen werden kann, wenn er durch eine "qualifizierte" Belehrung auf die Unverwertbarkeit seiner früheren Aussage hingewiesen worden ist, hat der BGH bislang nicht entschieden und kann auch hier offenbleiben. Denn aus dem Unterbleiben einer "qualifizierten" Belehrung folgt die Unverwertbarkeit der späteren Aussage hier wie auch in anderen Fällen einer fehlerhaften Erkenntnisgewinnung - etwa dem Unterlassen einer "qualifizierten" Belehrung nach Verstößen gegen § 136 Abs. 1 Satz 2 StPO – nur, wenn eine Abwägung dies wegen der Schwere des Verstoßes ergibt. In die Einzelfallabwägung sind insbesondere das Gewicht der Willensbeeinträchtigung und der zeitliche und situative Zusammenhang zwischen den Vernehmungen, aber auch das staatliche Interesse an der Sachaufklärung einzustellen. Schließlich ist zu beachten, dass dem Unterlassen der Belehrung regelmäßig nicht dasselbe Gewicht wie der vorangegangenen unzulässigen Vernehmungsmethode zukommt. Ergibt sich, dass der Vernommene auch ohne Belehrung davon ausgegangen ist, von seinen unter Druck gemachten Angaben abrücken zu können, spricht dies in der Regel gegen ein Verwertungsverbot.

Lösung:

Unter Zugrundelegung dieser Maßstäbe ist die Aussage des Zeugen verwertbar. Es ist zum einen auszuschließen, dass eine gegebenenfalls bei der früheren Vernehmung erzeugte Drucksituation in der Hauptverhandlung fortgewirkt hat. Es sind keine Anhaltspunkte dafür ersichtlich, der anwaltlich vertretene und nach § 55 StPO belehrte Zeuge sei davon ausgegangen, er könne sich von seinen früheren Angaben nicht distanzieren. Es ist daher nicht zu besorgen, der Zeuge habe seine frühere Aussage nur deshalb wiederholt, um sich nicht dem Tatverdacht der falschen Verdächtigung nach § 164 StGB auszusetzen. Mit Blick auf die Rechtskraft der Entscheidung in seinem eigenen Strafverfahren musste er zum anderen nicht befürchten, eines Vorteils verlustig zu gehen. Angesichts des dem Angeklagten zur Last gelegten Tatvorwurfs besteht überdies ein erhebliches staatliches Interesse an der Sachaufklärung.

Ergebnis:

Die Revision kann nicht mit Erfolg auf die unterbliebene „qualifizierte" Belehrung gestützt werden.

Gericht, Az.:	Datum:	Fundstelle:
BGH, 4 StR 95/20	14.01.2021	NJW 2021, 795 ff.

Naiver Alternativer

Das Landgericht hat den Angeklagten wegen gefährlicher Körperverletzung in zwei Fällen, in einem Fall in Tateinheit mit versuchter gefährlicher Körperverletzung, unter Einbeziehung der Strafe aus dem seit dem 5. August 2019 rechtskräftigen Strafbefehl des Amtsgerichts vom 13. Februar 2019 zu einer Gesamtfreiheitsstrafe von vier Jahren und sechs Monaten verurteilt und eine Einziehungsentscheidung getroffen. Dem Urteil ging folgendes prozessuale Geschehen voraus:

In einem weiteren Strafverfahren erließ das Amtsgericht am 13. Februar 2019 gegen den Angeklagten einen Strafbefehl wegen gefährlicher Körperverletzung (Tatzeit: 23. September 2018) über eine Freiheitsstrafe von einem Jahr, deren Vollstreckung es zur Bewährung aussetzte. Der Angeklagte legte gegen den Strafbefehl rechtzeitig am 25. Februar 2019 zunächst unbeschränkt Einspruch ein. Am 27. Februar 2019 beschränkte er den Einspruch auf den Rechtsfolgenausspruch.

In vorliegender Sache erhob die Staatsanwaltschaft am 11. Juli 2019 Anklage zum Landgericht und beantragte zugleich, das Strafbefehlsverfahren des Amtsgerichts zum landgerichtlichen Verfahren zur gemeinsamen Verhandlung und Entscheidung zu verbinden. Mit Eröffnung des Hauptverfahrens übernahm die Strafkammer antragsgemäß mit Beschluss vom 1. August 2019 das amtsgerichtliche Verfahren und verband es wegen des persönlichen Zusammenhangs „zur gemeinsamen Verhandlung und Entscheidung" zu dem bei ihr anhängigen Verfahren. Noch vor Beginn der Hauptverhandlung am 28. Oktober 2019 nahm der Angeklagte mit Schreiben vom 5. August 2019 den Einspruch gegen den Strafbefehl zurück.

Nach den Feststellungen des Urteils schlug der Angeklagte am 11. März 2019 mit einem Hammer in Richtung der Nebenklägerin und ihres unmittelbar hinter ihr stehenden Bruders. Dabei hielt er es für möglich, dass der Hammer eine der beiden Personen treffen und verletzen könne. Dies nahm er billigend in Kauf. Die Nebenklägerin und ihr Bruder konnten den Schlag so weit ablenken, dass der Hammer den Bruder der Nebenklägerin nur leicht am Kopf traf.

Die Strafkammer ist davon ausgegangen, dass der Angeklagte bei der Tatausführung im Hinblick auf jedes der beiden Tatopfer mit einem bedingten Körperverletzungsvorsatz handelte und sich deshalb in Bezug auf die Nebenklägerin einer versuchten gefährlichen Körperverletzung (§ 224 Abs. 1 Nr. 2, Abs. 2, §§ 22, 23, 52 StGB) und hinsichtlich ihres Bruders einer (vollendeten) tateinheitlichen gefährlichen Körperverletzung (§ 224 Abs. 1 Nr. 2 StGB) schuldig gemacht hat.

Der Angeklagte hat das Urteil form- und fristgerecht mit der Revision angefochten. Nun möchte er die Revision begründen und den Antrag stellen, das Urteil des Landgerichts vom 28. Oktober 2019 auf seine Revision aufzuheben und die Sache zu neuer Verhandlung und Entscheidung, auch über die Kosten des Rechtsmittels, an eine andere Strafkammer des Landgerichts zurückzuverweisen.

Hat der Antrag Erfolg und ggf. in welchem Umfang wird es zur Aufhebung kommen?

A. Zulässigkeit der Revision	B. Begründetheit der Revision
I. Statthaftigkeit II. Rechtsmittelbefugnis III. Beschwer IV. Form/Frist d. Einlegung V. Form/Frist d. Begründung VI. kein(e) Rücknahme/Verzicht	I. Prozessvoraussetzungen/-hindernisse II. Verfahrensfehler (absolute/relative) III. **Sachrüge** **- rechtliche Würdigung (Alternativvorsatz, Tateinheit, § 55 StGB)**

Obersatz:

Es könnten 3 materielle Verstöße des Gerichts vorliegen, indem es zwei vorsätzliche Körperverletzungshandlungen (1), ferner Tateinheit zwischen ihnen (2) und § 55 StGB (3) bejaht hat.

Lösung:

1) Die Tatsache, dass der Angeklagte den Eintritt eines Körperverletzungserfolges bei nur einem der beiden Tatopfer für möglich hielt, nicht aber einen Erfolgseintritt bei beiden (sog. Alternativvorsatz), steht der Annahme von zwei bedingten Körperverletzungsvorsätzen nach Ansicht des 4. Senats des BGH nicht entgegen. Bedingt vorsätzliches Handeln setzt voraus, dass der Täter den Eintritt des tatbestandlichen Erfolges als möglich und nicht ganz fernliegend erkennt, weiter, dass er ihn billigt oder sich um des erstrebten Zieles willen mit der Tatbestandsverwirklichung zumindest abfindet. Diese Voraussetzungen sind nach den Feststellungen sowohl hinsichtlich der Nebenklägerin als auch in Bezug auf ihren Bruder erfüllt. Ein Verstoß gegen Denkgesetze liegt nicht vor, denn auf sich gegenseitig ausschließende Erfolge gerichtete Vorsätze können miteinander verbunden werden, solange sie – wie hier – nicht den sicheren Eintritt eines der Erfolge zum Gegenstand haben.

2) Die Strafkammer hat auch das Konkurrenzverhältnis zutreffend beurteilt. Jedenfalls dann, wenn sich alternative Vorsätze des Täters – wie hier – auf höchstpersönliche Rechtsgüter verschiedener Rechtsgutsträger richten und einer der erwarteten Erfolge eintritt, stehen das vollendete und das versuchte Delikt zueinander in Tateinheit. Von einer sogenannten gleichartigen Tateinheit (Idealkonkurrenz) ist auszugehen, wenn der Täter durch eine Handlung denselben Tatbestand mehrfach verwirklicht und dabei höchstpersönliche Rechtsgüter verschiedener Rechtsgutsträger betroffen sind. Andernfalls wäre eine erschöpfende Erfassung des verwirklichten Tatunrechts zum Nachteil aller Geschädigten im Schuldspruch nicht sichergestellt und würde dessen Klarstellungsfunktion nicht vollständig Rechnung getragen.

3) Die nachträglich gebildete Gesamtstrafe war aus zwei Gründen rechtsfehlerhaft:

a) Bei Rücknahme eines Einspruchs ist nicht der Zeitpunkt der Rechtskraft des Strafbefehls, sondern der Zeitpunkt des Erlasses des Strafbefehls für die Einbeziehungsfähigkeit maßgeblich. Die Taten aus dem landgerichtlichen Verfahren sind jedoch erst nach Erlass des Strafbefehls begangen worden.

b) Der Einspruch konnte nach Verbindung der Verfahren beim Landgericht nicht mehr zurückgenommen werden. Die Verbindung durch die Strafkammer ist gemäß § 4 Abs. 1 StPO rechtswirksam erfolgt, da die Strafsachen in die erstinstanzliche Zuständigkeit von Gerichten verschiedener Ordnung fielen und zwischen ihnen ein persönlicher Zusammenhang im Sinne des § 3 StPO bestand. Die durch die Einspruchsbeschränkung eingetretene Teilrechtskraft des Strafbefehls stand der Wirksamkeit der Verbindung nicht entgegen. Die Verbindung führt zu einer verfahrensrechtlichen Verschmelzung mit der Folge, dass sich gemäß § 5 StPO das weitere Verfahren nach den Vorschriften richtet, die für die zur Zuständigkeit des höheren Gerichts gehörende Strafsache gelten. Hiervon abweichende verfahrensrechtliche Besonderheiten des Strafbefehlsverfahrens – einschließlich der Disposition über die Herbeiführung der Rechtskraft durch Einspruchsrücknahme – können für den verbundenen Verfahrensteil keine Anwendung mehr finden, weil das Strafbefehlsverfahren mit der förmlichen Verbindung in dem weiteren Prozess seine Eigenschaft als eigenständiges Verfahren verloren hat. Der Strafbefehl ist deshalb nicht vollständig in Rechtskraft erwachsen. Er war im Zeitpunkt des Erlasses des angefochtenen Urteils mithin keine einbeziehungsfähige frühere Verurteilung im Sinne des § 55 Abs. 1 StGB. Die unterbliebene Entscheidung über den Rechtsfolgenausspruch stellt zudem eine Verletzung der Kognitionspflicht dar.

Ergebnis:

Das Urteil wird im Strafausspruch hinsichtlich der nachträglichen Gesamtstrafe aufgehoben und zur Entscheidung über die noch ausstehende Einzel- und Gesamtstrafe gemäß § 54 StGB zurückverwiesen.

Gericht, Az.:	Datum:	Fundstelle:
BGH, 5 StR 401/20	19.01.2021	NStZ 2021, 434 f.

Nicht verboten ist halb gestattet

Mit Urteil des Landgerichts vom 12. November 2019 wurde der Angeklagte unter anderem wegen versuchten Mordes verurteilt. An der Hauptverhandlung wirkte eine schwangere Richterin mit, die sich nach den gesetzlichen Bestimmungen im Zeitraum des Mutterschutzes befand. Um an der Verhandlung teilnehmen zu können, unterzeichnete die Richterin für jeden einzelnen Hauptverhandlungstag eine Erklärung, zur Weiterarbeit während des vorgeburtlichen Mutterschutzes bereit zu sein.

Der Angeklagte ist der Meinung, dass gerade diese Richterin an seinem Urteil „schuld" sei. Er beanstandet, dass die Richterin nur in seinem Verfahren gearbeitet habe.

Er will das Urteil aufgrund dieses Sachverhalts anfechten. Können Sie ihm dazu raten?

A. Zulässigkeit der Revision	B. Begründetheit der Revision
I. Statthaftigkeit	I. Prozessvoraussetzungen/-hindernisse
II. Rechtsmittelbefugnis	
III. Beschwer	II. **Verfahrensfehler** (**absolute**/relative)
IV. Form/Frist d. Einlegung	**- § 338 Nr. 1 StPO (Tätigkeit trotz Mutterschutz)**
V. Form/Frist d. Begründung	
VI. kein(e) Rücknahme/Verzicht	III. Sachrüge

Obersatz:

Es könnte ein anfechtbarer Verstoß des Gerichts gegen Art. 101 Abs. 1 Satz 2 GG vorliegen, indem es unter Beteiligung der im Mutterschutz befindlichen Richterin verhandelte.

Problem:

Fraglich ist, ob das Recht auf den gesetzlichen Richter aus Art. 101 Abs. 1 Satz 2 GG verletzt ist, wenn eine Richterin nach einem (Teil-)Verzicht auf den Mutterschutz an einer Verhandlung teilnimmt.

Lösung:

Ein teilweiser Verzicht auf den vorgeburtlichen Mutterschutz – hier für die Hauptverhandlung – ist möglich. Dies ergibt sich schon aus dem Wortlaut von § 3 Abs. 1 Satz 1 MuSchG, der ein Beschäftigungsverbot für den Arbeitgeber nur vorsieht, soweit die Schwangere sich nicht zur Arbeitsleistung ausdrücklich bereit erklärt. Nur ein solches Verständnis der Norm wird im Übrigen dem gesetzgeberischen Ziel gerecht, durch die Reform des Mutterschutzgesetzes die Vereinbarkeit von Schwangerschaft bzw. Mutterschaft und Erwerbstätigkeit zu fördern und zu gewährleisten; die Wahlfreiheit der Schwangeren sollte gestärkt und ihre berufliche Entwicklung unterstützt werden. Aus der Begründung zur Neufassung von § 229 Abs. 3 StPO durch das Gesetz zur Modernisierung des Strafverfahrens vom 10. Dezember 2019 ergibt sich nichts anderes: Ziel auch dieser Regelung ist es, die Vereinbarkeit von Familie und Beruf zu stärken; von einer fehlerhaften Besetzung ging der Gesetzgeber – im Anschluss an BGH, 2 StR 9/15 v. 07.11.2016, NJW 2017, 745 – nur für den Fall aus, dass die Richterin während des Bestehens eines (absoluten) mutterschutzrechtlichen Beschäftigungsverbots an der Hauptverhandlung teilnimmt. Ein solches tritt aber gerade nicht ein, wenn und soweit die Richterin sich – wie hier – zur Arbeitsleistung ausdrücklich bereit erklärt. Der (gegebenenfalls auch nur teilweise) Verzicht der beisitzenden Richterin auf den Mutterschutz verstieß daher auch nicht gegen das Recht auf den gesetzlichen Richter aus Art. 101 Abs. 1 Satz 2 GG. Dieses Recht ist in Fällen wie dem vorliegenden, in denen allenfalls eine fehlerhafte Anwendung der vorhandenen Normen zur Bestimmung des zuständigen Gerichts und seiner Besetzung in Rede steht, nur dann verletzt, wenn die in Frage stehende richterliche Maßnahme oder Entscheidung willkürlich ist, die Bestimmung des entscheidenden Richters also auf sachfremden Erwägungen beruht, schlechthin unvertretbar ist, oder wenn sie die Bedeutung und Tragweite des Rechts auf den gesetzlichen Richter grundlegend verkennt. Davon kann mit Blick auf die bestehende auch teilweise Disponibilität des vorgeburtlichen Mutterschutzes keine Rede sein. Der Angeklagte sollte also von einer Revision absehen.

Tipp:

Achtung – der BGH hat hier mangels einer Willkürentscheidung zwei weitere Problemfelder nicht geklärt:
1) Ergibt sich aus dem lediglich an den Arbeitgeber gerichteten Beschäftigungsverbot aus § 3 Abs. 2 Satz 1 MuSchG ein „Dienstleistungsverbot" für die Richterin, das zu einer gesetzeswidrigen Besetzung führte?
2) Berührt ein Weiterarbeiten der zunächst zuständigen Richterin während des Mutterschutzes überhaupt den materiellen Gehalt des Rechts auf den gesetzlichen Richter und kann ein Verstoß gegen Arbeitsschutzgesetze, durch die kein Schutz vor sachfremden Einflussnahmen auf Entscheidungen der Richterin gewährt werden soll, im Rahmen einer Besetzungsrüge beanstandet werden?
Da die Verfahrensgarantie aus Art. 101 Abs. 1 Satz 2 GG gewährleistet, dass eine Entscheidung durch einen vorab nach hinreichend genauen abstrakt-generellen Regelungen bestimmbaren Richter getroffen wird, der zudem den grundgesetzlichen Anforderungen an die Person eines Richters genügt, namentlich unabhängig und neutral ist, erschließt es sich dem 5. Senat jedoch nicht, dass eine Richterin nur aufgrund eines Verstoßes gegen ausschließlich ihrem Schutz dienende Vorschriften diese Voraussetzungen nicht (mehr) erfüllen sollte.

Gericht, Az.:	Datum:	Fundstelle:
BGH, 5 StR 496/20	19.01.2021	NStZ 2021, 381 f.

Zur Sache, Leute!

Der Angeklagte ist durch Urteil des Landgerichts wegen Brandstiftung zu einer Freiheitsstrafe verurteilt worden. Die Hauptverhandlung dauerte mehrere, aber weniger als zehn Verhandlungstage an. Zwischen dem 5. und dem 30. März 2020 fand nur am 9. März 2020 eine Hauptverhandlung statt. In diesem Termin schloss die Vorsitzende zunächst die Beweisaufnahme und forderte den Vertreter der Staatsanwaltschaft auf, seinen Schlussvortrag zu halten, wozu es jedoch nicht kam. Vielmehr erörterten die Verfahrensbeteiligten unter Leitung der Vorsitzenden, ob weitere Beweisanträge gestellt werden sollen. Die Strafkammer hatte darauf hingewiesen, dass die Akte eines anderen Ermittlungsverfahrens – wie beantragt – beigezogen worden sei, der Inhalt aber nicht von Amts wegen in die Hauptverhandlung eingeführt werden solle. Der Vertreter der Staatsanwaltschaft und die Verteidiger bezogen hierzu Stellung. Der Termin vom 9. März 2020 dauerte insgesamt nur eine Viertelstunde.

Die geschilderten Vorgänge wurden entsprechend in das Hauptverhandlungsprotokoll aufgenommen.

Der Angeklagte möchte wissen, ob Sie eine Anfechtungsmöglichkeit sehen.

A. Zulässigkeit der Revision

I. Statthaftigkeit
II. Rechtsmittelbefugnis
III. Beschwer
IV. Form/Frist d. Einlegung
V. Form/Frist d. Begründung
VI. kein(e) Rücknahme/Verzicht

B. Begründetheit der Revision

I. Prozessvoraussetzungen/-hindernisse

II. ***Verfahrensfehler*** *(absolute/****relative****)*
- § 229 Abs. 1, Abs. 4 Satz 1 StPO (Verhandeln zur Sache)

III. Sachrüge

Obersatz:

Es könnte ein anfechtbarer Verstoß des Gerichts gegen § 229 Abs. 1, Abs. 4 Satz 1 StPO vorliegen, indem es zwischen dem 5. und 30. März 2020 die Hauptverhandlung nicht fortgesetzt hat.

Problem:

Eine Hauptverhandlung kann gemäß § 229 Abs. 1 StPO bis zu drei Wochen unterbrochen werden. Wird sie aber nicht spätestens am Tage nach Ablauf der in den § 229 Abs. 1 und Abs. 2 StPO bezeichneten Fristen fortgesetzt, so ist mit ihr von neuem zu beginnen (§ 229 Abs. 4 Satz 1 StPO). Fraglich ist hier, ob die Verhandlung am 9. März 2020 fortgesetzt wurde. Dies ist nicht der Fall, wenn lediglich ein sogenannter „Schiebetermin“ bzw. eine Scheinverhandlung vorlag.

Lösung:

Die Hauptverhandlung ist nicht mehr als drei Wochen – zwischen dem 5. und dem 30. März 2020 – unterbrochen gewesen, sondern am 9. März 2020 mit fristwahrender Wirkung fortgesetzt worden. Hierbei handelte es sich entgegen der Ansicht des Angeklagten nicht nur um einen – insoweit unbeachtlichen – sogenannten „Schiebetermin“ bzw. eine Scheinverhandlung. Eine Hauptverhandlung gilt im Sinne des § 229 Abs. 4 Satz 1 StPO als fortgesetzt und muss demgemäß nicht ausgesetzt werden, wenn in einem Fortsetzungstermin zur Sache verhandelt wird. Das ist der Fall, wenn Prozesshandlungen vorgenommen werden oder Erörterungen zu Sach- oder Verfahrensfragen stattfinden, die geeignet sind, das Verfahren inhaltlich auf den Urteilsspruch hin zu fördern und die Sache ihrem Abschluss substantiell näher zu bringen. Unter diesen Voraussetzungen ist die Dauer des Termins ebenso wenig von Belang wie die Frage, ob er noch für weitere verfahrensfördernde Handlungen hätte genutzt werden können. Gleichermaßen unschädlich ist es, wenn der Termin daneben auch der Einhaltung der Unterbrechungsfrist dient. Nach dieser Maßgabe hat am 9. März 2020 aus zwei Gründen eine Verhandlung im Sinne des § 229 Abs. 1 StPO stattgefunden.
1) So ergibt sich aus den protokollierten Vorgängen der Hauptverhandlung vom 9. März 2020 der Schluss der Beweisaufnahme durch die Vorsitzende gemäß § 258 Abs. 1 StPO. Der Schluss der Beweisaufnahme kann als „geradezu intensivste“ Form der substanziellen Verfahrensförderung auf ein Urteil hin angesehen werden. Denn die Anordnung beinhaltet nicht nur die Feststellung eines status quo, sondern hat eigenständiges Gewicht, da zugleich unmissverständlich zum Ausdruck gebracht wird, dass keine Beweise mehr erhoben oder sonstige Prozesshandlungen durchgeführt werden und nunmehr die Schlussvorträge gehalten werden sollen. Letzteres hatte die Strafkammer auch ersichtlich ins Auge gefasst, da nach dem Vorbringen des Beschwerdeführers der Vertreter der Staatsanwaltschaft nach Abschluss der Beweisaufnahme seinen Schlussvortrag halten sollte. Dass die Hauptverhandlung gleichwohl noch weiter fortgesetzt werden musste, steht der Bedeutung der Anordnung nicht entgegen.
2) Auch im Übrigen verhandelten die Verfahrensbeteiligten unter Leitung der Vorsitzenden (verfahrensfördernd) zur Sache. Denn zwischen ihnen und dem Gericht wurde erörtert, ob weitere Beweisanträge gestellt werden sollen. Die Strafkammer hatte darauf hingewiesen, dass die Akte eines anderen Ermittlungsverfahrens – wie beantragt – beigezogen worden sei, der Inhalt aber nicht von Amts wegen in die Hauptverhandlung eingeführt werden solle. Der Vertreter der Staatsanwaltschaft und die Verteidiger bezogen hierzu Stellung. Diese Tatsachen stellen ein Verhandeln im Sinne des § 229 Abs. 4 Satz 1 StPO dar. Die relativ kurze Dauer des Termins von nur einer Viertelstunde ist dabei ohne Belang.

Ergebnis:

Die Revision kann nicht mit Erfolg auf einen Verstoß gegen § 229 Abs. 4 Satz 1 StPO gestützt werden.

Gericht, Az.:	Datum:	Fundstelle:
BGH, 2 StR 188/20	21.01.2021	NStZ 2021, 760 f.

Verdruss mit dem Ausschluss

Das Landgericht – Jugendschutzkammer – hat den Angeklagten wegen sexuellen Missbrauchs von Widerstandsunfähigen in fünf Fällen zu einer Gesamtfreiheitsstrafe von neun Jahren verurteilt.

Am Hauptverhandlungstermin vom 4. September 2019 beantragte die Zeugin P, während ihrer Vernehmung die Öffentlichkeit auszuschließen. Die Staatsanwaltschaft, der Angeklagte und sein Verteidiger traten dem nicht entgegen. Daraufhin erging eine Anordnung des Vorsitzenden, dass die Öffentlichkeit ausgeschlossen werde. Sodann wurde sie ausgeführt und die Zeugin in nicht öffentlicher Sitzung über die angeklagten Straftaten zu ihrem Nachteil (Fälle II. 2 bis 4 der Urteilsgründe) vernommen. Sie blieb unvereidigt und wurde entlassen. Anschließend wurde die Öffentlichkeit wiederhergestellt.

Die Aussage der Zeugin wurde im Urteil zur Beweisführung hinsichtlich der Straftaten zu ihrem Nachteil (Fälle II. 2 bis 4 der Urteilsgründe) verwertet.

Der Angeklagte hat Revision eingelegt und möchte diese nun begründen. Was raten Sie ihm?

A. Zulässigkeit der Revision	B. Begründetheit der Revision
I. Statthaftigkeit	I. Prozessvoraussetzungen/-hindernisse
II. Rechtsmittelbefugnis	
III. Beschwer	II. **Verfahrensfehler** (**absolute [§ 338 Nr.6 StPO]**/relative)
IV. Form/Frist d. Einlegung	**- §§ 169 Abs. 1 Satz 1, 174 Abs. 1 Satz 2, 171b Abs. 3 Satz 1 GVG**
V. Form/Frist d. Begründung	
VI. kein(e) Rücknahme/Verzicht	III. Sachrüge

Obersatz:
Es könnte ein anfechtbarer Verstoß gegen §§ 169 Abs. 1 Satz 1, 174 Abs. 1 Satz 2 GVG als absoluter Revisionsgrund gemäß § 338 Nr. 6 StPO vorliegen, indem das Gericht die Öffentlichkeit während der Vernehmung der Zeugin P lediglich auf Anordnung des Vorsitzenden ausgeschlossen hat.

Problem:
Die Voraussetzungen für einen Ausschluss der Öffentlichkeit gemäß § 171b Abs. 3 Satz 1 GVG lagen vor. Allerdings ist dieser nicht in formell rechtmäßiger Weise durch das Gericht beschlossen worden.

Lösung:
1) Der Zulässigkeit der Rüge steht nicht entgegen, dass der Angeklagte die Anordnung des Vorsitzenden nicht gemäß § 238 Abs. 2 StPO beanstandet hat. Da das Gesetz einen Gerichtsbeschluss vorsieht, ist der Anwendungsbereich des § 238 StPO nicht eröffnet.
2) Die Rüge ist begründet. Das Vorgehen steht nicht im Einklang mit § 174 Abs. 1 Satz 2 GVG. Danach ist vorgesehen, dass ein Beschluss, der die Öffentlichkeit ausschließt, grundsätzlich öffentlich verkündet werden muss. Vorausgesetzt ist ein Gerichtsbeschluss, eine Anordnung des Vorsitzenden genügt nicht.
Für eine einschränkende Auslegung von § 338 Nr. 6 StPO dahin, dass bei einem Antrag einer schützenswerten Person auf Ausschluss der Öffentlichkeit nach § 171b Abs. 3 Satz 1 StPO eine Verletzung des Beschlusserfordernisses von ihr nicht erfasst sein soll, ist nach Auffassung des 5. Strafsenats beim BGH kein Raum.
3) Nach Ansicht des BGH führt ein Verstoß gegen die Regeln der Öffentlichkeit der Hauptverhandlung nicht notwendig zur Aufhebung des gesamten Urteils. Bezieht sich der Vorgang, währenddessen die Öffentlichkeit zu Unrecht ausgeschlossen war, nur auf einen abtrennbaren Teil des Urteils, so ist auch nur dieser Teil des Urteils – wie hier – aufzuheben. Der fehlerhaft angeordnete Ausschluss der Öffentlichkeit betrifft lediglich die Straftaten zum Nachteil der Zeugin P (Fälle II. 2 bis 4 der Urteilsgründe). Zudem entzieht die Aufhebung von Einzelstrafen dem Gesamtstrafausspruch seine Grundlage. Im Übrigen ist ein Einfluss des Verfahrensfehlers auf die angefochtene Entscheidung denkgesetzlich ausgeschlossen.

Antrag:
Auf die Revision des Angeklagten wird das Urteil des Landgerichts ... in den Fällen II. 2 bis 4 der Urteilsgründe mit den Feststellungen und hinsichtlich des Strafausspruchs im Übrigen aufgehoben. Im Umfang der Aufhebung wird die Sache zu neuer Verhandlung und Entscheidung, auch über die Kosten des Rechtsmittels, an eine andere als Jugendschutzkammer zuständige Strafkammer des Landgerichts zurückverwiesen.

Tipp:
Unterscheiden Sie diesen Fall von anderen. In seinem Beschluss vom 9. Mai 2019 (4 StR 605/18) hat der 4. Strafsenat das Fehlen eines Gerichtsbeschlusses nicht als Revisionsgrund gemäß § 338 Nr. 6 StPO angesehen. In diesem Fall lagen für den Ausschluss jedoch die Voraussetzungen des § 171b Abs. 3 Satz 2 GVG vor, wonach der Ausschluss der Öffentlichkeit zwingend und ohne weitere Prüfung im gesetzlich bestimmten Umfang erfolgt. Dem Verfahrensmangel eines Gerichtsbeschlusses kommt dann geringeres Gewicht zu, weil auf der Grundlage eines sicher feststehenden Verfahrensablaufs eine unzulässige Beschränkung der Öffentlichkeit auszuschließen und der Ausschlussgrund für alle Verfahrensbeteiligten sowie die Öffentlichkeit eindeutig erkennbar ist. Hier war dem Antrag nach § 171b Abs. 3 Satz 1 GVG nur stattzugeben, wenn die vom Gericht vorzunehmende Prüfung ergibt, dass die Voraussetzungen von § 171b Abs. 1 oder 2 vorliegen. Ist das nicht der Fall, erfolgt eine Ablehnung – ebenfalls durch Beschluss.

Gericht, Az.:	Datum:	Fundstelle:
BGH, 6 StR 399/20	27.01.2021	NStZ 2021, 319 f.

Die zwei Tenöre

Das Landgericht hat den Angeklagten ausweislich der Sitzungsniederschrift wegen Diebstahls in drei Fällen und wegen „leichtfertiger Geldwäsche“ in zwei Fällen zu einer Gesamtfreiheitsstrafe von drei Jahren und neun Monaten verurteilt. Das schriftlich abgefasste Urteil weist demgegenüber eine Verurteilung wegen Diebstahls in drei Fällen und wegen (vorsätzlich begangener) „Geldwäsche“ in zwei Fällen aus.

Der Angeklagte hat gegen dieses Urteil Revision eingelegt und diese zum einen auf die nicht weiter begründete Verfahrensrüge gestützt, das Urteil sei nicht innerhalb des sich aus § 275 Abs. 1 Satz 2 StPO ergebenden Zeitraums zu den Akten gebracht worden (§ 338 Nr. 7 StPO). Zum anderen hat er die Sachrüge mit der Begründung erhoben, es läge eine Divergenz zwischen dem ausweislich des Sitzungsprotokolls verkündeten und dem in der Urteilsurkunde wiedergegebenen Urteilstenor vor.

Der Angeklagte wüsste gerne, wie Sie die Aussicht seiner Revision bewerten.

A. Zulässigkeit der Revision	B. Begründetheit der Revision
I. Statthaftigkeit	I. Prozessvoraussetzungen/-hindernisse
II. Rechtsmittelbefugnis	
III. Beschwer	II. **Verfahrensfehler** (absolute/**relative**)
IV. Form/Frist d. Einlegung	**- § 274 StPO (v. Protokoll abweichender Tenor in Urteilsurkunde)**
V. Form/Frist d. Begründung	
VI. kein(e) Rücknahme/Verzicht	III. Sachrüge

Obersatz:
Es könnte ein anfechtbarer Verstoß des Gerichts vorliegen, indem die Urteilsformel ausweislich der Sitzungsniederschrift anders verkündet wurde, als es in der Urteilsurkunde wiedergegeben ist.

Problem:
1. Fraglich ist zunächst, ob das Protokoll oder die Urteilsurkunde maßgeblich ist.
2. Außerdem stellt sich die innerhalb der Strafsenate beim BGH sehr umstrittene Frage, ob eine solche Abweichung auf eine zulässige Revisionsbegründung von Amts wegen oder nur auf eine Verfahrensrüge zu prüfen ist. Im letzteren Fall müssen die formellen Voraussetzungen der Verfahrensrüge erfüllt sein.

Lösung:
1. Der authentische Wortlaut der Urteilsformel ergibt sich allein aus der nach § 274 StPO maßgeblichen Sitzungsniederschrift.
2. Der 6. Strafsenat beim BGH teilt die vom 3. Strafsenat (3 StR 462/18 v. 03.05.2019) und vom 5. Strafsenat (5 StR 189/20 v. 23.06.2020) vertretene Auffassung, wonach die Korrektur eines vom Sitzungsprotokoll abweichenden Urteilstenors in der Urteilsurkunde durch das Revisionsgericht eine ordnungsgemäß erhobene Verfahrensrüge voraussetzt. Der Ansicht des 1. Strafsenats (1 StR 632/18 v. 10.10.2019), dass die Übereinstimmung der protokollierten und der im schriftlichen Urteil enthaltenen Urteilsformel von Amts wegen zu prüfen sei, weil „die Existenz eines erstinstanzlichen Urteils und dessen Inhalt“ ebenso wie eine wirksame Anklageerhebung und ein wirksamer Eröffnungsbeschluss „gewissermaßen“ Verfahrensvoraussetzung für das Revisionsverfahren sei, vermag der 6. Senat nicht zu folgen.
Der 6. Senat lässt es für eine zulässige Verfahrensrüge genügen, dass der Beschwerdeführer die Divergenz zwischen dem ausweislich des Sitzungsprotokolls verkündeten und dem in der Urteilsurkunde wiedergegebenen Urteilstenor im Rahmen seiner Ausführungen zur Sachrüge beanstandet hat. Der Sache nach richte er sich damit gegen das Verfahren. Die Rüge sei ordnungsgemäß erhoben, weil sich die beanstandete Abweichung der in der Hauptverhandlung verkündeten von der in der Urteilsgründe wiedergegebenen Urteilsformel allein aufgrund des Rügevorbringens beurteilen lasse (§ 344 Abs. 2 Satz 2 StPO).
Der 6. Senat ist der Auffassung, dass auf die zulässige Verfahrensrüge der Urteilstenor klargestellt werden kann.

Antrag gemäß der Ansicht des 6. Strafsenats beim BGH:
Auf die Revisionen des Angeklagten wird das Urteil des Landgerichts …im Schuldspruch dahin klargestellt, dass er des Diebstahls in drei Fällen und der leichtfertigen Geldwäsche in zwei Fällen schuldig ist.

Tipp:
Hier würden beide Ansichten zum gleichen Ergebnis gelangen. Vergleichen Sie zu dieser Problematik und dem Umgang mit einem Widerspruch zwischen Tenor und Gründen auch BGH, 1 StR 336/20 v. 15.10.2020 (NStZ 2021, 185 f.) sowie die Fälle „*Zweifelsfrei nicht zweifelsfrei*“ (Kurz, Examens-Check Strafrecht 2020, Seite 45 f.) und „*Ein verfahrenes Verfahren*“ (Kurz, Examens-Check Strafrecht 2020, Seite 57 f.).
Zu der diesem Fall zugrundliegenden Entscheidung finden Sie einen Praxiskommentar von Rechtsanwalt Dr. Lukas Schefer in der NStZ 2021, 510 ff..

Gericht, Az.:	Datum:	Fundstelle:
BGH, 1 StR 495/20	27.01.2021	NStZ-RR 2021, 183 f.

Rechtskraft ohne Schreibkraft?

Das Landgericht hat den Angeklagten wegen mehrerer Delikte zu einer Gesamtfreiheitsstrafe von acht Jahren und vier Monaten verurteilt.

An der Hauptverhandlung gegen den Angeklagten nahmen als berufsrichterliche Mitglieder die Vorsitzende Richterin am Landgericht H sowie die Richterin am Landgericht K als beisitzende Richterin und Berichterstatterin teil. Das nach 14 Hauptverhandlungstagen am 24. Juli 2020 verkündete Urteil ist zwar am 25. September 2020 und damit vor der am Ende dieses Tages ablaufenden neunwöchigen Urteilsabsetzungsfrist bei der Geschäftsstelle eingegangen. Unterzeichnet war es jedoch nur von der beisitzenden Richterin an der für ihre Unterschrift vorgesehenen Stelle. Anstelle der Unterschrift der mit Wirkung vom 1. August 2020 zur Richterin am Oberlandesgericht ernannten Vorsitzenden Richterin ist der folgende Vermerk angebracht: „H Vorsitzende Richterin am Landgericht (an der Unterschriftsleistung wegen Wechsel zum OLG verhindert)“. Eine (zweite) Unterschrift der Beisitzerin befindet sich weder über noch unter diesem Vermerk.

Der Angeklagte ist pedantisch, wenn es um ihn geht. Daher regt er sich auch bei Ihnen über das Vorgehen des Gerichts auf. Er habe doch auch keine halben Sachen bei seinen Straftaten gemacht. Da könne er auch zwei Unterschriften vom Gericht erwarten. Hat er recht und begründet dies eine Revision?

A. Zulässigkeit der Revision	***B. Begründetheit der Revision***
I. Statthaftigkeit	*I. Prozessvoraussetzungen/-hindernisse*
II. Rechtsmittelbefugnis	
III. Beschwer	***II. Verfahrensfehler** (**absolute**/relative)*
IV. Form/Frist d. Einlegung	***- §§ 275 Abs. 1 Satz 2, Abs. 2, 338 Nr. 7 StPO - Unterschrift***
V. Form/Frist d. Begründung	
VI. kein(e) Rücknahme/Verzicht	*III. Sachrüge*

Obersatz:
Es könnte ein anfechtbarer Verstoß gegen §§ 275 Abs. 1 Satz 2, Abs. 2, 338 Nr. 7 StPO vorliegen, indem der unter dem Urteil angebrachte Verhinderungsvermerk nicht unterzeichnet wurde und damit die gesetzliche Frist, in der das vollständige Urteil zu den Akten gebracht werden musste, vom Gericht nicht eingehalten worden ist.

Problem:
Fraglich ist, ob das Urteil vollständig ist. Hier hat die beisitzende Richterin am Landgericht K das Urteil unterschrieben – allerdings nur einmal und nicht den in ihrem Namen auf dem Urteil angebrachten Verhinderungsvermerk.

Lösung:
Das Urteil ist nicht innerhalb der vorgeschriebenen Frist vollständig im Sinne von § 275 Abs. 1 Satz 1 StPO zu den Akten gelangt. Vollständig zu den Akten gelangt ist ein Urteil nur dann, wenn es entweder von allen an der Entscheidung mitwirkenden Richtern unterzeichnet ist (vgl. § 275 Abs. 2 Satz 1 StPO) oder eine etwaige Verhinderung (z.B. die Versetzung an ein anderes Gericht, die im Einzelfall der Unterzeichnung des Urteils entgegenstehen kann – was hier aber nicht geklärt werden muss) unter dem Urteil ordnungsgemäß vermerkt (§ 275 Abs. 2 Satz 2 StPO) und innerhalb der Urteilsabsetzungsfrist unterschrieben worden ist. Da die Unterschrift der beisitzenden Richterin ohne irgendeinen Bezug zu dem Verhinderungsvermerk an die Stelle gesetzt worden ist, an der sie auch bei einer Unterzeichnung durch die Vorsitzende unterschrieben hätte, fehlt es an der notwendigen zweiten Unterschrift. Anhaltspunkte dafür, dass die Beisitzerin an der Unterzeichnung des Verhinderungsvermerks ihrerseits aus tatsächlichen Gründen gehindert gewesen wäre, bestehen nicht.

Antrag:
Auf die Revision des Angeklagten wird das Urteil des Landgerichts … mit den Feststellungen aufgehoben. Die Sache wird zu neuer Verhandlung und Entscheidung, auch über die Kosten des Rechtsmittels, an eine andere Strafkammer des Landgerichts zurückverwiesen.

Gericht, Az.:	Datum:	Fundstelle:
BGH, 2 StR 417/20	03.02.2021	NStZ-RR 2021, 212 f.

Die bittere Melone

Das Landgericht hat den Angeklagten unter Freisprechung im Übrigen wegen versuchten Diebstahls mit Waffen in Tateinheit mit Unterschlagung zu einer Freiheitsstrafe von einem Jahr verurteilt. Das Landgericht hat hierzu folgende Feststellungen getroffen:

Der betäubungsmittelabhängige Angeklagte entschloss sich aus finanzieller Not, am 16. Juli 2018 die Wochenendeinnahmen eines Getränkemarkts zu stehlen. Er hatte zuvor in Erfahrung gebracht, dass eine Angestellte die Einnahmen in der Regel in einer Einkaufstasche transportierte. Als er sah, dass eine Angestellte des Getränkemarkts mit einem für den Transport der Einnahmen üblicherweise verwendeten Stoffbeutel den Parkplatz betrat, schoss er mit der von ihm mitgeführten Schreckschusswaffe in die Luft und löste damit einen lauten Knall aus.

Die Angestellte, die – wie vom Angeklagten beabsichtigt – weder ihn noch die Waffe gesehen hatte, ließ vor Schreck u.a. ihr Mobiltelefon fallen. Der Angeklagte entriss ihr in diesem Schreckmoment die Stofftasche mit den vermuteten Wochenendeinnahmen und rannte davon. Auf der Flucht bemerkte er, dass sich in der Tasche an Stelle des Geldes lediglich Zigaretten und Lebensmittel befanden. Eine Mini-Wassermelone, die er der Tasche entnahm, verspeiste er. Im Übrigen warf er die Tasche nebst Inhalt weg, der später teilweise in Tatortnähe aufgefunden wurde.

Das Landgericht ist hinsichtlich der Wassermelone von einer Unterschlagung ausgegangen. Die tateinheitliche Verwirklichung dieses Delikts erwähnt das Urteil in der Strafzumessung nicht.

Der Angeklagte ist über das Urteil verärgert. Können Sie seine Stimmung etwas aufhellen?

A. Zulässigkeit der Revision	B. Begründetheit der Revision
I. Statthaftigkeit	*I. Prozessvoraussetzungen/-hindernisse*
II. Rechtsmittelbefugnis	
III. Beschwer	*II. Verfahrensfehler (absolute/relative)*
IV. Form/Frist d. Einlegung	
V. Form/Frist d. Begründung	***III. Sachrüge***
VI. kein(e) Rücknahme/Verzicht	***- rechtliche Würdigung - § 246 Abs. 1 StGB (Subsidiarität)***

Obersatz:
Es könnte ein anfechtbarer Verstoß gegen § 246 StGB vorliegen, indem das Gericht den Angeklagten wegen einer tateinheitlichen Unterschlagung schuldig gesprochen hat.

Problem:
Beim Diebstahl eines Behältnisses, um an den erwarteten Inhalt zu gelangen, kommt es für die strafrechtliche Beurteilung darauf an, ob das Ziel erreicht werden konnte. Erfüllt sich die Beuteerwartung nicht und wird das Behältnis auch nicht als Transportmittel benötigt, ist der Diebstahlsversuch hinsichtlich der erwarteten Beute fehlgeschlagen. Bezüglich des erlangten Inhalts und des Behältnisses besteht keine Zueignungsabsicht und es scheidet deshalb die Annahme eines Diebstahls aus. In Betracht kommt insoweit jedoch eine Unterschlagung – hier nur wegen der Mini-Melone, da der Angeklagte den Rest wegwarf. Fraglich ist jedoch, welche Bedeutung für den Schuldspruch die Subsidiaritätsklausel des § 246 Abs. 1 StGB hat.

Lösung:
1) Nach den Feststellungen des Landgerichts hat der Angeklagte die Stofftasche lediglich deshalb an sich genommen, weil er darin Bargeld vermutete, das er für sich behalten wollte. Damit hat sich der Angeklagte jedoch (noch) nicht das Behältnis nebst übrigem Inhalt zugeeignet. Zutreffend ist das Landgericht deshalb auch vom fehlgeschlagenen Versuch eines Diebstahls mit Waffen ausgegangen, weil sich in der Tasche – anders als vom Angeklagten erwartet – kein Bargeld befand.
Dass sich der Angeklagte tatzeitnah aufgrund eines neuen Entschlusses einen Teil des Tascheninhaltes zugeeignet hat, erfüllt zwar den Tatbestand der Unterschlagung; wegen der Subsidiaritätsklausel, die für alle Delikte mit höherer Strafdrohung gilt, kommt ein dahingehender Schuldspruch gleichwohl nicht in Betracht.
2) Die notwendige Änderung des Schuldspruches lässt den Strafausspruch hier unberührt. Unbeschadet dessen, dass die Verwirklichung des zurücktretenden Tatbestands bei der Strafzumessung erschwerend berücksichtigt werden kann, hat das Landgericht die tateinheitliche Begehung einer Unterschlagung bei der Bemessung der Freiheitsstrafe nicht zum Nachteil des Angeklagten gewertet.

Antrag:
Auf die Revision des Angeklagten wird das Urteil des Landgerichts … im Schuldspruch dahingehend geändert, dass die Verurteilung wegen Unterschlagung entfällt.

Tipp:
Die Subsidiaritätsklausel aus § 246 Abs. 1 StGB hindert eine tateinheitliche Verurteilung wegen Unterschlagung unabhängig davon mit welchem Delikt eine Tateinheit besteht. Voraussetzung ist nur, dass das andere Delikt eine höhere Strafdrohung hat.

Gericht, Az.:	Datum:	Fundstelle:
BGH, 4 StR 501/20	12.02.2021	NStZ-RR 2021, 77

Weg mit den Drogen

Das Landgericht hat den Angeklagten A wegen schweren Raubes zu einer Jugendstrafe von zehn Monaten verurteilt und die Vollstreckung der Strafe zur Bewährung ausgesetzt. Den nicht revidierenden Mitverurteilten B hat es ebenfalls des schweren Raubes schuldig gesprochen und gegen ihn auf eine Bewährungsstrafe von einem Jahr und sechs Monaten erkannt.

Die Kammer hat zum Raub der beiden Angeklagten festgestellt, der Angeklagte A habe gewusst, dass der Zeuge K in der Vergangenheit an seinen jüngeren Bruder Betäubungsmittel verkauft habe, und er habe befürchtet, dass der Zeuge auch weiterhin an Jugendliche Betäubungsmittel verkaufen werde. Der Angeklagte A habe, als er den Zeugen K erblickt habe, spontan den Entschluss gefasst, dass er und der Mitangeklagte B dem Zeugen K zu dessen Wohnung folgen, „um ihm dort die Betäubungsmittel, die er an Jugendliche verkaufe, abzunehmen." Diesen Plan habe er an den Mitangeklagten kommuniziert. Hinsichtlich der vom Tatplan umfassten Wegnahme der Betäubungsmittel hat die Kammer sodann festgestellt, dass der Angeklagte A in der Wohnung des Zeugen einige Betäubungsmittel, überwiegend Marihuana, an sich genommen habe, „die er später in einem Fluss entsorgte".

Der Angeklagte A versteht die Welt nicht mehr. Er wollte doch nur den Jugendlichen helfen. Was ist mit Ihnen – können Sie dem Angeklagten helfen, der bereits ein Rechtsmittel gegen das Urteil eingelegt hat?

A. Zulässigkeit der Revision	B. Begründetheit der Revision
I. Statthaftigkeit II. Rechtsmittelbefugnis III. Beschwer IV. Form/Frist d. Einlegung V. Form/Frist d. Begründung VI. kein(e) Rücknahme/Verzicht	I. Prozessvoraussetzungen/-hindernisse II. Verfahrensfehler (absolute/relative) **III. Sachrüge** **- lückenhafte Feststellungen – Zueignungsabsicht**

Obersatz:
Der Angeklagte A könnte rechtsfehlerhaft wegen schweren Raubes verurteilt worden sein.

Problem:
Fraglich ist, ob die für eine Strafbarkeit von § 249 Abs. 1 StGB – ebenso wie beim Diebstahl gemäß § 242 Abs. 1 StGB – vorausgesetzte Zueignungsabsicht vom Landgericht festgestellt wurde. Andernfalls wären die Feststellungen des Urteils lückenhaft und die Verurteilung rechtsfehlerhaft.

Lösung:
Den Feststellungen ist nicht zu entnehmen, dass der Angeklagte A mit der erforderlichen Zueignungsabsicht gemäß § 249 Abs. 1 StGB gehandelt hat. Eine Zueignungsabsicht gemäß § 249 Abs. 1 StGB ist gegeben, wenn der Täter im Zeitpunkt der Wegnahme die fremde Sache unter Ausschließung des Eigentümers oder bisherigen Gewahrsamsinhabers körperlich oder wirtschaftlich für sich oder einen Dritten erlangen und sie der Substanz oder dem Sachwert nach seinem Vermögen oder dem eines Dritten „einverleiben" oder zuführen will. An dieser Voraussetzung fehlt es dagegen in Fällen, in denen der Täter die fremde Sache nur wegnimmt, um sie „zu zerstören", „zu vernichten", „preiszugeben", „wegzuwerfen", „beiseite zu schaffen" oder „zu beschädigen". In solchen Fällen genügt es auch nicht, dass der Täter – was grundsätzlich ausreichen könnte – für eine kurze Zeit den Besitz an der Sache erlangt.
Aus den Feststellungen des Landgerichts ergibt sich zwar, dass der Angeklagte A hinsichtlich der weggenommenen Betäubungsmittel mit Enteignungsvorsatz handelte, da er dem Zeugen K die Sachherrschaft über die Betäubungsmittel dauerhaft entziehen wollte. Weder den Feststellungen noch dem Gesamtzusammenhang der Urteilsgründe kann indes entnommen werden, dass der Angeklagte hinsichtlich der Betäubungsmittel auch mit der tatbestandlich geforderten Absicht handelte, diese sich oder einem Dritten zuzueignen (§ 249 Abs. 1 StGB). Das Wegwerfen der Betäubungsmittel in Form ihrer Entsorgung im Fluss stellt keine Aneignung dar. Auch sonst ist nicht ersichtlich, dass der Angeklagte A die Betäubungsmittel zuvor zeitweilig dem eigenen Vermögen oder dem eines Dritten einverleibt oder sonst zugeführt oder zumindest ursprünglich mit einer diesbezüglichen Absicht gehandelt hätte. Aus den Feststellungen der Kammer zu dem gemeinsam mit dem Mitangeklagten gefassten Tatplan ergibt sich lediglich ein Enteignungsvorsatz des Angeklagten A, dem es darauf ankam, dem Zeugen die Betäubungsmittel „abzunehmen", um zu verhindern, dass dieser die Betäubungsmittel an Jugendliche verkauft. Ob der Angeklagte A von Anfang an mit der – für die Erfüllung des Tatbestands nicht ausreichenden – Absicht handelte, die Betäubungsmittel des Zeugen zu entsorgen, oder aber gegebenenfalls zunächst andere Absichten verfolgt hat, ist den Feststellungen nicht zu entnehmen.

Antrag:
Auf die Revision des Angeklagten wird das Urteil des Landgerichts ..., auch hinsichtlich des Mitverurteilten B, mit den Feststellungen aufgehoben. Die Sache wird zu neuer Verhandlung und Entscheidung, auch über die Kosten des Rechtsmittels, an eine andere Jugendkammer des Landgerichts zurückverwiesen *(Die Aufhebung ist gemäß § 357 Satz 1 StPO auch auf den nicht revidierenden Mitverurteilten B zu erstrecken, da dessen Verurteilung wegen der nämlichen Tat auf demselben Sachmangel beruht.)*

Tipp:
Ein gutes Beispiel dafür, dass man Sachverhalte einer Klausur exakt lesen und Feststellungen von Urteilen präzise formulieren muss. Vergegenwärtigen Sie sich zuvor die Tatbestandsmerkmale und deren Definitionen. Überlegen Sie sich, welche tatsächlichen Feststellungen nötig sind und prüfen Sie den Sachverhalt der Klausur bzw. schreiben Sie die Urteilsfeststellungen erst dann.

Gericht, Az.:	Datum:	Fundstelle:
BGH, 6 StR 55/21	24.02.2021	NStZ-RR 2021, 169

Er muss bezahlen

Das Landgericht hat den bis dahin strafrechtlich nicht vorbelasteten Angeklagten bei Freisprechung im Übrigen wegen zwei Betäubungsmitteldelikten zu einer Gesamtfreiheitsstrafe von zwei Jahren und zwei Monaten verurteilt (Einzelstrafen: zwei Jahre Freiheitsstrafe und Geldstrafe von 150 Tagessätzen zu je fünf Euro).

Die verhängte Gesamtstrafe hat das Landgericht mit der nochmaligen Abwägung aller bereits bei der Strafzumessung im engeren Sinne für die Bildung der Einzelstrafen herangezogenen Gesichtspunkte und mit der notwendigen Einwirkung auf den Täter begründet.

Der Angeklagte ist mit dem Ergebnis unzufrieden und möchte von Ihnen wissen, ob Sie eine Anfechtungsmöglichkeit sehen.

A. Zulässigkeit der Revision	B. Begründetheit der Revision
I. Statthaftigkeit	I. Prozessvoraussetzungen/-hindernisse
II. Rechtsmittelbefugnis	
III. Beschwer	II. Verfahrensfehler (absolute/relative)
IV. Form/Frist d. Einlegung	
V. Form/Frist d. Begründung	III. **Sachrüge**
VI. kein(e) Rücknahme/Verzicht	**- Rechtsfolge: § 53 Abs. 2 Satz 2 StGB**

Obersatz:
Es könnte ein anfechtbarer Verstoß gegen § 53 Abs. 2 Satz 2 Hs. 1 StGB vorliegen, indem das Landgericht bei Bildung der Gesamtfreiheitsstrafe dessen Anwendung nicht erörtert hat.

Problem:
§ 53 Abs. 2 Satz 2 Hs. 1 StGB erlaubt es dem Gericht ausnahmsweise von der Gesamtstrafbildung abzusehen und neben einer (Gesamt-) Freiheitstrafe auf eine (Gesamt-) Geldstrafe zu erkennen.

Lösung:
Die Strafkammer hat die durch § 53 Abs. 2 Satz 2 StGB gegebene Möglichkeit nicht erörtert, die Geldstrafe gesondert bestehen zu lassen und von der Bildung einer Gesamtfreiheitsstrafe abzusehen, obwohl hierzu Anlass bestand. Die Nichtanwendung des § 53 Abs. 2 Satz 2 StGB bedarf trotz ihres Charakters als Ausnahmevorschrift ausdrücklicher Erörterung, wenn bei gesonderter Festsetzung einer Geldstrafe die zeitige Freiheitsstrafe noch zur Bewährung ausgesetzt werden kann. Dies ist hier angesichts der Einsatzstrafe von zwei Jahren Freiheitsstrafe und mit Blick auf die fehlende strafrechtliche Vorbelastung des Angeklagten der Fall.

Der Fehler berührt die Feststellungen nicht, weshalb diese nicht aufzuheben sind.

Antrag:
Auf die Revision des Angeklagten wird das Urteil des Landgerichts ... im Gesamtstrafausspruch aufgehoben. Im Umfang der Aufhebung wird die Sache zu neuer Verhandlung und Entscheidung, auch über die Kosten des Rechtsmittels, an eine andere Strafkammer des Landgerichts zurückverwiesen.

Tipp:
Das Problem lässt sich mit einer unterbliebenen Begründung leicht in Fälle einbauen. Prüfen Sie zuerst, ob als Einzelstrafen Geld- und Freiheitsstrafen verhängt wurden. Achten Sie auf die Höhe der in die Gesamtstrafe einbezogenen Einzelstrafen. Da die Entscheidung im tatrichterlichen Ermessen steht, kann das Revisionsgericht nur den Nicht- oder Fehlgebrauch des Ermessens überprüfen.

§ 53 Abs. 2 Satz 2 Hs. 1 StGB findet auch bei der nachträglichen Gesamtstrafbildung Anwendung (vgl. Fall „*Bezahlte Freiheit*“ in Kurz, Examens-Check Strafrecht 2020, S. 137 f.).

Bei der nachträglichen Gesamtstrafbildung ist jedoch zu beachten, dass die von einer Vorverurteilung (Geldstrafe) ausgehende Zäsurwirkung nicht deshalb entfällt, weil nach § 55 Abs. 1 StGB in Verbindung mit § 53 Abs. 2 Satz 2 StGB von der Einbeziehung dieser Geldstrafe in eine nachträgliche Gesamtfreiheitsstrafe abgesehen wird. Durch eine Entscheidung nach § 55 Abs. 1 StGB in Verbindung mit § 53 Abs. 2 Satz 2 StGB wird eine gegebene Gesamtstraflage nicht beseitigt (vgl. BGH, 3 StR 431/20 v. 12.01.2021, NStZ-RR 2021, 169).

Gericht, Az.:	Datum:	Fundstelle:
BGH, 4 StR 324/20	03.03.2021	NStZ-RR 2021, 181

Eine mehrschichtige Sache

Das Landgericht hat den Angeklagten wegen „Geiselnahme in Tateinheit mit vorsätzlicher Körperverletzung in zwei tateinheitlich zusammentreffenden Fällen [Fall II. 3], wegen Freiheitsberaubung in Tateinheit mit vorsätzlicher Körperverletzung und in Tateinheit mit Bedrohung [Fall II. 2] und wegen vorsätzlicher Körperverletzung [Fall II. 1]“ zu einer Gesamtfreiheitsstrafe von fünf Jahren und sechs Monaten verurteilt.

In der Hauptverhandlung vom 20. März 2020 ordnete die Strafkammer gemäß § 247 StPO für die Dauer der Vernehmung der Opferzeugin S die Entfernung des Angeklagten aus dem Sitzungszimmer an. Während der anschließenden in Abwesenheit des Angeklagten durchgeführten Zeugenvernehmung wurden drei Aktenblätter mit Lichtbildern zur Beweiserhebung in Augenschein genommen. Nach Abschluss der Befragung unterrichtete der Vorsitzende den wieder anwesenden Angeklagten über die Aussage der Zeugin.

Der Angeklagte hat die Fälle II. 2 und II. 3 gestanden. In den Urteilsgründen führt das Landgericht aus, dass dieses Geständnis unter anderem durch die Angaben der Zeugin S gestützt wird. Zur Tat II. 3 verweist es zudem darauf, dass die Zeugin ihre Angaben anhand der in der Hauptverhandlung in Augenschein genommenen Lichtbilder ergänzen und präzisieren konnte.

Der Angeklagte hat ein Rechtsmittel gegen das Urteil eingelegt, sucht aber noch nach einer guten Begründung. Können Sie ihm weiterhelfen?

A. Zulässigkeit der Revision	B. Begründetheit der Revision
I. Statthaftigkeit II. Rechtsmittelbefugnis III. Beschwer IV. Form/Frist d. Einlegung V. Form/Frist d. Begründung VI. kein(e) Rücknahme/Verzicht	I. Prozessvoraussetzungen/-hindernisse II. **Verfahrensfehler** (**absolute - § 338 Nr. 5 StPO**/relative) **- Augenschein während Vernehmung gemäß § 247 StPO** III. Sachrüge

Obersatz:
Es könnte ein anfechtbarer Verstoß gegen §§ 230 Abs. 1, 338 Nr. 5 StPO vorliegen, indem das Gericht mehrere Lichtbilder in Abwesenheit des Angeklagten in Augenschein nahm.

Problem:
Das Gericht verstößt gegen § 230 Abs. 1 StPO, wenn es während eines wesentlichen Teils der Hauptverhandlung ohne den Angeklagten verhandelt. Fraglich ist hier, ob § 247 StPO auch die Beweiserhebung mittels Augenscheinnahme während der Abwesenheit des Angeklagten erlaubt.

Lösung:
1) Aufgrund der hohen Bedeutung der Anwesenheit des Angeklagten in der Hauptverhandlung ist der Anwendungsbereich des § 247 StPO und damit der Begriff der Vernehmung eng auszulegen. Danach ist die Erhebung eines anderweitigen Sachbeweises, selbst wenn sie in engem Zusammenhang mit der Vernehmung steht, nicht Teil der Vernehmung, sodass die Durchführung der Beweiserhebung in Abwesenheit des Angeklagten durch den Entfernungsbeschluss nach § 247 StPO nicht gedeckt ist. Die Inaugenscheinnahme hätte daher nach § 230 Abs. 1 StPO nicht in Abwesenheit des Angeklagten erfolgen dürfen.
2) Der Verstoß wurde nicht durch Wiederholung des Augenscheins in Anwesenheit des Angeklagten geheilt.
3) Das Urteil beruht entgegen § 338 Nr. 5 StPO nur zum Teil auf dem Rechtsfehler:
a) Eine Verfahrenskonstellation, in welcher ein Beruhen des Urteils auf dem Rechtsfehler entgegen § 338 StPO ausnahmsweise denkgesetzlich ausgeschlossen ist, liegt hinsichtlich der Fälle II. 2 und II. 3 nicht vor. Zwar hat der Angeklagte diese Taten gestanden, das Landgericht hat jedoch ausgeführt, dass dieses Geständnis unter anderem durch die Angaben der Zeugin S gestützt wurde. Zur Tat II. 3 hat es zudem darauf verwiesen, dass die Zeugin ihre Angaben anhand der in der Hauptverhandlung in Augenschein genommenen Lichtbilder ergänzen und präzisieren konnte. Damit hat das Landgericht die Zuverlässigkeit der Aussage der Zeugin und die Überzeugung von der Täterschaft des Angeklagten auch auf die in Abwesenheit des Angeklagten in Augenschein genommenen Lichtbilder gestützt.
b) Der Verfahrensfehler hat allerdings keine Auswirkungen auf die rechtsfehlerfreie Verurteilung in Fall II. 1. Insoweit ist ein Beruhen des Urteils auf dem Rechtsfehler denkgesetzlich ausgeschlossen, da bei Feststellung dieser Tat die Aussage der Zeugin S und die in Augenschein genommenen Lichtbilder keine Rolle gespielt haben.

Antrag:
Auf die Revision des Angeklagten wird das Urteil des Landgerichts ... mit den zugehörigen Feststellungen aufgehoben, soweit der Angeklagte in den Fällen II. 2 und II. 3 der Urteilsgründe verurteilt worden ist und im Ausspruch über die Gesamtstrafe. Im Umfang der Aufhebung wird die Sache zu neuer Verhandlung und Entscheidung, auch über die Kosten des Rechtsmittels, an eine andere Strafkammer des Landgerichts zurückverwiesen.

Tipp:
Der Fall zeigt, dass es bei der Prüfung eines absoluten Revisionsgrundes nicht genügt einen Verstoß festzustellen. Vielmehr müssen auch die sonstigen Voraussetzungen für eine begründete Verfahrensrüge – hier z.B. eine mögliche aber nicht erfolgte Heilung – bedacht werden. Außerdem kann in Ausnahmefällen bei absoluten Revisionsgründen auch die gesetzliche Vermutung gemäß § 338 StPO entfallen, wenn ein Beruhen denkgesetzlich ausgeschlossen ist.

Gericht, Az.:	Datum:	Fundstelle:
BGH, 6 StR 48/21	09.03.2021	NStZ-RR 2021,220 f.

Auf ein Neues

Das Landgericht hatte die Angeklagte am 4. September 2019 wegen Begünstigung in Tateinheit mit leichtfertiger Geldwäsche in vier Fällen zu einer Gesamtfreiheitsstrafe von einem Jahr und sechs Monaten verurteilt und deren Vollstreckung zur Bewährung ausgesetzt. Ferner hatte es eine Einziehungsentscheidung getroffen. In den der Verurteilung zugrundeliegenden Fällen 9 und 16 verhängte es jeweils Einzelstrafen von sechs Monaten Freiheitsstrafe.

Auf die Revision hin wurde das Urteil im Schuldspruch dahin geändert, dass die Angeklagte der leichtfertigen Geldwäsche in vier Fällen schuldig ist. Außerdem hat das Revisionsgericht den Rechtsfolgenausspruch mit den zugehörigen Feststellungen aufgehoben.

Nunmehr hat das Landgericht die Angeklagte am 12. November 2020 auf Grundlage des rechtskräftigen Schuldspruchs wegen vierfacher leichtfertiger Geldwäsche zu einer Gesamtfreiheitsstrafe von einem Jahr und vier Monaten verurteilt, deren Vollstreckung zur Bewährung ausgesetzt und die Einziehung des Wertes von Tatobjekten angeordnet. In den Fällen 9 und 16 erkannte es diesmal auf Einzelstrafen von sieben und neun Monaten Freiheitsstrafe. Die Feststellungen aus dem vorherigen Urteil zum Werdegang und zur Person der Angeklagten hat das Landgericht als „bindend“ übernommen und lediglich ergänzende Feststellungen getroffen.

Die Angeklagte möchte das Urteil noch einmal anfechten. Würden Sie ihr dazu raten?

A. Zulässigkeit der Revision	**B. Begründetheit der Revision**
I. Statthaftigkeit *II. Rechtsmittelbefugnis* *III. Beschwer* *IV. Form/Frist d. Einlegung* *V. Form/Frist d. Begründung* *VI. kein(e) Rücknahme/Verzicht*	*I.* ***Prozess**voraussetzungen/-**hindernisse*** ***- reformatio in peius (§ 358 Abs. 2 Satz 1 StPO)*** *II. Verfahrensfehler (absolute/relative)* *III. Sachrüge –* ***falsche Bezugnahme, lückenhafte Feststellungen***

Obersatz:
Es könnte ein anfechtbarer Verstoß gegen das Verböserungsverbot gemäß § 358 Abs. 2 Satz 1 StPO vorliegen, indem das Gericht höhere Einzelstrafen als im früheren Urteil verhängte (1). Außerdem könnte die Bezugnahme auf die Feststellungen zum Werdegang und zur Person der Angeklagten fehlerhaft sein, da diese aufgehoben wurden (2).

Problem:
(1) Die reformatio in peius (§ 358 Abs. 2 Satz 1 StPO) ist von Amts wegen zu prüfen, da soweit sie gilt Teilrechtskraft eingetreten ist.
(2) Eine fehlerhafte Bezugnahme auf Feststellungen führt dazu, dass diese als nicht getroffen anzusehen sind und das Urteil insoweit lückenhaft ist.

Lösung:
1) Das Landgericht hat bei der Bemessung der Einzelstrafen, die es für die Taten 9 und 16 verhängt hat (7 bzw. 9 Monate Freiheitsstrafe) gegen das in § 358 Abs. 2 Satz 1 StPO normierte Verbot der Schlechterstellung verstoßen. Obschon das frühere Urteil des Landgerichts vom 4. September 2019 nur von der Angeklagten angefochten worden war, sind für die genannten Taten höhere Einzelstrafen als zuvor (jeweils 6 Monate Freiheitsstrafe) verhängt worden. Das Verbot, auf die Revision der Angeklagten das Urteil zu ihrem Nachteil zu verändern, schließt nicht nur eine Erhöhung der Gesamtstrafe aus, sondern steht zudem einer Erhöhung der Einzelstrafen entgegen. Das gilt selbst dann, wenn – wie hier – die nunmehr ausgeurteilte Gesamtstrafe niedriger ausgefallen ist, denn bei der Verhängung von Einzelstrafen handelt es sich um selbständige, der Rechtskraft fähige tatrichterliche Entscheidungen.
2) Zudem hat das Landgericht dem neuen Urteil Feststellungen zugrunde gelegt, die gemäß § 353 Abs. 2 StPO aufgehoben wurden. Denn das Landgericht hat die Feststellungen aus dem vorherigen Urteil zum Werdegang und zur Person der Angeklagten als „bindend" übernommen und lediglich ergänzende Feststellungen getroffen. Die Feststellungen zur Person gehören zur Straffrage, über die das zu neuer Verhandlung und Entscheidung berufene Tatgericht auf der Grundlage neuer, von ihm selbst getroffener Feststellungen umfassend neu befinden muss, da diese Feststellungen mit den Rechtsfolgen aufgehoben worden waren.

Der Verstoß gegen § 358 Abs. 2 Satz 1 StPO betrifft neben den Einzelstrafen auch die Gesamtstrafe. Da jedoch wegen der fehlerhaften Bezugnahme die Rechtsfolgenentscheidungen insgesamt von keinen Feststellungen getragen werden, sind die getroffenen Rechtsfolgen insgesamt mit den (ergänzend) getroffenen Feststellungen aufzuheben.

Antrag:
Auf die Revision der Angeklagten wird das Urteil des Landgerichts ... im Rechtsfolgenausspruch mit den zugehörigen Feststellungen aufgehoben. Die Sache wird zu neuer Verhandlung und Entscheidung, auch über die Kosten des Rechtmittels, an eine andere Strafkammer des Landgerichts zurückverwiesen.

Gericht, Az.:	Datum:	Fundstelle:
BGH, 6 StR 285/20	10.03.2021	NStZ 2021, 507 ff.

Wer schreibt denn da?

Das Landgericht hat den Angeklagten wegen schweren Bandendiebstahls in 14 Fällen sowie wegen schweren Raubes in Tateinheit mit gefährlicher Körperverletzung und Freiheitsberaubung zu einer Gesamtfreiheitsstrafe von sieben Jahren und acht Monaten verurteilt sowie die Unterbringung in einer Entziehungsanstalt angeordnet. Darüber hinaus hat es auf die Einziehung des Wertes von Taterträgen erkannt und eine Adhäsionsentscheidung getroffen.

Nach den Feststellungen des Landgerichts fasste der Angeklagte zusammen mit zwei der nichtrevidierenden Mitangeklagten im Sommer 2018 den Entschluss, künftig wiederholt in Geschäftsgebäude und Wohnhäuser einzubrechen, um Tresore aufzubrechen, deren Inhalt zu stehlen und die Beute untereinander gleichmäßig aufzuteilen. Der Angeklagte sollte Fahrdienste leisten, beim Abtransport der Beute helfen, die Tatbegehung von außen absichern und bei Schwierigkeiten weitere Unterstützung leisten. In den folgenden Monaten wurde in 14 Fällen absprachegemäß verfahren (Fälle 2 bis 15).

Am 15. Februar 2019 überfielen entsprechend dem zuvor mit dem Angeklagten gefassten Tatplan zwei der Mitangeklagten die allein in ihrem Haus lebende 88-jährige Nebenklägerin. Nachdem es ihnen trotz wiederholter Faustschläge auf deren Kopf und anderer körperlicher Angriffe nicht gelungen war, sie zur Preisgabe des Tresorcodes zu veranlassen, sperrte einer der Mitangeklagten die Todesangst erleidende Geschädigte in einen Kellerraum. Sodann beschaffte der Angeklagte ein Werkzeug, um den Tresor im Haus der Nebenklägerin zu öffnen. Dieser Öffnungsversuch schlug jedoch fehl. Erst mit Hilfe weiterer, auch durch den Angeklagten hinzugerufener und herbeigebrachter Mitangeklagter gelang es, den Tresor, in dem sich Schmuck und Bargeld im Wert von 227.800 Euro befanden, abzutransportieren und schließlich zu öffnen. Die Nebenklägerin erlitt Prellungen, Hämatome sowie Distorsionen und leidet weiterhin unter den physischen sowie psychischen Folgen der Tat (Fall 16).

Das Landgericht hat seine Feststellungen im Wesentlichen auf die Einlassungen des Angeklagten und der Mitangeklagten, auf Observationsdaten, Wortprotokolle überwachter Telefongespräche sowie auf Kontenauswertungen gestützt, zu Fall 16 zudem auf die Verlesung des Protokolls der polizeilichen Vernehmung der Nebenklägerin und auf die Angaben ihres Sohnes. Die Nebenklägerin selbst wurde in der Hauptverhandlung nicht vernommen. Außerdem wurde ein ärztliches Attest über die Untersuchung der Nebenklägerin verlesen und in diesem Umfang verwertet. Das Attest enthielt keine eigenhändige Unterschrift, sondern war lediglich mit maschinenschriftlichen Namenszügen unterzeichnet. Es war mit dem Briefkopf des Klinikums versehen und der als für das Attest verantwortliche Arzt R war neben dem Chefarzt des Klinikums genannt. R wurde auch polizeilich zu seinen Feststellungen bei der Untersuchung der Nebenklägerin als Zeuge vernommen und das Vernehmungsprotokoll wurde in der Hauptverhandlung gemäß § 251 Abs. 1 Nr. 1, Abs. 4 StPO verlesen. Das Attest enthielt Ausführungen zu den angenommenen Verletzungsursachen.

Der Angeklagte möchte von Ihnen wissen, ob Sie wegen der Beweisführung eine Anfechtungsmöglichkeit sehen.

A. Zulässigkeit der Revision	B. Begründetheit der Revision
I. Statthaftigkeit	*I. Prozessvoraussetzungen/-hindernisse*
II. Rechtsmittelbefugnis	
III. Beschwer	*II.* ***Verfahrensfehler*** *(absolute/****relative****)*
IV. Form/Frist d. Einlegung	***- § 256 Abs. 1 Nr. 2 StPO (Verlesung eines ärztlichen Attests)***
V. Form/Frist d. Begründung	
VI. kein(e) Rücknahme/Verzicht	*III. Sachrüge*

Obersatz:
Es könnte ein anfechtbarer Verstoß gegen § 250 Satz 2 StPO vorliegen, indem das Gericht das ärztliche Attest zu Beweiszwecken verlesen hat.

Problem:
Das Attest enthält als Beweistatsachen neben dem Ergebnis der Untersuchung der Nebenklägerin auch Angaben zu deren möglichen Ursachen und damit zum Tathergang. Die dokumentierten Tatsachen beruhen auf der Wahrnehmung des untersuchenden Arztes. § 256 Abs. 1 Satz 2 StPO erlaubt als Ausnahme vom Unmittelbarkeitsgrundsatz die Ersetzung der grundsätzlich zur Beweisführung gebotenen Zeugenvernehmung des Arztes durch die Verlesung des über seine Wahrnehmung angefertigten Attests. Fraglich ist hier allerdings, ob ein solches Attest hierzu besondere formelle Anforderungen erfüllen muss. Der als Ausnahme eng auszulegende § 256 Abs. 1 Nr. 2 StPO erlaubt außerdem nur die Verlesung ärztlicher Atteste über Körperverletzungen. Eine Beweiserhebung zum Zwecke des Nachweises der Ursache erlaubt § 256 StPO nicht.

Lösung:
1) Die fehlende eigenhändige Unterschrift unter das lediglich mit maschinenschriftlichen Namenszügen unterzeichnete ärztliche Attest hinderte dessen Verlesbarkeit nicht. Denn § 256 Abs. 1 Nr. 2 StPO verlangt keine besondere Form. Erforderlich ist lediglich, dass es sich um eine schriftliche Erklärung ärztlicher Herkunft handelt. Diesen Anforderungen genügt das mit dem Briefkopf des Klinikums. versehene Schreiben, in dem als für das Attest verantwortlicher Arzt neben dem Chefarzt des Klinikums der Zeuge R genannt ist. Dieser wurde auch polizeilich zu seinen Feststellungen bei der Untersuchung der Nebenklägerin vernommen und das Vernehmungsprotokoll wurde in der Hauptverhandlung gemäß § 251 Abs. 1 Nr. 1 StPO verlesen. Aus Form und inhaltlicher Gestaltung des Attests sowie aus dem Inhalt des Vernehmungsprotokolls ist klar erkennbar, dass die Bescheinigung das Ergebnis der ärztlichen Untersuchung der Nebenklägerin durch den Zeugen zusammenfasst und dieser sowie der Chefarzt der Klinik die Verantwortung für die getroffenen Feststellungen übernommen haben.
2) Allerdings durften die im Attest zusätzlich enthaltenen Ausführungen zu den Verletzungsursachen und damit zum Tathergang nicht nach § 256 Abs. 1 Nr. 2 StPO verlesen werden. Auf dem damit insoweit vorliegenden Verstoß gegen § 250 Satz 2 StPO beruht das Urteil jedoch nicht. Denn das Landgericht hat seine Überzeugung zu den verletzungsursächlichen Gewalttätigkeiten nicht auf das ärztliche Attest gestützt, sondern auf die Angaben der Nebenklägerin bei ihrer polizeilichen Vernehmung und auf diejenigen ihres Sohnes in der Hauptverhandlung.

Ergebnis:
Die Verlesung des ärztlichen Attests kann nicht mit Erfolg mit einer Verfahrensrüge angefochten werden.

Tipp:
§ 256 Abs. 1 Nr. 2 StPO ist häufig Gegenstand von Klausuren. Achten Sie auf den engen Anwendungsbereich des § 256 Abs. 1 Nr. 2 StPO als Ausnahme von § 250 StPO. Umstände, die der Arzt nicht in dieser Funktion oder ohne seine Sachkunde festgestellt hat (z.B. Zustand der Kleidung, Zeitpunkt der Behandlung oder Äußerungen des Verletzten) dürfen nicht nach § 256 in die Hauptverhandlung eingeführt werden. Das Attest darf auch nur zum Nachweis des Vorhandenseins, nicht aber der Ursache der Verletzung verlesen werden. Hierzu ist gemäß § 250 StPO ein Sachverständiger zu vernehmen, wenn kein anderer Ausnahmetatbestand eingreift.

Gericht, Az.:	Datum:	Fundstelle:
BGH, 3 StR 60/21	23.03.2021	NStZ 2021, 567 f.

Richtiges richterliches Unterrichten

Das Landgericht hat den Angeklagten der "Vergewaltigung in Tateinheit mit schwerem sexuellem Missbrauch eines Kindes, tatmehrheitlich des sexuellen Missbrauchs eines Kindes in Tateinheit mit einem sexuellen Übergriff in 2 Fällen, tatmehrheitlich des sexuellen Missbrauchs eines Kindes in einem weiteren Fall sowie tatmehrheitlich der sexuellen Nötigung" für schuldig befunden und ihn zu einer Gesamtfreiheitsstrafe von drei Jahren und sechs Monaten verurteilt.

Die Strafkammer beschloss in der Hauptverhandlung vor der Zeugenvernehmung eines geschädigten Kindes gemäß § 247 Satz 1 StPO die Entfernung des Angeklagten aus dem Sitzungssaal und ordnete zugleich an, dass die Vernehmung dieser Zeugin über eine Videoanlage in einen Nebenraum übertragen wurde, von dem aus der Angeklagte die Vernehmung audiovisuell verfolgen konnte. Im Rahmen der Vernehmung des Kindes wurde mit diesem eine Grundrisszeichnung der Wohnräume des Angeklagten erörtert; ferner wurde dem Kind ein Chatverkehr durch Verlesung vorgehalten. Nach der Vernehmung wurde der Angeklagte in den Sitzungssaal zurückgerufen und erklärte, dass er der Vernehmung von dem Nebenraum aus habe folgen können, allerdings Nachfragen an die Zeugin habe. Seinem Wunsch entsprechend wurde die Zeugin dann in seiner erneuten Abwesenheit ergänzend befragt; auch diese Befragung konnte der Angeklagte im Wege der Videoübertragung von dem Nebenraum aus verfolgen. Der Angeklagte wurde anschließend wiederum in den Sitzungssaal gerufen und gefragt, ob er noch weitere Fragen an die Zeugin habe, woraufhin er erklärte, dass er der Vernehmung habe folgen können und keine Nachfragen mehr habe. Daraufhin wurde die Zeugin entlassen. Dieser Geschehensablauf wiederholte sich am darauffolgenden Hauptverhandlungstag bei der Zeugenvernehmung eines weiteren geschädigten Kindes, wobei dieser Zeugin während ihrer Vernehmung neben der Grundrisszeichnung als weiterer Vernehmungsbehelf ein Foto vorgelegt wurde.

Der Angeklagte hat Revision eingelegt und macht geltend, mit dieser Vorgehensweise habe die Strafkammer sich verfahrensfehlerhaft verhalten. Zum einen sei er nach seiner Rückkehr in den Sitzungssaal nicht vom Vorsitzenden von dem wesentlichen Inhalt dessen unterrichtet worden, was während seiner Abwesenheit ausgesagt oder sonst verhandelt wurde. Die Videoübertragung habe den Bericht des Vorsitzenden nicht ersetzen können, weil die Unterrichtung nach dem eindeutigen Gesetzeswortlaut vorzunehmen sei, sobald der Angeklagte wieder anwesend ist, also erst nach seiner Rückkehr in den Sitzungssaal. Zum anderen hätte der Vorsitzende im Rahmen seiner Unterrichtung angesichts der den Zeuginnen als Vernehmungsbehelfe vorgelegten Unterlagen abklären müssen, ob der Angeklagte auch insofern die Vernehmungsinhalte vollständig erfassen konnte.

Wird die Revision mit diesen Rügen Erfolg haben können?

A. Zulässigkeit der Revision	**B. Begründetheit der Revision**
I. Statthaftigkeit II. Rechtsmittelbefugnis III. Beschwer IV. Form/Frist d. Einlegung V. Form/Frist d. Begründung VI. kein(e) Rücknahme/Verzicht	I. Prozessvoraussetzungen/-hindernisse II. **Verfahrensfehler** *(absolute/**relative**)* **- § 247 Satz 4 StPO - Unterrichtungspflicht** III. Sachrüge

Obersatz:
Es könnte ein anfechtbarer Verstoß des Gerichts gegen die Pflicht zur Unterrichtung nach § 247 Satz 4 StPO vorliegen.

Problem:
Die Unterrichtungspflicht gemäß § 247 Satz 4 StPO soll hier bereits aus zwei Gründen rechtsfehlerhaft gewesen sein. Zum einen soll eine rechtmäßige Unterrichtung unterblieben sein. Zum anderen wird die Art und Weise der Unterrichtung gerügt.

Lösung:
1) Nach vielfach vertretener Auffassung (zu aA vgl. Nachweis in BGH, NStZ 2021, 568) kann die Unterrichtung auch in Form einer Videosimultanübertragung der Vernehmung in einen Nebenraum erfolgen, in dem sich der Angeklagte aufhält. Einer weiteren Information des Angeklagten nach dessen Rückkehr in den Sitzungssaal durch einen Bericht des Vorsitzenden bedarf es dann nicht. Zum Teil wird eine solche Videoübertragung sogar als die regelmäßig rechtlich vorrangig gebotene Form der Unterrichtung angesehen (vgl. aaO).
Im vorliegenden Fall hat eine Unterrichtung durch den Vorsitzenden im Sinne des § 247 Satz 4 StPO im Anschluss an die Rückkehr des Angeklagten in den Sitzungssaal stattgefunden, so dass es nicht darauf ankommt, ob ungeachtet des Wortlauts von § 247 Satz 4 StPO schon die Videoübertragung als solche eine ausreichende Unterrichtung darstellt. Die Art und Weise der Unterrichtung ist im Rahmen der Verhandlungsleitung (§ 238 Abs. 1 StPO) vom Vorsitzenden zu bestimmen. Sie kann deshalb in der Gestalt erfolgen, dass der Vorsitzende den Angeklagten, sobald dieser wieder anwesend ist, fragt, ob er durch die Videoübertragung den Aussageinhalt habe erfassen und der Vernehmung auch im Übrigen habe folgen können. Teilt der Angeklagte daraufhin - wie hier geschehen - mit, dass er das Verhandlungsgeschehen audiovisuell habe wahrnehmen können, und macht er keine technischen Störungen oder Ausfälle bei der Übertragung geltend, ist dem Unterrichtungserfordernis Genüge getan.
2) Eine Verfahrensrüge mit der Angriffsrichtung, die Unterrichtung durch den Vorsitzenden sei unzureichend gewesen, weil dieser nicht mit dem Angeklagten gesondert erörtert habe, ob er der Vernehmung auch insoweit folgen konnte, als der Zeugin eine Grundrisszeichnung beziehungsweise ein Foto vorgelegt wurde, wäre hier letztlich unbegründet. Da der Angeklagte hiermit nicht das Unterlassen einer gesetzlich vorgeschriebenen Handlung, sondern die Art und Weise ihrer Vornahme durch den Vorsitzenden, also eine ermessensfehlerhafte Ausgestaltung der Unterrichtung, rügen würde, wäre eine Beanstandung der Art und Weise der Unterrichtung des Angeklagten durch den Vorsitzenden in der Hauptverhandlung nach § 238 Abs. 2 StPO erforderlich gewesen, was jedoch nicht erfolgte.

Ergebnis:
Die Revision wird mit den vom Angeklagten vorgebrachten Rügen keinen Erfolg haben können.

Tipp:
1) Wäre die Beanstandung nach § 238 Abs. 2 StPO erfolgt, aber in der Revisionsbegründung nicht vorgetragen worden, wäre die Verfahrensrüge unzulässig erhoben worden.
2) Achten Sie bei § 247 StPO auf das System. § 247 Satz 1 bis 3 StPO erlaubt ausnahmsweise ein Verhandeln in Abwesenheit des Angeklagten. Liegen die Voraussetzungen vor, entfällt ein Verfahrensverstoß gemäß § 230 Abs. 1 StPO. Daneben kann § 247 Satz 4 StPO verletzt werden, wenn die Unterrichtungspflicht missachtet wird.

Gericht, Az.:	Datum:	Fundstelle:
BGH, 4 StR 416/20	24.03.2021	NJW 2021, 1767 ff.

Belastende Helferrolle

Das Landgericht hat den Angeklagten wegen „vorsätzlichen Fahrens ohne Fahrerlaubnis in zwei Fällen, davon in einem Fall in Tateinheit mit Beihilfe zum versuchten Mord und zum unerlaubten Entfernen vom Unfallort" zu einer Gesamtfreiheitsstrafe von sieben Jahren verurteilt und die Verwaltungsbehörde angewiesen, ihm vor Ablauf von fünf Jahren keine Fahrerlaubnis zu erteilen. Soweit das Landgericht den Angeklagten wegen Beihilfe zum versuchten (Verdeckungs-)Mord durch Unterlassen in Tateinheit mit vorsätzlichem Fahren ohne Fahrerlaubnis und Beihilfe zum unerlaubten Entfernen vom Unfallort verurteilte, hat es eine doppelte Milderung des Strafrahmens des § 211 StGB gemäß § 27 Abs. 2 StGB und § 23 Abs. 2 StGB vorgenommen und bei der Strafrahmenbildung allein hierzu Ausführungen gemacht.

Der Angeklagte und der Mitangeklagte fuhren nach dem Besuch einer Gaststätte nachts mit ihren Fahrzeugen hintereinander auf einer außerorts gelegenen, schmalen Gemeindestraße. Beide standen unter Alkoholeinfluss und besaßen keine Fahrerlaubnis. Der Mitangeklagte fuhr mit einer den Straßenverhältnissen nicht angepassten Geschwindigkeit von mindestens 75 km/h voraus, während ihm der Angeklagte in einem Abstand von ca. 50 Meter folgte. An einer Kreuzung übersah der Mitangeklagte einen von rechts kommenden, vorfahrtsberechtigten Fahrradfahrer und erfasste ihn mit seinem Fahrzeug. Dieser erlitt durch den Zusammenstoß unter anderem einen Abriss der Hauptschlagader, was innerhalb von ein bis zwei Minuten zu seinem Tod führte. Der Mitangeklagte hatte das Risiko eines solchen Unfalls erkannt, aber darauf vertraut, dass es sich nicht realisieren werde. Der Angeklagte passierte die Unfallstelle etwa zwei Sekunden nach der Kollision und erkannte, dass der Mitangeklagte einen Fahrradfahrer erfasst hatte und dieser schwer verletzt sein musste. Dennoch setzte er die Fahrt fort, weil es ihm besser erschien, die Unfallstelle wegen seiner fehlenden Fahrerlaubnis und des Fahrens unter Alkoholeinfluss schnellstmöglich zu verlassen.

Der Mitangeklagte hielt sein Fahrzeug an, stieg aus und begab sich zur Unfallstelle. Dort sah er das Unfallopfer regungslos am Straßenrand liegen. Er hielt es für möglich, dass es noch lebte und gerettet werden konnte. Gleichwohl entschloss er sich, keine Rettungsmaßnahmen einzuleiten und zu flüchten. Zwar ging er davon aus, dass vom Unfallopfer keine Entdeckungsgefahr drohte; er befürchtete aber, beim Veranlassen von Rettungsmaßnahmen wegen fahrlässiger Körperverletzung, Fahrens ohne Fahrerlaubnis und Fahrens unter Alkoholeinfluss strafrechtlich zur Verantwortung gezogen zu werden. Ein Versterben des Unfallopfers infolge unterlassener Rettungsmaßnahmen nahm er billigend in Kauf. Dem Mitangeklagten gelang es jedoch nicht, mit seinem Fahrzeug wegzufahren. Deswegen rief er den Angeklagten an, der in der Zwischenzeit bei der Wohnung des Mitangeklagten angekommen war, und bat ihn, mit einem Abschleppseil zur Unfallstelle zurückzukehren.

Der Angeklagte kam dem nach. Ihm war klar, dass der Mitangeklagte keine Rettungsmaßnahmen einleiten wollte. Er beabsichtigte einerseits, dem Mitangeklagten zu helfen, die Spuren des Unfalls zu beseitigen und das Unfallopfer ohne Hilfe zurückzulassen, um den Mitangeklagten vor einer strafrechtlichen Verfolgung zu schützen. Andererseits hatte er ein eigenes Interesse an der Verdeckung des Unfalls, weil er Sorge hatte, dass der Mitangeklagte bei einer polizeilichen Vernehmung seine Anwesenheit beim Unfall verraten würde und er dann auch selbst mit einer strafrechtlichen Verfolgung und einem Widerruf einer Strafaussetzung zur Bewährung zu rechnen hätte. Er schleppte das Fahrzeug des Mitangeklagten ab und brachte ihn nach Hause. Das Unfallopfer ließen sie an der Kreuzung zurück. Dabei ging der Angeklagte ebenfalls davon aus, dass das Unfallopfer möglicherweise noch lebte und gerettet werden konnte, nahm aber dessen Versterben durch das Unterlassen von Rettungsmaßnahmen billigend in Kauf.

Der Angeklagte fühlt sich zu hoch bestraft und möchte gegen das Urteil vorgehen. Soll er?

A. Zulässigkeit der Revision	B. Begründetheit der Revision
I. Statthaftigkeit II. Rechtsmittelbefugnis III. Beschwer IV. Form/Frist d. Einlegung V. Form/Frist d. Begründung VI. kein(e) Rücknahme/Verzicht	I. Prozessvoraussetzungen/-hindernisse II. Verfahrensfehler (absolute/relative) III. **Sachrüge** **- Strafzumessung – § 28 Abs. 1 StGB; Garantenstellung Ingerenz**

Obersatz:
Es könnte ein anfechtbarer Verstoß vorliegen, indem das Landgericht neben der vorgenommenen doppelten Milderung des Strafrahmens des § 211 StGB gemäß § 27 Abs. 2 StGB und § 23 Abs. 2 StGB eine weitere Strafrahmenverschiebung nach § 28 Abs. 1 StGB i.V.m. § 49 Abs. 1 StGB nicht in Betracht gezogen und daher der Strafzumessung einen zu weiten Strafrahmen zugrunde gelegt hat.

Problem:
Eine Milderung nach § 28 Abs. 1 StGB ist zu gewähren, wenn besondere persönliche Merkmale (§ 14 Abs. 1 StGB) beim Teilnehmer fehlen, welche die Strafbarkeit des Täters begründen. Die Rechtsprechung unterscheidet zwischen täterbezogenen persönlichen Merkmalen, die als besondere persönliche Merkmale im Sinne des § 28 Abs. 1 StGB behandelt werden, und tatbezogenen persönlichen Merkmalen, auf welche § 28 Abs. 1 StGB keine Anwendung findet.

Lösung:
Eine Strafrahmenverschiebung nach § 28 Abs. 1 StGB ist angezeigt, weil der Angeklagte anders als der Mitangeklagte im Hinblick auf die Erfolgsabwendung keine Garantenstellung aus Ingerenz hatte und diese ein strafbarkeitsbegründendes besonderes persönliches Merkmal im Sinne von § 28 Abs. 1 StGB ist.
Der Bundesgerichtshof hat sich hierzu noch nicht tragend geäußert.
In der Literatur werden unterschiedliche Auffassungen vertreten. Nach einer Ansicht ist die die Handlungspflicht des Täters und seine Strafbarkeit wegen eines unechten Unterlassungsdelikts begründende Garantenstellung generell ein besonderes persönliches Merkmal im Sinne von § 28 Abs. 1 StGB, da sie den Täter und nicht den Gehilfen charakterisiere und eine besondere persönliche Verpflichtung des Täters zur Erfolgsabwendung sei. Die Gegenauffassung lehnt eine Anwendung des § 28 Abs. 1 StGB auf Garantenstellungen ab, da diese lediglich die Funktion hätten, positives Tun und Unterlassen bei der Zurechnung des tatbestandsmäßigen Erfolges gleichzustellen. Eine differenzierende Meinung hält jedenfalls die Garantenstellung aus Ingerenz für kein besonderes persönliches Merkmal, da sie von der Person des Handelnden losgelöst sei, die Handlungspflicht an ein pflichtwidriges Vorverhalten anknüpfe und erst kurz vor der Tat durch situative – also tatbezogene – Umstände entstehe.
Der 4. Strafsenat beim BGH erachtet die Garantenstellung aus Ingerenz nun als strafbarkeitsbegründendes besonderes persönliches Merkmal im Sinne von § 28 Abs. 1 StGB. Ein Garant aus Ingerenz sei aufgrund seines pflichtwidrigen Vorverhaltens, das die nahe Gefahr des tatbestandsmäßigen Erfolgs verursacht habe, zur Erfolgsabwendung verpflichtet. Diese Verpflichtung sei eine Sonderpflicht mit starkem persönlichen Einschlag. Sie richte sich nicht an jedermann, sondern nur an denjenigen, der sich vor der Tat pflichtwidrig verhalten und die Gefahr geschaffen habe. Nur der Garant trage persönlich die Verantwortung für die Abwendung des tatbestandsmäßigen Erfolges. Die Garantenstellung sei ausschließlich in seiner Person verankert und kennzeichne damit die Persönlichkeit des Unterlassungstäters. Das unterscheide sie maßgeblich von der im Straftatbestand der unterlassenen Hilfeleistung gemäß § 323c Abs. 1 StGB normierten Hilfspflicht, die für jedermann bestehe.

Antrag:
Auf die Revision des Angeklagten wird das Urteil des Landgerichts ... im Ausspruch über die Einzelstrafe, soweit er wegen Beihilfe zum versuchten Mord in Tateinheit mit vorsätzlichem Fahren ohne Fahrerlaubnis und Beihilfe zum unerlaubten Entfernen vom Unfallort verurteilt worden ist, und im Gesamtstrafenausspruch aufgehoben. Im Umfang der Aufhebung wird die Sache zu neuer Verhandlung und Entscheidung, auch über die Kosten des Rechtsmittels, an eine andere Strafkammer des Landgerichts zurückverwiesen.

Gericht, Az.:	Datum:	Fundstelle:
BGH, 5 StR 14/21	13.04.2021	NStZ-RR 2021, 217 f.

Es ist noch nicht vorbei!

Das Landgericht hat den Angeklagten wegen Totschlags in zwei Fällen zu einer Gesamtfreiheitsstrafe von zwölf Jahren verurteilt. Dem lag folgendes Verfahrensgeschehen zugrunde:

Die Taten waren am 30. Juli 1995 beendet. Am 11. August 1995 ist ein Haftbefehl und am 14. September 1995 ein Durchsuchungsbeschluss erlassen worden. Weitere Maßnahmen erfolgten bis September 2019 nicht, bis man Kenntnis vom Aufenthalt des bis dahin in Tschechien unter Alias-Personalien lebenden Angeklagten erlangte. Bis dahin hatte die Staatsanwaltschaft verschiedene Sachverständige mit Untersuchungen beauftragt und anschließend das Verfahren entsprechend § 205 StPO eingestellt sowie fortlaufend verschiedene Anordnungen zur Verlängerung der Ausschreibung des Angeklagten zur Festnahme getroffen.

Die Staatsanwaltschaft hat nach der Entdeckung und Festnahme des Angeklagten im September 2019 die Taten als zweifachen Mord angeklagt. Das Schwurgericht hatte die Anklage entsprechend zugelassen und das Hauptverfahren eröffnet.

Den Urteilsgründen ist zu entnehmen, dass das Landgericht nach den Erkenntnissen aufgrund der durchgeführten Beweisaufnahme hinsichtlich des Vorliegens von Mordmerkmalen Zweifel hatte.

Die Staatsanwaltschaft hat hiergegen Revision eingelegt, die aber erfolglos bleibt, weil die Entscheidung insoweit auf einer rechtsfehlerfreien Beweiswürdigung beruht.

Der Angeklagte hat das Urteil ebenfalls mit der Revision angegriffen und möchte, dass Sie diese begründen. Er ist der Ansicht, dass die Sache für eine Verurteilung doch schon viel zu alt sei.

Wie werden Sie sein Rechtsmittel begründen?

A. Zulässigkeit der Revision	B. Begründetheit der Revision
I. Statthaftigkeit	I. **Prozess**voraussetzungen/-**hindernisse**
II. Rechtsmittelbefugnis	**- Verfolgungsverjährung & Zweifel an der Schuld**
III. Beschwer	
IV. Form/Frist d. Einlegung	II. Verfahrensfehler (absolute/relative)
V. Form/Frist d. Begründung	
VI. kein(e) Rücknahme/Verzicht	III. Sachrüge

Obersatz:
Es könnte ein anfechtbarer Verstoß vorliegen, weil das Gericht verkannt hat, dass dem Sachurteil mit der Verfolgungsverjährung ein Verfahrenshindernis entgegenstand.

Problem:
Fraglich ist jedoch, wie mit einer solchen Konstellation umzugehen ist, in der für die gleiche Handlung eine Strafbarkeit wegen unterschiedlicher Delikte (Mord und Totschlag) in Betracht kommt, aber eine Verurteilung für beide – allerdings aus unterschiedlichen Gründen – nicht erfolgen kann (§ 211 StGB: Zweifel bzgl. Mordmerkmalen; § 212 StGB: Verfolgungsverjährung).

Lösung:
1) Hinsichtlich der abgeurteilten Totschlagstaten ist Strafverfolgungsverjährung eingetreten. Die Verjährungsfrist hierfür beträgt gemäß § 78 Abs. 3 Nr. 2 StGB 20 Jahre. Die Verjährung begann mit Tatbeendigung am 30. Juli 1995. Durch Erlass des Haftbefehls vom 11. August 1995 und eines Durchsuchungsbeschlusses am 14. September 1995 wurde die Verjährung zwar unterbrochen. Seitdem wurden aber bis September 2019 (Kenntnis vom Aufenthalt des bis dahin in Tschechien unter Alias-Personalien lebenden Angeklagten) keine weiteren verjährungsunterbrechenden Maßnahmen mehr getroffen. Weder die lediglich von der Staatsanwaltschaft vorgenommene Einstellung des Verfahrens entsprechend § 205 StPO noch verschiedene Anordnungen zur Verlängerung der Ausschreibung zur Festnahme konnten die Verjährung unterbrechen, weil § 78c Abs. 1 Satz 1 Nr. 10 StGB die – hier nicht erfolgte – Erhebung der öffentlichen Klage voraussetzt und deshalb nur gerichtliche Einstellungen erfasst. Mangels vorheriger Vernehmung oder Bekanntgabe der Einleitung eines Ermittlungsverfahrens konnten auch verschiedene Sachverständigenbeauftragungen durch die Staatsanwaltschaft die Verjährung nicht nach § 78c Abs. 1 Satz 1 Nr. 3 StGB unterbrechen.
2) Rechtsfolge ist in dieser Konstellation nicht die Einstellung des Verfahrens wegen eines nicht behebbaren Verfahrenshindernisses, sondern der Freispruch des Angeklagten, weil der angeklagte schwerer wiegende Tatvorwurf des (unverjährten) Mordes nicht erweislich ist. Kann bei tateinheitlichem oder sonst rechtlichem Zusammentreffen eines schwereren und eines leichteren Tatvorwurfs der schwerere nicht nachgewiesen werden und ist der leichtere wegen Vorliegens eines unbehebbaren Verfahrenshindernisses nicht mehr verfolgbar, so hat die Sachentscheidung Vorrang vor der Verfahrensentscheidung, weil der schwerer wiegende Vorwurf den Urteilsausspruch bestimmt.
3) Diesen Freispruch wird das Revisionsgericht § 354 Abs. 1 StPO selbst vornehmen.

Antrag:
1. Auf die Revision des Angeklagten wird das Urteil des Landgerichts … aufgehoben. Der Angeklagte wird freigesprochen.
2. Die Kosten des Verfahrens und die dem Angeklagten entstandenen notwendigen Auslagen werden der Staatskasse auferlegt.

Tipp:
In der Regel sind Entschädigungsentscheidungen nach dem Bearbeitervermerk von der Bearbeitung ausgenommen. Ansonsten wäre eine entsprechende Entscheidung des Revisionsgerichts hier zu beantragen gewesen. Dem Revisionsgericht obliegt nach § 8 Abs. 1 StrEG auch die Entscheidung über Entschädigungsleistungen, weil es die verfahrensbeendende Entscheidung trifft und keine weiteren Feststellungen hierzu mehr erforderlich sind.

Gericht, Az.:	Datum:	Fundstelle:
BGH, 5 StR 29/21	13.04.2021	NStZ 2021, 512

Keine Regel ohne Ausnahme

Der Angeklagte ist durch Urteil des Landgerichts wegen erpresserischen Menschenraubs und Freiheitsberaubung zu einer Gesamtfreiheitsstrafe verurteilt worden. Außerdem wurden auch seine Mitangeklagten verurteilt.

Ein nur kurzer Fortsetzungstermin fand gemäß § 231 Abs. 2 StPO ohne den Angeklagten statt. In dem Fortsetzungstermin wurden nur die Vorstrafen der Mitangeklagten erörtert. An den zugrundeliegenden Vortaten war der Angeklagte nicht beteiligt gewesen.

Der Angeklagte hat Revision eingelegt und neben einer allgemeinen Sachrüge die Verhandlung in seiner Abwesenheit beanstandet. Die Voraussetzungen hätten nicht vorgelegen.

Er bringt in der Revisionsbegründungsschrift seines Verteidigers vor, er habe in seiner Ladung zur Hauptverhandlung „keine Erinnerung an eine Belehrung über die Folgen seines Ausbleibens“ erhalten. Er habe „diese mindestens nicht zur Kenntnis genommen“. An anderer Stelle trägt er vor, er sei in dieser schriftlichen Ladung nicht auf die Möglichkeit der Verhandlung in Abwesenheit hingewiesen worden.

Nachdem der Generalbundesanwalt beantragt hat, die Revision des Angeklagten als offensichtlich unbegründet zu verwerfen, ist der Angeklagte verunsichert und hätte gerne Ihre Einschätzung zu den Erfolgsaussichten seines Rechtsmittels gehört. Wenn die Voraussetzungen von § 231 Abs. 2 StPO nicht vorlagen, wovon Sie ausgehen sollen, müsste die Revision doch auf jeden Fall begründet sein. Seiner Sachrüge räumt er selbst keine Erfolgschance ein.

A. Zulässigkeit der Revision	*B. Begründetheit der Revision*
I. Statthaftigkeit *II. Rechtsmittelbefugnis* *III. Beschwer* *IV. Form/Frist d. Einlegung* *V. Form/Frist d. Begründung* *VI. kein(e) Rücknahme/Verzicht*	*I. Prozessvoraussetzungen/-hindernisse* *II.* ***Verfahrensfehler*** *(**absolute**/relative)* ***- §§ 230 Abs. 1, 231 Abs. 2, 338 Nr. 5 StPO*** *III. Sachrüge*

Obersatz:
Es könnte ein anfechtbarer Verstoß gegen §§ 230 Abs. 1, 231 Abs. 2 StPO vorliegen, indem das Gericht beim Fortsetzungstermin ohne den Angeklagten verhandelt hat.

Problem:
Der Angeklagte beanstandet einen Verfahrensfehler. Nach § 344 Abs. 2 Satz 2 StPO müssen Verfahrensrügen in bestimmter Form erhoben und durch Angabe der den vorgeblichen Mangel enthaltenden Tatsachen begründet werden. Das Vorliegen eines Verfahrensmangels muss bestimmt behauptet werden, sodass Vermutungen oder bloße Zweifel an der Ordnungsgemäßheit des Verfahrens nicht ausreichen. Das Vorbringen darf auch nicht widersprüchlich sein.

Lösung:
1) Die Verfahrensrüge ist bereits unzulässig, da der Vortrag des Angeklagten den vorgenannten Anforderungen nicht gerecht wird, soweit es um die Frage geht, ob er in der Ladung auf die Möglichkeit einer Abwesenheitsverhandlung hingewiesen worden ist (vgl. § 231 Abs. 2 StPO). Er bringt einerseits vor, er habe hinsichtlich seiner Ladung zur Hauptverhandlung „keine Erinnerung an eine Belehrung über die Folgen seines Ausbleibens“ und habe „diese mindestens nicht zur Kenntnis genommen“. An anderer Stelle trägt er vor, er sei in dieser schriftlichen Ladung nicht auf die Möglichkeit der Verhandlung in Abwesenheit hingewiesen worden. Angesichts dieses teils widersprüchlichen, teils unbestimmten Vortrages kann das Revisionsgericht nicht allein anhand der Revisionsrechtfertigung prüfen, ob ein Verfahrensfehler vorlag, wenn die behaupteten Tatsachen erwiesen wären.
2) Die Rüge wäre selbst bei Vorliegen des behaupteten Rechtsfehlers auch unbegründet. Ein Beruhen des Urteils auf einem etwaigen Verstoß zum Nachteil des Angeklagten wäre hier entgegen der gesetzlichen Vermutung des § 338 Nr. 5 StPO denkgesetzlich ausgeschlossen, da in dem die Abwesenheit des Beschwerdeführers betreffenden kurzen Fortsetzungstermin lediglich die – für seine Verurteilung nicht weiter relevanten – Vorstrafen der Mitangeklagten erörtert worden sind.

Entscheidung:
Die Revision des Angeklagten gegen das Urteil des Landgerichts ... wird auf seine Kosten (§ 473 Abs. 1 S. 1 StPO) als unbegründet verworfen, da die Nachprüfung des Urteils auf Grund der Revisionsrechtfertigungen keinen Rechtsfehler zum Nachteil des Angeklagten ergeben hat.

Tipp:
1) In einigen Examensklausuren mussten bereits eingelegte und begründete Verfahrensrügen geprüft werden. Bitte beachten Sie dabei, dass die einzelnen Verfahrensrügen dabei auf ihre Zulässigkeit und Begründetheit geprüft werden müssen. Insbesondere an die formellen Anforderungen gemäß § 344 Abs. 2 Satz 2 StPO sind dabei hohe Anforderungen zu stellen. Die Überprüfung muss allein anhand der Revisionsrechtfertigung möglich sein. Ist auch eine Sachrüge erhoben, können ergänzend auch die Feststellungen des Urteils herangezogen werden.
2) Außerdem ist der Fall ein seltenes Beispiel für das Nichteingreifen der gesetzlichen Vermutung des § 338 StPO (vgl. hierzu auch KK-StPO/*Gericke*, 8. Aufl., § 338 Rn. 5).

Gericht, Az.:	Datum:	Fundstelle:
BGH, 3 StR 343/20	20.04.2021	NStZ-RR 2021, 207

Schlüsseldienst im Knast

Das Landgericht hat den Angeklagten S wegen banden- und gewerbsmäßigen Betruges in zwei Fällen zu einer Gesamtfreiheitsstrafe von vier Jahren, den Angeklagten O wegen banden- und gewerbsmäßigen Betruges in zwölf Fällen sowie Beihilfe zum banden- und gewerbsmäßigen Betrug in vier Fällen zu einer Gesamtfreiheitsstrafe von drei Jahren und sechs Monaten, den Angeklagten K wegen banden- und gewerbsmäßigen Betruges in 14 Fällen sowie Beihilfe zur Kennzeichenverletzung zu einer Gesamtfreiheitsstrafe von drei Jahren und sechs Monaten sowie den Angeklagten M wegen banden- und gewerbsmäßigen Betruges in 33 Fällen zu einer Gesamtfreiheitsstrafe von drei Jahren verurteilt.

Nach den vom Landgericht getroffenen Feststellungen schlossen sich die Angeklagten mit weiteren gesondert Verfolgten zusammen, um im Einzelnen noch ungewisse betrügerische Schlüsseldienstleistungen zu erbringen und sich dadurch eine fortlaufende Einnahmequelle zu verschaffen. Der Angeklagte S organisierte die Taten, indem er über seine Internetseite und ein Call-Center mit wahrheitswidrigen Angaben Kunden akquirierte. Deren Aufträge leitete er jeweils an die einzelnen von ihm "angelernten" Mitangeklagten O, K und M weiter, die als Monteure die Kunden vor Ort aufsuchten. S teilte auch deren Zuständigkeitsbereiche ein und koordinierte ihr Vorgehen mit konkreten Handlungsanweisungen. Gegenüber den Kunden traten die Angeklagten unter falschen Personalien auf und veranlassten diese mit wahrheitswidrigen Behauptungen zur Zahlung massiv überhöhter Preise für unsachgemäße bzw. nicht erforderliche Arbeiten. Die Rechnungen wurden auf Scheinfirmen ausgestellt, um Reklamationen zu vereiteln. S suchte lediglich in einem Fall selbst den Kunden auf. Er rechnete wöchentlich mit den Mitangeklagten ab und erhielt 65 % ihrer Bruttoeinnahmen, von denen er wiederum 50 % an den übergeordneten "Chef" der Bande weiterleitete.

In vier Fällen (A.III. Nr. 12., 13., 68. und 116. der Urteilsgründe) leitete der Angeklagte O die Aufträge unentgeltlich an den Mitangeklagten K weiter, der sodann die Kunden aufsuchte und sie durch Täuschung zu irrtumsbedingten Zahlungen nicht geschuldeter Entlohnungen veranlasste.

Das Landgericht hat den geständigen Angeklagten O in den Fällen A.III. Nr. 12., 13., 68. und 116. der Urteilsgründe wegen Beihilfe zum banden- und gewerbsmäßigen Betrug verurteilt. Insoweit hat es den Strafrahmen dreimal gemildert und zwar aufgrund geleisteter Aufklärungshilfe nach § 46b Abs. 1 Nr. 1, § 49 Abs. 1 StGB sowie nach §§ 27, 49 Abs. 1 StGB und nochmals nach § 28 Abs. 1, § 49 Abs. 1 StGB, weil es die Gewerbsmäßigkeit als strafbegründendes Merkmal gewertet hat. Bei der konkreten Strafzumessung hat es schließlich den Umstand der unentgeltlichen Weitergabe der Aufträge erneut zugunsten des Angeklagten O berücksichtigt und jeweils Einzelstrafen von sieben Monaten Freiheitsstrafe verhängt.

Der Angeklagte O hat einen Tipp erhalten und glaubt nun an eine Anfechtungsmöglichkeit des Urteils. Wie wird seine mit der allgemeinen Sachrüge begründete Revision ausgehen?

A. Zulässigkeit der Revision	B. Begründetheit der Revision
I. Statthaftigkeit II. Rechtsmittelbefugnis III. Beschwer IV. Form/Frist d. Einlegung V. Form/Frist d. Begründung VI. kein(e) Rücknahme/Verzicht	I. Prozessvoraussetzungen/-hindernisse II. Verfahrensfehler (absolute/relative) **III. Sachrüge & Zweckmäßigkeit der Revision - Strafzumessung (§§ 263 Abs. 3, Abs. 5, 28 Abs. 2 StGB)**

Obersatz:
Es könnte ein anfechtbarer Verstoß gegen § 28 Abs. 2 StPO in zweifacher Hinsicht vorliegen, indem das Gericht seine Bedeutung hinsichtlich O sowohl bei der Anwendung von § 263 Abs. 5 StGB als auch bei der vorgenommenen Strafrahmenverschiebung gemäß §§ 28 Abs. 1, 49 Abs. 1 StGB verkannt hat.

Problem:
Es stellt sich einmal die Frage, ob die Gewerbsmäßigkeit ein besonderes persönliches Merkmal ist. Ferner ist bei Bejahung die Frage zu klären, ob es für O im Falle des Betruges strafbegründend (§ 28 Abs. 1 StGB) oder strafschärfend (§ 28 Abs. 2 StGB) war.

Lösung:
1) Die Annahme des Landgerichts, der Angeklagte O habe in den letztgenannten Fällen A.III. Nr. 12., 13., 68. und 116. der Urteilsgründe eine Beihilfe zum banden- und gewerbsmäßigen Betrug geleistet, ist bezüglich der Gewerbsmäßigkeit durchgreifend rechtsfehlerhaft. Diese setzt stets ein eigennütziges Handeln voraus und damit einen vom Täter erstrebten Vermögenszufluss an sich selbst. Sie ist ein besonderes persönliches Merkmal im Sinne des § 28 Abs. 2 StGB. Deshalb kann der Gehilfe nur dann nach § 263 Abs. 5, § 27 StGB verurteilt werden, wenn er selbst gewerbsmäßig handelte. Da der Angeklagte O in den vorgenannten Fällen jedoch keinen eigenen Vorteil erlangte oder anstrebte, liegt jeweils nur eine Beihilfe zum Betrug unter Erfüllung des Regelbeispiels des § 263 Abs. 3 Satz 2 Nr. 1 Alt. 2 StGB vor.
2) Das Revisionsgericht kann den Schuldspruch entsprechend § 354 Abs. 1 StPO abändern. § 265 StPO steht nicht entgegen, weil sich der geständige Angeklagte O nicht wirksamer als geschehen hätte verteidigen können.
3) Der Strafausspruch kann bestehen bleiben. Das Landgericht hat den – hinsichtlich der Obergrenze mit § 263 Abs. 3 StGB identischen – Strafrahmen des § 263 Abs. 5 StGB aufgrund geleisteter Aufklärungshilfe nach §§ 46b Abs. 1 Nr. 1, 49 Abs. 1 StGB sowie nach §§ 27, 49 Abs. 1 StGB und nochmals nach §§ 28 Abs. 1, 49 Abs. 1 StGB gemildert. Die letztgenannte Strafrahmenverschiebung war rechtsfehlerhaft, weil das Landgericht die Gewerbsmäßigkeit als strafbegründendes Merkmal gewertet hat, obwohl es sich um ein strafschärfendes besonderes persönliches Merkmal gemäß § 28 Abs. 2 StGB handelt. Dieser Fehler wirkte sich aber nicht zum Nachteil des Angeklagten aus. Er führte dazu, dass das Mindeststrafmaß gemäß § 263 Abs. 5 StGB von einem Jahr Freiheitsstrafe unter das eigentlich anzuwendende sechsmonatige Mindestmaß gemäß § 263 Abs. 3 StGB herabgemildert wurde (§§ 28 Abs. 1, 49 Abs. 1 Nr. 3 StGB)
Bei der konkreten Strafzumessung hat das Landgericht schließlich den Umstand der unentgeltlichen Weitergabe der Aufträge erneut zugunsten des Angeklagten berücksichtigt und jeweils Einzelstrafen von sieben Monaten Freiheitsstrafe verhängt. Es ist daher auszuschließen, dass die Strafkammer bei zutreffender rechtlicher Bewertung unter Anwendung der einschlägigen Sanktionsnormen auf noch niedrigere Strafen erkannt hätte.
4) Angesichts des geringen Erfolges der Revision des Angeklagten O (Änderung des Schuldspruchs in vier Fällen) wird es nicht unbillig sein, ihn mit den gesamten Kosten seines Rechtsmittels zu belasten (§ 473 Abs. 4 StPO).
Achtung: Im Gutachten wären die Punkte 2) bis 4) in der Zweckmäßigkeit der Revision anzusprechen.

Ergebnis:
Auf die Revision des Angeklagten O wird das Urteil des Landgerichts … auf seine Kosten (§ 473 Abs. 1 S. 1, Abs. 4 StPO) im Schuldspruch dahin geändert, dass dieser des banden- und gewerbsmäßigen Betruges in zwölf Fällen sowie der Beihilfe zum Betrug in vier Fällen schuldig ist. Seine weitergehende Revision wird verworfen.

Gericht, Az.:	Datum:	Fundstelle:
BGH, 6 StR 102/21	21.04.2021	NStZ 2021, 217

Besser richtig als mehr

Das Landgericht hat den Angeklagten A wegen Raubes in Tateinheit mit gefährlicher Körperverletzung (Fall 1) und wegen gefährlicher Körperverletzung in zwei Fällen (Fälle 3 und 4) zu einer Jugendstrafe von zwei Jahren und sechs Monaten verurteilt. Gegen den nicht revidierenden Mitangeklagten B hat es wegen Raubes in Tateinheit mit gefährlicher Körperverletzung (Fall 1) sowie wegen gefährlicher Körperverletzung (Fall 4) unter Einbeziehung eines Urteils vom 10. Oktober 2019 auf eine Jugendstrafe von einem Jahr und sechs Monaten erkannt und deren Vollstreckung zur Bewährung ausgesetzt. Den ebenfalls nicht revidierenden Mitangeklagten C hat es wegen Raubes in Tateinheit mit gefährlicher Körperverletzung (Fall 1), wegen gefährlicher Körperverletzung (Fall 4) und wegen versuchter gefährlicher Körperverletzung (Fall 2) zu einer Gesamtfreiheitsstrafe von vier Jahren verurteilt.

Der Verurteilung lagen drei Anklagen zugrunde. Zunächst war nur die Anklage der Staatsanwaltschaft vom 26. Juni 2020 erhoben, ordnungsgemäß eröffnet und zur Hauptverhandlung zugelassen worden. Nachfolgend gingen die beiden weiteren Anklagen ein und wurden zu dem bereits vorhandenen Verfahren hinzuverbunden. Über die Eröffnung des Verfahrens betreffend die Anklagen der Staatsanwaltschaft vom 12. und 13. Oktober 2020 hat die Jugendkammer im Termin zur Hauptverhandlung am 27. Oktober 2020 in der Besetzung mit zwei Berufsrichtern und zwei Schöffen entschieden.

Die Inhalte der Anklageschriften sind vollständig abgeurteilt worden. Die Fälle 1 und 2 waren Gegenstand der Anklage vom 26. Juni 2020. Fall 3 lag der Anklage vom 12. Oktober 2020 zugrunde. Fall 4 ist unter dem 13. Oktober 2020 zur Anklage gebracht worden.

Der Angeklagte A hat Revision eingelegt und diese mit der Sachrüge begründet. Wie wird das Revisionsgericht entscheiden und warum wird es diese Entscheidung treffen?

A. Zulässigkeit der Revision	B. Begründetheit der Revision
I. Statthaftigkeit II. Rechtsmittelbefugnis III. Beschwer IV. Form/Frist d. Einlegung V. Form/Frist d. Begründung VI. kein(e) Rücknahme/Verzicht	I. **Prozessvoraussetzungen**/-hindernisse **- wirksamer Eröffnungsbeschluss (Besetzungsfehler)** II. Verfahrensfehler (absolute/relative) III. Sachrüge

Obersatz:

Fraglich ist, ob hier ein wirksamer Eröffnungsbeschluss vorliegt, da er möglicherweise entgegen § 199 Abs. 1 StPO i. V. m. § 76 Abs. 1 Satz 2 GVG, § 33b Abs. 1 und 7, § 33a Abs. 2 JGG nicht in der vorschriftsgemäßen Besetzung ergangen ist.

Problem:

Ein wirksamer Eröffnungsbeschluss ist als Prozessvoraussetzung eine Sachurteilsvoraussetzung. Folglich darf eine Sachentscheidung nur ergehen, soweit ein Eröffnungsbeschluss wirksam ergangen ist.

Lösung:

Das Verfahren ist gemäß § 206a Abs. 1 StPO teilweise einzustellen, weil es hinsichtlich der mit der Anklageschrift vom 12. Oktober 2020 gegen den Angeklagten A und der mit Anklageschrift vom 13. Oktober 2020 gegen den Angeklagten A und die beiden nicht revidierenden Mitangeklagten erhobenen Vorwürfe (Fälle 3 und 4) an der Verfahrensvoraussetzung eines wirksamen Eröffnungsbeschlusses fehlt.
Nach der Rechtsprechung des Bundesgerichtshofs ist die Entscheidung über die Eröffnung des Hauptverfahrens und die Zulassung der Anklage, auch wenn sie in bereits laufender Hauptverhandlung vorgenommen wird, von der großen Straf- oder Jugendkammer stets in der Besetzung außerhalb der Hauptverhandlung, mithin mit drei Berufsrichtern unter Ausschluss der Schöffen zu treffen (§ 199 Abs. 1 StPO i. V. m. § 76 Abs. 1 Satz 2 GVG, § 33b Abs. 1 und 7, § 33a Abs. 2 JGG). Ergeht die Entscheidung nicht in der gesetzlich vorgeschriebenen Besetzung, ist sie unwirksam, was ein im selben Verfahren nicht mehr behebbares Verfahrenshindernis zu Folge hat und deshalb zur Einstellung des Verfahrens nach § 206a Abs. 1 StPO führt, soweit es von diesem Mangel betroffen ist. Die in der Anklageschrift vom 26. Juni 2020 enthaltenen Fälle 1 und 2 sind von dem Rechtsfehler nicht betroffen.
Das Verfahrenshindernis erfasst nach § 357 StPO die Verurteilung der beiden Nichtrevidenten. Hinsichtlich des Mitangeklagten C gilt dies jedoch nicht in Bezug auf die lediglich mit abgeurteilte Einzeltat (Fall 2). Einer Aufhebung des angefochtenen Urteils, das mit der Einstellung gegenstandslos wird, bedarf es nicht.

Antrag:

Auf die Revision des Angeklagten A gegen das Urteil des Landgerichts … wird

a) das Verfahren den Angeklagten A betreffend hinsichtlich des Vorwurfs aus der Anklageschrift vom 12. Oktober 2020 und – auch soweit es die nicht revidierenden Mitangeklagten B und C betrifft – hinsichtlich des Vorwurfs aus der Anklageschrift vom 13. Oktober 2020 eingestellt; im Umfang der Einstellung fallen die Kosten des Verfahrens und die notwendigen Auslagen der Angeklagten der Staatskasse zur Last;
b) das Urteil in den Schuldsprüchen dahin geändert, dass die Angeklagten jeweils des Raubes in Tateinheit mit gefährlicher Körperverletzung schuldig sind, der Angeklagte C darüber hinaus der versuchten gefährlichen Körperverletzung und
c) im Gesamtstrafausspruch hinsichtlich der Angeklagten A, B und C aufgehoben; die zugehörigen Feststellungen bleiben bestehen.

Im Umfang der Aufhebung wird die Sache zu neuer Verhandlung und Entscheidung, auch über die verbleibenden Kosten des Revisionsverfahrens, an eine andere Jugendkammer des Landgerichts zurückverwiesen.

Tipp:

Bei diesem Fall ist es nicht entscheidend, dass Sie den Tenor formulieren können. Wichtig ist aber, dass Sie dessen Grundlage verstehen und in der Klausur entsprechend wiedergeben können.

Gericht, Az.:	Datum:	Fundstelle:
BGH, 2 StR 1/21	27.04.2021	NStZ-RR 2021, 254 f.

Alles verstanden?

Das Landgericht hat den Angeklagten wegen Betruges in fünf Fällen zu einer Gesamtfreiheitsstrafe von fünf Jahren und drei Monaten verurteilt sowie eine Einziehungsentscheidung getroffen. Die Überzeugung der Strafkammer zu allen Fällen fußt ausweislich der Urteilsgründe insbesondere auf dem umfassenden Geständnis des Angeklagten. Ausweislich des Protokolls der Hauptverhandlung liegt dem folgendes Verfahrensgeschehen zugrunde:

Zu Beginn der Hauptverhandlung am 14. Mai 2020 stellte der Vorsitzende fest, dass Erörterungen, deren Gegenstand die Möglichkeit einer Verständigung gewesen waren, nicht stattgefunden hätten. Nach ordnungsgemäßer Belehrung des Angeklagten regte einer seiner Verteidiger ein Rechtsgespräch an, ein anderer Verteidiger beantragte die Aussetzung des Verfahrens. Nach einer Äußerung des Vorsitzenden wurde ein Einverständnis dahingehend erzielt, die Hauptverhandlung bis zum 25. Mai 2020 zu unterbrechen.

Im Fortsetzungstermin gab der Vorsitzende bekannt, dass außerhalb der Hauptverhandlung Gespräche stattgefunden hätten, in denen die Möglichkeit einer Verständigung erörtert worden sei. Das Gericht unterbreitete sodann einen näher dargestellten Verständigungsvorschlag, dem der Verteidiger des Angeklagten im Namen des Angeklagten sowie der Staatsanwalt zustimmten. Der Angeklagte wurde daraufhin gemäß § 257c Abs. 4 und 5 StPO belehrt. Der Verteidiger des Angeklagten gab für diesen eine Erklärung zur Sache ab, deren Richtigkeit der Angeklagte bestätigte. Ergänzende Fragen wurden nicht beantwortet.

Ausweislich korrespondierender dienstlicher Stellungnahmen des Sitzungsvertreters der Staatsanwaltschaft und des Vorsitzenden soll das Protokoll an dieser Stelle unrichtig sein: Der Angeklagte sei vom Vorsitzenden darauf hingewiesen worden, dass er vorschnell seine Zustimmung erklärt hätte, woraufhin der Vorsitzende ihn zunächst ordnungsgemäß belehrt habe. Daraufhin hätte der Angeklagte erneut seine Zustimmung zum Verständigungsvorschlag erklärt.

Die Protokollführerin konnte sich nicht an den Ablauf der fraglichen Hauptverhandlung erinnern, sodass es nicht zu einer entsprechenden Protokollberichtigung kam.

Am dritten Hauptverhandlungstag wurde die Verhandlung mit der weiteren Beweisaufnahme fortgesetzt. Außerdem machte der Angeklagte Angaben zu seinem Lebenslauf.

Mit dem Ergebnis ist der Angeklagte nun aber doch nicht zufrieden und möchte das Urteil anfechten. Würden Sie ihm dazu raten?

A. Zulässigkeit der Revision	B. Begründetheit der Revision
I. Statthaftigkeit II. Rechtsmittelbefugnis III. Beschwer IV. Form/Frist d. Einlegung V. Form/Frist d. Begründung VI. kein(e) Rücknahme/Verzicht	I. Prozessvoraussetzungen/-hindernisse II. **Verfahrensfehler** (absolute/**relative**) **- § 257c Abs. 5 StPO (fehlerhafte Belehrung)** III. Sachrüge

Obersatz:
Es könnte ein anfechtbarer Verstoß gegen § 257c Abs. 5 StPO vorliegen, indem der Angeklagte fehlerhaft erst im Anschluss an seine Zustimmung über die eingeschränkte Bindung des Gerichts an die Verständigung belehrt wurde.

Problem:
Gemäß § 257c Abs. 5 StPO ist der Angeklagte vor der Verständigung darüber zu belehren, dass unter den Voraussetzungen gemäß Absatz 4 die Bindungswirkung der Verständigung entfallen kann und welche Folgen dies hat.

Lösung:
1) Der Verfahrensfehler ist nach dem unterzeichneten Protokoll ohne Berücksichtigung der Stellungnahmen des Vorsitzenden und des Sitzungsvertreters der Staatsanwaltschaft zu beurteilen, da es zu keiner Protokollberichtigung kam. Die dienstliche Erklärung nur einer der Urkundspersonen lässt die formelle Beweiskraft des Protokolls zuungunsten des Angeklagten nicht entfallen.
2) Danach rügt die Revision die Verletzung des § 257c Abs. 5 StPO zu recht. Denn der Angeklagte hätte bereits bei Unterbreitung des Verständigungsvorschlages über die in § 257c Absatz 4 StPO geregelte Möglichkeit eines Entfallens der Bindung des Gerichts an die Verständigung belehrt werden müssen. Eine Verständigung ist regelmäßig nur dann mit dem Grundsatz des fairen Verfahrens zu vereinbaren, wenn der Angeklagte vor ihrem Zustandekommen nach § 257c Absatz 5 StPO über deren nur eingeschränkte Bindungswirkung für das Gericht belehrt worden ist.
3) Es ist nicht auszuschließen, dass das Urteil auf dem Rechtsfehler beruht. Die Überzeugung der Strafkammer zu allen Fällen fußt ausweislich der Urteilsgründe insbesondere auf dem umfassenden Geständnis des Angeklagten. Es kann letztlich nicht festgestellt werden, dass der Angeklagte das der Verständigung nachfolgende Geständnis auch bei ordnungsgemäßer Belehrung abgegeben hätte. Es ist auch nicht ersichtlich, dass der Angeklagte auch ohne Belehrung gewusst hat, wann die Bindung des Gerichts an eine Verständigung entfällt.

Antrag:
Auf die Revision des Angeklagten wird das Urteil des Landgerichts ... mit den Feststellungen aufgehoben. Die Sache wird zu neuer Verhandlung und Entscheidung, auch über die Kosten des Rechtsmittels, an eine andere Strafkammer des Landgerichts zurückverwiesen.

Gericht, Az.:	Datum:	Fundstelle:
BGH, 2 StR 12/21	27.04.2021	NStZ-RR 2021, 271 f.

Beziehungskrise

Das Landgericht hat die Angeklagte wegen versuchten Totschlags in Tateinheit mit versuchter Körperverletzung zu zwei Jahren und sechs Monaten Freiheitsstrafe verurteilt.

Nach den Feststellungen des Landgerichts hatte die Angeklagte mit dem Nebenkläger, dem späteren Tatopfer, eine gemeinsame Wohnung bezogen. Nach einem erneuten Streit begab sich der Nebenkläger gemeinsam mit zwei Nachbarn in eine Spielhalle. Zahlreiche Versuche der Angeklagten ihn anzurufen, beantwortete er nicht. Die Angeklagte begann Alkohol zu konsumieren. Sie kommunizierte mit einer Freundin, schrieb dem Nebenkläger Chat-Nachrichten (unter anderem, dass sie ihn nicht mehr sehen wolle) und packte schließlich aus Wut dessen Bekleidung in einen Koffer und Tüten, die sie teils aus dem Fenster warf, teils auf die Treppe vor der Wohnung stellte. Dies sah der Nebenkläger, als er mit seinen Nachbarn zum Wohnanwesen zurückkehrte. Während diese in ihre Wohnung gingen, setzte sich der Angeklagte auf ein Schuhregal im Hausflur.

Die Angeklagte, die bemerkt hatte, dass sich jemand vor der Wohnung befand, öffnete die Wohnungstür und sah den Nebenkläger. In dem Moment bekam sie Angst, er werde zu ihr in die Wohnung kommen und sie – wie schon mehrfach in alkoholisiertem Zustand – schlagen. In ihrer Angst lief sie in die Küche, ergriff ein Messer mit einer Klingenlänge von 19 cm, lief damit erneut vor die Wohnung und „versetzte dem Nebenkläger dort mit dem Messer unvermittelt einen Stich in den Brustkorb, um seine Rückkehr in die Wohnung und die befürchteten Schläge zu verhindern sowie ihn gleichzeitig für sein rücksichtsloses Verhalten zu bestrafen. Hierbei erkannte sie die Möglichkeit des Todeseintritts und nahm diesen billigend in Kauf." Anschließend lief sie zurück in die Wohnung, schloss die Tür und setzte sich aufs Bett, das Messer ließ sie hinter sich fallen.

Unmittelbar nachdem die Angeklagte die Wohnungstür geschlossen hatte, schleppte sich der Nebenkläger zur Wohnung seiner Nachbarn, die auf sein Klopfen öffneten. Der Nebenkläger bat, einen Krankenwagen zu holen. Anschließend sackte er sofort in sich zusammen und kam auf dem Fußboden zum Liegen. Einer der beiden Nachbarn kümmerte sich um den Nebenkläger, der andere begab sich ein Stockwerk nach unten, um mit Hilfe dort wohnender Zeugen einen Rettungswagen zu verständigen. Währenddessen trat die Angeklagte noch einmal vor die Wohnung und sagte sinngemäß, der Nebenkläger sei selber schuld. Anschließend ging sie wieder in ihre Wohnung und schloss die Türe hinter sich. Die nach den Feststellungen nicht trinkgewohnte Angeklagte hatte zur Tatzeit eine Blutalkoholkonzentration von 2,42 Promille. Ihre Steuerungsfähigkeit war erheblich eingeschränkt.

Der Nebenkläger erlitt eine äußerlich etwa vier Zentimeter lange Stichverletzung in der rechtsseitigen Brustregion unmittelbar unterhalb des rechten Schlüsselbeins. Der von unten außen nach oben innen geführte Stich durchtrennte den Ansatzknorpel der zweiten Rippe sowie ein arterielles Gefäß und führte zu einem Eindringen von Luft und Blut in die Brusthöhle. In der Folge kollabierte die Lunge des Nebenklägers. Eine Thoraxdrainage wurde erforderlich. Für den Nebenkläger bestand akute Lebensgefahr, er konnte aber gerettet werden.

Die Strafkammer hat einen Rücktritt vom beendeten Versuch verneint. Die Angeklagte habe sich „trotz der objektiven und für jeden erkennbaren Gefährlichkeit des Stiches" nicht vergewissert, dass sich die „Gefährlichkeit ihres Handelns" ausnahmsweise nicht verwirklicht habe.

Die Angeklagte hat Revision eingelegt. Lässt sich diese erfolgreich begründen?

A. Zulässigkeit der Revision	**B. Begründetheit der Revision**
I. Statthaftigkeit	*I. Prozessvoraussetzungen/-hindernisse*
II. Rechtsmittelbefugnis	
III. Beschwer	*II. Verfahrensfehler (absolute/relative)*
IV. Form/Frist d. Einlegung	
V. Form/Frist d. Begründung	***III. Sachrüge***
VI. kein(e) Rücknahme/Verzicht	***- Darstellungsprüfung: lückenhafte Feststellungen***

Obersatz:
Es könnte ein anfechtbarer Verstoß vorliegen, indem das Gericht im Urteil keine ausreichenden Feststellungen getroffen hat, um beurteilen zu können, ob ein beendeter oder unbeendeter Versuch vorlag.

Problem:
Maßgeblich für die Abgrenzung zwischen beendetem und unbeendetem Versuch ist die Vorstellung des Täters von der Tat, weil die Rücktrittsleistung nur auf Grundlage des Täterplans bewertet werden kann. Hier hat das Gericht nur die Vorstellung beim Stich, nicht aber nach der Ausführung beschrieben.

Lösung:
1) Im Ansatzpunkt zutreffend ist das Landgericht davon ausgegangen, dass ein beendeter Versuch, von dem nur unter den – hier nicht gegebenen – erschwerten Voraussetzungen des § 24 Abs. 1 Satz 1 Alt. 2, Satz 2 StGB zurückgetreten werden kann, auch dann vorliegt, wenn sich der Täter nach der letzten Ausführungshandlung keine Vorstellung von den Folgen seines bisherigen Verhaltens macht. Diese gedankliche Indifferenz des Täters gegenüber den von ihm bis dahin angestrebten oder doch zumindest in Kauf genommenen Konsequenzen ist eine innere Tatsache, die positiv festgestellt werden muss. Hierzu bedarf es in der Regel einer zusammenfassenden Würdigung aller maßgeblichen objektiven Umstände. Können keine eindeutigen Feststellungen getroffen werden, ist der Zweifelsgrundsatz anzuwenden.
2) Diesen Anforderungen werden die Darlegungen in den Urteilsgründen nicht in vollem Umfang gerecht. Die Strafkammer hat maßgeblich darauf abgestellt, dass die Angeklagte sich „trotz der objektiven und für jeden erkennbaren Gefährlichkeit des Stiches" nicht vergewissert habe, dass sich die „Gefährlichkeit ihres Handelns" ausnahmsweise nicht verwirklicht habe. Dies mag zutreffend sein, lässt unter den Umständen des Falles aber keinen tragfähigen Rückschluss auf das Vorstellungsbild der Angeklagten unmittelbar nach der Tat zu. Zwar ist ein Versuch auch dann beendet, wenn der Täter Kenntnis der tatsächlichen Umstände hat, die den Erfolgseintritt nach der Lebenserfahrung nahelegen, was bei gefährlichen Gewalthandlungen und schweren Verletzungen, insbesondere bei tief in den Brust- oder Bauchraum eingedrungenen Messerstichen, deren Wirkungen der Täter wahrgenommen hat, auf der Hand liegt. Was die Angeklagte tatsächlich wahrgenommen hat, stellt die Strafkammer jedoch nicht fest. Die Urteilsgründe verhalten sich auch nicht dazu, was sie – etwa aufgrund der Lichtverhältnisse zur Tatzeit, des Tatablaufs, feststellbarer Tatfolgen (beispielsweise Blutverlust) oder der Reaktion des Tatopfers – wahrnehmen konnte und musste. Dies versteht sich nach den getroffenen Feststellungen, wonach sich die Tat zur Nachtzeit außerhalb einer Wohnung abspielte und es dem Tatopfer noch gelang, zur Nachbarwohnung zu kommen, wo ihm geholfen wurde, auch nicht von selbst und hätte daher im Rahmen der gebotenen Gesamtwürdigung näherer Erörterung bedurft.
3) Neben der Verurteilung wegen versuchten Totschlags hat auch die Verurteilung wegen des tateinheitlich verwirklichten Körperverletzungsdelikts zur Vermeidung widersprüchlicher Feststellungen in der erneuten Verhandlung keinen Bestand. Das neue Tatgericht wird gegebenenfalls auch den Tötungsvorsatz erneut zu prüfen haben. Der festgestellte Wunsch der Angeklagten, den Nebenkläger zu bestrafen, als Tötungsmotiv anzusehen, ist nicht unbedenklich. Denn die Angeklagte könnte auch in einer Körperverletzung eine ausreichende Strafe gesehen haben.

Antrag:
Auf die Revision der Angeklagten wird das Urteil des Landgerichts … mit den Feststellungen aufgehoben. Die Sache wird zu neuer Verhandlung und Entscheidung, auch über die Kosten des Rechtsmittels, an eine andere Strafkammer des Landgerichts zurückverwiesen.

Gericht, Az.:	Datum:	Fundstelle:
BGH, 6 StR 132/21	05.05.2021	NStZ-RR 2021, 212

Das Urteil macht Kopfschmerzen

Das Landgericht hat den Angeklagten wegen Vergewaltigung in zwei Fällen, jeweils in Tateinheit mit Körperverletzung, und wegen gefährlicher Körperverletzung in zwei Fällen, in einem Fall in Tateinheit mit versuchter gefährlicher Körperverletzung, zu einer Gesamtfreiheitsstrafe von drei Jahren und drei Monaten verurteilt.

Im Fall II. 2. b) ist es zu einer tateinheitlichen Verwirklichung der gefährlichen Körperverletzung (§ 224 Abs. 1 Nr. 2 StGB) und der versuchten gefährlichen Körperverletzung (§ 224 Abs. 1 Nr. 2 und 5 StGB) gelangt. Die tateinheitliche Verwirklichung hat das Landgericht zulasten des Angeklagten in der Strafzumessung berücksichtigt.

Nach den Feststellungen schlug der Angeklagte die Nebenklägerin im Fall II. 2. b) mit einer 30 cm langen Stabtaschenlampe heftig auf den linken Arm und mit einem Sportschuh mit harter Gummisohle in das Gesicht. Den Schlag mit einer Glasflasche (0,33 l) gegen den Kopf der Nebenklägerin, zu dem der Angeklagte auf der am Boden liegenden Nebenklägerin sitzend bereits ausgeholt hatte, konnte ein Zeuge durch sein Eingreifen verhindern.

Der Angeklagte hat gegen dieses Urteil Revision eingelegt und es mit der allgemeinen Sachrüge begründet. Er wüsste nun gerne, wie diese wohl ausgehen wird.

A. Zulässigkeit der Revision	*B. Begründetheit der Revision*
I. Statthaftigkeit *II. Rechtsmittelbefugnis* *III. Beschwer* *IV. Form/Frist d. Einlegung* *V. Form/Frist d. Begründung* *VI. kein(e) Rücknahme/Verzicht*	*I. Prozessvoraussetzungen/-hindernisse* *II. Verfahrensfehler (absolute/relative)* *III.* ***Sachrüge*** ***- rechtliche Würdigung – natürliche Handlungseinheit***

Obersatz:
Es könnte ein anfechtbarer Verstoß gegen § 52 StGB vorliegen, indem das Gericht im Fall II. 2. b) den Angeklagten neben der vollendeten gefährlichen Körperverletzung tateinheitlich auch wegen einer versuchten gefährlichen Körperverletzung verurteilt hat.

Problem:
Hier liegen mehrere Handlungen eines Täters gegen ein Opfer in einem engen räumlichen und zeitlichen Zusammenhang vor, die sich als natürliches Handlungsgeschehen darstellen. Fraglich ist, wie ein solches Geschehen konkurrenzrechtlich zu bewerten ist.

Lösung:
Wird dieselbe Person durch mehrere Handlungen des Täters verletzt, handelt es sich nur um eine Tat im Rechtssinne, wenn die einzelnen Akte – wie hier – in engem räumlichen und zeitlichen Zusammenhang stehen, ohne dass wesentliche Zäsuren eintreten, und mit der Mehrheit der Handlungen das tatbestandliche Unrecht intensiviert wird. Die Vollendung der Tat ist dann als speziellere Gestaltung gegenüber dem Versuch desselben Delikts zu verstehen und verdrängt den Versuch.
Nichts anderes gilt, wenn der Täter im Rahmen der fortlaufenden Tatbestandsverwirklichung eine weitere Qualifikationsvariante versucht. Denn zwischen den gleichwertigen Tatmodalitäten desselben Qualifikationstatbestands scheidet gleichartige Idealkonkurrenz (§ 52 Abs. 1 Alt. 2 StGB) aus, unabhängig davon, in welcher Weise die Tatmodalitäten aufgezählt sind.
Das dem versuchten Schlag mit der Flasche gegen den Kopf innewohnende Handlungsunrecht ist allerdings im Rahmen der Strafzumessung zu berücksichtigen (§ 46 Abs. 2 StGB). Da es für die Gewichtung des Unrechts keinen Unterschied macht, dass hier rechtsfehlerhaft eine tateinheitliche Verwirklichung angenommen wurde, kann deshalb vorliegend ausgeschlossen werden, dass die Strafkammer ohne die fehlerhaft angenommene Tateinheit eine mildere Freiheitsstrafe verhängt hätte.

Antrag:
Die Revision des Angeklagten gegen das Urteil des Landgerichts … wird mit der Maßgabe verworfen, dass der Schuldspruch im Fall II. 2. b) dahin geändert wird, dass die Verurteilung wegen tateinheitlicher versuchter gefährlicher Körperverletzung entfällt.

Tipp:
Diese Sachverhaltskonstellationen sind besonders tückisch, weil man zu leicht versucht ist, nur eine Handlung in dem Geschehen zu sehen. Es ist jedoch zunächst jede einzelne Handlung auf ihre Tatbestandlichkeit, Rechtswidrigkeit und Schuld zu überprüfen. Erst wenn hiernach für mehrere Handlungen ein rechtswidriges und schuldhaftes Unrecht festgestellt ist, ist die konkurrenzrechtliche Beurteilung anzuschließen. Wird dieses System missachtet, übersieht man auch schnell einen Schwerpunkt der Klausur und lässt wertvolle Punkte liegen. Im Examen trifft man auf diese Konstellationen häufig im Zusammenhang mit Raub und räuberischer Erpressung, wenn der Täter z.B. auf unterschiedliche Arten versucht an das begehrte Geld des Opfers zu gelangen. Die unterschiedlichen Handlungen ermöglichen es den Klausurerstellern bei der Abgrenzung von Raub und räuberischer Erpressung und der Verwirklichung von Qualifikationsmerkmalen (§ 250 StGB) zu verschiedenen Ergebnissen zu gelangen. Oft sind die Klausuren gerade darauf angelegt. Also bitte darauf achten, dass die einzelnen Handlungsakte bei der Prüfung der Strafbarkeit zu unterscheiden sind!

Gericht, Az.:	Datum:	Fundstelle:
BGH, 1 StR 442/20	19.05.2021	NStZ-RR 2021, 318

Oh là là!

Das Landgericht hat den Angeklagten M und den Nichtrevidenten J jeweils wegen besonders schweren Raubes in Tateinheit mit gefährlicher Körperverletzung verurteilt. Gegen den Angeklagten M hat es deswegen eine Freiheitsstrafe von sieben Jahren und gegen den Nichtrevidenten J eine solche von fünf Jahren und sechs Monaten verhängt. Den Angeklagten A hat das Landgericht wegen Beihilfe zum schweren Raub und die Angeklagten S und O jeweils wegen Beihilfe zum Raub verurteilt. Es hat deswegen den Angeklagten A zu einer Freiheitsstrafe von drei Jahren und sechs Monaten, den Angeklagten S zu einer solchen von zwei Jahren und zehn Monaten und die Angeklagte O zu einer Freiheitsstrafe von einem Jahr und zehn Monaten verurteilt.

Nach den Feststellungen des Landgerichts kam es am 12. November 2017 in Deutschland unter unterschiedlicher Mitwirkung der Angeklagten und unter Einsatz eines weißen Skodas, einer Luftdruckpistole sowie Pfeffersprays zu einem Überfall auf eine Schmuckhändlerin. Hierbei wurde Schmuck im Wert von 239.715 Euro erbeutet. Der Angeklagte A steht zudem in Verdacht, am 27. und 28. Oktober 2017 an in Frankreich begangenen Raubüberfällen beteiligt gewesen zu sein, die jedoch nicht Gegenstand des vorliegenden Verfahrens sind. Auch bei diesen Raubüberfällen spielte ein weißer Skoda eine Rolle.

Gegen das Urteil hat die Staatsanwaltschaft Revision mit dem Ziel eingelegt, eine Verurteilung der Angeklagten wegen schweren Raubes gemäß § 250 Abs. 1 Nr. 2 StGB bzw. besonders schweren Raubes gemäß § 250 Abs. 2 Nr. 2 StGB als Mitglied einer Bande, die sich zur fortgesetzten Begehung von Raubtaten verbunden hat, zu erreichen. Hintergrund ist, dass das Landgericht sich nicht von einer Bandenabrede der Angeklagten überzeugen konnte, obwohl eine Beteiligung einzelner Angeklagter an weiteren Raubtaten im In- und Ausland im Raum stand. Der Angeklagte A wurde am 20. Februar 2018 und am 26. Juni 2018 in Frankreich wegen des Vorwurfes der Beteiligung an dort begangenen Raubtaten vernommen. Die Staatsanwaltschaft beanstandet, dass der Inhalt der im Wege der Verlesung in die Hauptverhandlung eingeführten Vernehmungsprotokolle in den Urteilsgründen unvollständig bzw. unzutreffend wiedergegeben worden sei.

In der Vernehmung vom 20. Februar 2018 wurde der Angeklagte A vor dem Berufungsgericht in Paris zu seiner Beteiligung an den am 27. und 28. Oktober 2017 in Frankreich begangenen Raubüberfällen befragt. Dabei wurde ihm vorgehalten, dass hierbei ein weißer Skoda mit dem Kennzeichen HH eine Rolle gespielt haben könnte. Ausweislich der verlesenen Vernehmungsprotokolle gab der Angeklagte hierzu an, dass er unter Begleitung von zwei Personen im Fahrzeug und einer weiteren Person auf einem Motorrad den Skoda gefahren habe, als von einem Opfer Uhren gestohlen worden seien. Den Skoda habe er in dem Hotel der drei anderen übernommen. Der bei den Raubtaten am 27. und 28. Oktober 2017 in Frankreich von ihm gesteuerte Pkw Skoda sei dasselbe Fahrzeug gewesen, das auch bei Begehung der verfahrensgegenständlichen Tat in Deutschland genutzt wurde.

In den Urteilsgründen hat das Landgericht bezogen auf die Vernehmung in Paris die Angaben des Angeklagten dahin wiedergegeben, dass die zwei anderen in seinem Pkw befindlichen Personen die eigentlichen Taten durchgeführt hätten. Er sei nur der Fahrer gewesen, wofür er 300 Euro erhalten habe. Der Angeklagte M sei an diesen Taten nicht beteiligt gewesen.

Der Angeklagte A versteht die Welt nicht mehr. Er habe doch alles gesagt. Er möchte wissen, ob die Staatsanwaltschaft mit ihrer Rüge Erfolg haben kann.

A. Zulässigkeit der Revision	***B. Begründetheit der Revision***
I. Statthaftigkeit	*I. Prozessvoraussetzungen/-hindernisse*
II. Rechtsmittelbefugnis	
III. Beschwer	*II.* ***Verfahrensfehler*** *(absolute/****relative****)*
IV. Form/Frist d. Einlegung	***- § 261 StPO (umgekehrte Inbegriffsrüge)***
V. Form/Frist d. Begründung	
VI. kein(e) Rücknahme/Verzicht	*III. Sachrüge*

Obersatz:
Es könnte ein anfechtbarer Verfahrensverstoß gegen § 261 StPO vorliegen, indem das Gericht die in der Beweisaufnahme erhobenen Angaben des Angeklagten A aus einer vorherigen richterlichen Vernehmung im Urteil nicht vollständig wiedergegeben hat.

Problem:
Mit dieser Rüge wird ein Beweiswürdigungsfehler gerügt. Während mit der (normalen) Inbegriffsrüge beanstandet wird, dass ein verwertetes Beweismittel nicht erhoben wurde, geht es hier um den umgekehrten Fall, dass ein erhobenes Beweismittel nicht mit dem (ganzen) Inhalt verwertet wurde.

Lösung:
1) Diese (umgekehrte) Inbegriffsrüge ist zulässig. Mit einer Verfahrensbeschwerde kann geltend gemacht werden, dass eine verlesene Urkunde oder Erklärung unvollständig oder unrichtig im Urteil gewürdigt worden sei, wenn der Nachweis ohne Rekonstruktion der Hauptverhandlung geführt werden kann. Dies ist hier der Fall, weil mit der Inbegriffsrüge allein beanstandet wird, dass die durch Verlesung in die Hauptverhandlung eingeführten Vernehmungen des Angeklagten A in den Urteilsgründen unvollständig oder unzutreffend wiedergegeben und entsprechend falsch gewürdigt wurden. Ob dies der Fall ist, kann ohne Rekonstruktion der Hauptverhandlung allein durch Vergleich des Inhalts der verlesenen Vernehmungsprotokolle mit deren inhaltlichen Wiedergabe in den Urteilsgründen festgestellt werden.
2) Die Inbegriffsrüge ist jedoch unbegründet. Die Wiedergabe der Angaben des Angeklagten A aus den richterlichen Vernehmungen in Frankreich vom 20. Februar und 26. Juni 2018 in den Urteilsgründen ist weder unrichtig noch unvollständig. Zwar erwähnt das Landgericht nicht, dass der Angeklagte angab, der bei den Raubtaten am 27. und 28. Oktober 2017 in Frankreich von ihm gesteuerte Pkw Skoda sei dasselbe Fahrzeug gewesen, das auch bei Begehung der verfahrensgegenständlichen Tat genutzt wurde. Hierzu musste sich das Landgericht aber auch nicht gedrängt sehen. § 261 StPO verpflichtet das Tatgericht, sein Urteil aus dem Inbegriff der Hauptverhandlung zu schöpfen. Es muss alle wesentlichen Tatsachen und Beweisergebnisse, die dem Inbegriff der Hauptverhandlung zu entnehmen sind, erschöpfend in einer Gesamtschau würdigen, wenn sie geeignet sind, das Beweisergebnis zu beeinflussen, bzw. sich die Erörterung aufdrängt. Demgegenüber dienen die schriftlichen Urteilsgründe nicht dazu, den Inhalt der in der Hauptverhandlung erhobenen Beweise zu dokumentieren. Sie sollen das Ergebnis der Hauptverhandlung wiedergeben und die Nachprüfung der getroffenen Entscheidung ermöglichen. Dazu ist der Tatrichter gehalten, die in der Hauptverhandlung verwendeten Beweismittel, sofern sie für die Entscheidung von Bedeutung sind, zusammenfassend zu würdigen. Mit der Beweiswürdigung soll der Tatrichter lediglich belegen, warum er bestimmte, bedeutsame tatsächliche Umstände so festgestellt hat. Es ist regelmäßig verfehlt, die Aussagen sämtlicher vernommener Zeugen der Reihe nach und in ihren Einzelheiten mitzuteilen. Dies kann vielmehr die Besorgnis begründen, der Tatrichter sei davon ausgegangen, eine breite Darstellung der erhobenen Beweise könne die gebotene eigenverantwortliche Würdigung ersetzen. Dies wäre rechtsfehlerhaft und könnte den Bestand des Urteils gefährden.
Allein der Umstand, dass der Angeklagte A eingeräumt hatte, ein bei der verfahrensgegenständlichen Tat benutztes und zuvor von dem Angeklagten M angemietetes Fahrzeug bereits bei einer kurz zuvor begangenen Straftat benutzt zu haben, konnte bei der im Übrigen gegebenen Beweislage das Beweisergebnis weder zum Nachweis einer Bandenabrede noch zur Abgrenzung von Täterschaft und Teilnahme erkennbar beeinflussen.

Antrag:
Die Revision der Staatsanwaltschaft wird erfolglos bleiben.

Gericht, Az.:	Datum:	Fundstelle:
BGH, 3 StR 443/20	20.05.2021	NStZ-RR 2021, 346

Party bis zum Exitus – Teil 1

Das Landgericht hat die Angeklagte wegen fahrlässiger Tötung in Tateinheit mit fahrlässiger Körperverletzung in zwei tateinheitlichen Fällen sowie wegen Überlassens von Betäubungsmitteln zum unmittelbaren Verbrauch als Person über 21 Jahre an eine Person unter 18 Jahren zu einer Gesamtfreiheitsstrafe von zwei Jahren und elf Monaten verurteilt. Das Urteil trifft folgende Feststellungen:

Die Angeklagte gestattete einem Freund ihres damals 14 Jahre alten Sohnes, seinen 16. Geburtstag am 27. Januar 2017 gemeinsam mit anderen Jugendlichen in ihrer Wohnung zu feiern. Zu Beginn erklärte die Angeklagte den Partygästen, sie dürften sich an allem in der Wohnung frei bedienen, auch an den Sachen im Kühlschrank, und sollten nicht schüchtern sein. Im Kühlschrank verwahrte die Angeklagte eine durchsichtige Plastikflasche mit der Aufschrift "Waldmeister Getränkesirup", die mit einer grünlichen Flüssigkeit gefüllt war. Tatsächlich befand sich in der Flasche grün eingefärbte Polamidonlösung.

Die seit mehreren Jahrzehnten heroinabhängige Angeklagte erhielt seit 2012 Polamidon im Rahmen einer Substitutionstherapie in Vorratsmengen für jeweils eine Woche zur Mitnahme nach Hause (sogenannte "Take-Home-Verordnung"). Dabei wurde die Angeklagte regelmäßig darauf hingewiesen, dass sie die Polamidonlösung sicher vor dem Zugriff Dritter und in der Originalverpackung verwahren müsse. Zudem wurde sie wiederholt über die Gefahren von Polamidon für nicht an Opiate gewöhnte Personen informiert. Gleichwohl füllte die Angeklagte in der Folgezeit Teile der ihr verschriebenen Polamidonlösung in die unscheinbare Waldmeistersirupflasche ab, um sich einen Notfallvorrat anzulegen. Diese Flasche stellte sie im Jahr 2014 in ihren Kühlschrank und vergaß sie in der Folgezeit. Deshalb warnte sie am 27. Januar 2017 keinen der Partygäste vor der Flüssigkeit und entfernte diese auch nicht aus dem Kühlschrank.

Im Verlauf der Feier entdeckte der Jugendliche B die Flasche und nahm aus ihr mehrere Schlucke. Anschließend reichte er die Flasche an die ebenfalls jugendlichen Partygäste W und K weiter, die beide einen kleinen Schluck nahmen, die Flüssigkeit aber wegen des als ekelhaft empfundenen Geschmacks sofort wieder ausspuckten. Sie nahmen an, bei dem Flascheninhalt handele es sich um eine Mischung aus hochprozentigem Alkohol und Waldmeistersirup.

Der Geschädigte B legte sich im Laufe des Abends in der Wohnung auf eine Couch. Er verstarb dort am nächsten Tag an einer Polamidonvergiftung. Den Geschädigten W und K wurde aufgrund des Konsums schlecht. Sie mussten sich mehrfach übergeben, überlebten aber ohne Folgeschäden.

Die Angeklagte erfuhr erst am Nachmittag des 28. Januar 2017, nachdem B bereits verstorben war, dass die drei Jugendlichen aus der Flasche mit der Polamidonlösung getrunken hatten.

Mit der Anklageschrift war der Angeklagten abweichend von den Feststellungen des Landgerichts zur Last gelegt worden, sie habe bereits am Abend des 27. Januar 2017 erfahren, dass die drei Geschädigten kurz zuvor von der Polamidonlösung in der irrigen Annahme getrunken hatten, es handele sich um ein alkoholisches Getränk. Sie habe die Jugendlichen jedoch nicht über den wahren Inhalt der Flasche aufgeklärt und keine Maßnahmen zur medizinischen Versorgung der Geschädigten ergriffen. Die Anklageschrift hatte das Verhalten der Angeklagten rechtlich als Totschlag durch Unterlassen in Tateinheit mit versuchtem Totschlag durch Unterlassen und mit gefährlicher Körperverletzung durch Unterlassen in zwei tateinheitlichen Fällen gewertet.

Der zuständige Staatsanwalt möchte wissen, ob ein solches Sachurteil überhaupt ergehen durfte.

A. Zulässigkeit der Revision	B. Begründetheit der Revision
I. Statthaftigkeit	I. **Prozessvoraussetzungen**/-hindernisse
II. Rechtsmittelbefugnis	**- Umfasst die Anklage die veränderte Sachlage?**
III. Beschwer	
IV. Form/Frist d. Einlegung	II. Verfahrensfehler (absolute/relative)
V. Form/Frist d. Begründung	
VI. kein(e) Rücknahme/Verzicht	III. Sachrüge

Obersatz:
Es könnte rechtsfehlerhaft ein Sachurteil wegen fahrlässiger Tötung in Tateinheit mit fahrlässiger Körperverletzung in zwei tateinheitlichen Fällen ergangen sein, obwohl es hierfür an einer Anklage fehlte.

Problem:
Gegenstand der Urteilsfindung ist gemäß § 264 Abs. 1 StPO die in der Anklage bezeichnete Tat, wie sie sich nach dem Ergebnis der Hauptverhandlung darstellt. Tat im Sinne dieser Vorschrift ist ein einheitlicher geschichtlicher Vorgang, der sich von anderen ähnlichen oder gleichartigen unterscheidet und innerhalb dessen der Angeklagte einen Straftatbestand verwirklicht haben soll. Die Tat als Prozessgegenstand ist dabei nicht nur der in der Anklage umschriebene und dem Angeklagten darin zur Last gelegte Geschehensablauf. Vielmehr gehört das gesamte Verhalten des Angeklagten dazu, soweit es mit dem durch die Anklage bezeichneten geschichtlichen Vorgang nach der Auffassung des Lebens ein einheitliches Vorkommnis bildet. Verändert sich im Verlaufe des Verfahrens das Bild des Geschehens, wie es in der Anklageschrift und dem Eröffnungsbeschluss umschrieben ist, so ist die Prüfung der Frage, ob die Identität der prozessualen Tat trotz Veränderung des Tatbildes noch gewahrt ist, nach dem Kriterium der "Nämlichkeit" der Tat zu beurteilen. Dies ist - ungeachtet gewisser Unterschiede - dann der Fall, wenn bestimmte Merkmale die Tat weiterhin als ein einmaliges und unverwechselbares Geschehen kennzeichnen. Die prozessuale Tat wird in der Regel durch Tatort, Tatzeit und das Tatbild umgrenzt und insbesondere durch das Täterverhalten sowie die ihm innewohnende Angriffsrichtung und durch das Tatopfer bestimmt.

Lösung:
Hieran gemessen besteht Identität zwischen der abgeurteilten Tat und dem von der Anklageschrift erfassten Lebenssachverhalt. Die Nämlichkeit der Tat ist gewahrt. Denn es besteht eine weitreichende Übereinstimmung zwischen dem angeklagten Tatgeschehen und den Urteilsfeststellungen. Bereits die Anklageschrift hat der Angeklagten zur Last gelegt, sich mit dem Deponieren der Polamidonlösung im Kühlschrank im Jahr 2014 pflichtwidrig verhalten und damit die Ursache für den Tod eines Jugendlichen und die Verletzung von zwei weiteren Partygästen gesetzt zu haben, die in der irrigen Annahme, es handele sich um ein alkoholisches Getränk, am Abend des 27. Januar 2017 von der Flüssigkeit tranken. Die Abweichung zwischen Anklageschrift und Urteil geht in Bezug auf das äußere Tatgeschehen allein dahin, dass der Angeklagten von der Staatsanwaltschaft zur Last gelegt worden ist, bereits am Abend der Feier von dem Konsum der Jugendlichen erfahren und daraufhin keine Maßnahmen zu deren medizinischer Versorgung ergriffen zu haben, während sie nach den Urteilsfeststellungen erst am Folgetag nach dem Tod des B Kenntnis von dem Geschehen erlangte. Zwar hat die Strafkammer die Angeklagte deshalb wegen fahrlässiger Tätigkeitsdelikte, begangen durch einen im Jahr 2014 liegenden Sorgfaltspflichtverstoß, verurteilt, während die Anklage von vorsätzlichen Unterlassungstaten und einer Tatbegehung am 27. Januar 2017 ausgegangen ist. Diese Diskrepanzen, insbesondere die verschiedenen Tatzeiten, stehen jedoch der Tatidentität nicht entgegen. Die Anklageschrift sieht die Garantenpflicht der Angeklagten gerade durch die Deponierung der Polamidonlösung im Kühlschrank begründet, also in dem Verhalten, das die Strafkammer als strafbarkeitsbegründenden Sorgfaltspflichtverstoß gewertet hat.

Ergebnis:
Es besteht kein Verfahrenshindernis. Der angeklagte Tat entspricht dem abgeurteilten Gegenstand.
(Lösen Sie auch Teil 2 dieses Falles!)

Gericht, Az.:	Datum:	Fundstelle:
BGH, 3 StR 443/20	20.05.2021	NStZ-RR 2021, 346

Party bis zum Exitus – Teil 2

Aus Teil 1 dieses Falles wissen Sie noch, dass das Landgericht die Angeklagte wegen fahrlässiger Tötung in Tateinheit mit fahrlässiger Körperverletzung in zwei tateinheitlichen Fällen sowie wegen Überlassens von Betäubungsmitteln zum unmittelbaren Verbrauch als Person über 21 Jahre an eine Person unter 18 Jahren zu einer Gesamtfreiheitsstrafe von zwei Jahren und elf Monaten verurteilt hat. Dem lag folgendes Verfahrensgeschehen zugrunde:

Mit der Anklageschrift war der Angeklagten abweichend von den Feststellungen im Urteil in Fall 1 zur Last gelegt worden, sie habe bereits am Abend des 27. Januar 2017 erfahren, dass die drei Geschädigten kurz zuvor von der Polamidonlösung in der irrigen Annahme getrunken hatten, es handele sich um ein alkoholisches Getränk. Sie habe die Jugendlichen jedoch nicht über den wahren Inhalt der Flasche aufgeklärt und keine Maßnahmen zur medizinischen Versorgung der Geschädigten ergriffen. Die Anklageschrift hatte das Verhalten der Angeklagten rechtlich als Totschlag durch Unterlassen in Tateinheit mit versuchtem Totschlag durch Unterlassen und mit gefährlicher Körperverletzung durch Unterlassen in zwei tateinheitlichen Fällen gewertet.

Die Strafkammer hatte die Anklage verbunden mit dem Hinweis, dass tateinheitlich zu den angeklagten Tötungs- und Körperverletzungsdelikten auch eine Strafbarkeit wegen Abgabe oder Verbrauchsüberlassung von Betäubungsmitteln mit Todesfolge (§ 30 Abs. 1 Nr. 3 BtMG) in Betracht komme, zur Hauptverhandlung zugelassen.

Der Vorsitzende der Strafkammer kündigte am dritten Hauptverhandlungstag für den nächsten Verhandlungstag den Hinweis an, dass hinsichtlich der Umstände, wie die Flasche in den Kühlschrank gelangt sei, der zuvor erfolgten Einlassung der Angeklagten gefolgt werden könne. Diese hatte sich zuvor bereits entsprechend den Urteilsfeststellungen (vgl. „*Party bis zum Exitus – Teil 1*“) eingelassen.

Am vierten Hauptverhandlungstag erteilte der Vorsitzende in der Hauptverhandlung den folgenden rechtlichen Hinweis gemäß § 265 Abs. 1 StPO: "In Abweichung zum Eröffnungsbeschluss kommt in Fall 1 eine Verurteilung wegen fahrlässiger Tötung gem. § 222 StGB in Tateinheit mit fahrlässiger Körperverletzung gem. § 229 StGB in zwei tateinheitlichen Fällen in Betracht". Weitere Ausführungen machte er nicht dazu.

Die Angeklagte hat gegen das Urteil Revision eingelegt. Ihr war das Gericht zu unpräzise. Bis zuletzt habe sie nicht gewusst, welche Tathandlung ihr konkret angelastet worden sei.

Begründen die Bedenken der Angeklagten eine erfolgreiche Revision?

A. Zulässigkeit der Revision	B. Begründetheit der Revision
I. Statthaftigkeit	*I. Prozessvoraussetzungen/-hindernisse*
II. Rechtsmittelbefugnis	***II. Verfahrensfehler** (absolute/**relative**)*
III. Beschwer	***- unzureichender rechtlicher Hinweis gemäß § 265 Abs. 1 StPO***
IV. Form/Frist d. Einlegung	
V. Form/Frist d. Begründung	
VI. kein(e) Rücknahme/Verzicht	*III. Sachrüge*

Obersatz:

Es könnte ein anfechtbarer Verstoß gegen § 265 Abs. 1 StPO vorliegen, indem das Gericht einen unzureichenden rechtlichen Hinweis erteilte.

Problem:

Nach § 265 Abs. 1 StPO hat das Gericht einen förmlichen und zu protokollierenden Hinweis zu erteilen, wenn infolge anderer rechtlicher Beurteilung bei gleichbleibendem Sachverhalt oder wegen neuer Erkenntnisse in tatsächlicher Hinsicht eine Verurteilung wegen eines anderen als dem in der Anklage bezeichneten Strafgesetz in Betracht kommt. Der Hinweis muss eindeutig sein und den Angeklagten und seinen Verteidiger in die Lage versetzen, die Verteidigung auf den neuen rechtlichen Gesichtspunkt einzurichten. Daher muss für den Angeklagten und den Verteidiger aus dem Hinweis allein oder in Verbindung mit der zugelassenen Anklage nicht nur erkennbar sein, auf welches Strafgesetz nach Auffassung des Gerichts eine Verurteilung möglicherweise gestützt werden kann, sondern auch durch welche Tatsachen das Gericht die gesetzlichen Merkmale des Straftatbestandes als möglicherweise erfüllt ansieht. Die bloße Bezeichnung der neu in Betracht kommenden Gesetzesbestimmungen genügt nur ausnahmsweise, wenn die tatsächlichen Grundlagen des neu in Betracht gezogenen Straftatbestandes für den Angeklagten ohne Weiteres zweifelsfrei ersichtlich sind.

Lösung:

1) Hieran gemessen war der erteilte Hinweis unzureichend. Aus der schlichten Mitteilung in Betracht kommender anderer Strafvorschriften konnte die Angeklagte lediglich ableiten, dass statt einer Verurteilung wegen Unterlassens der Herbeiholung medizinischer Hilfe eine Verurteilung wegen fahrlässiger Herbeiführung des Todes beziehungsweise des gesundheitlichen Schadens der Opfer in Betracht kam. Welches Verhalten der Angeklagten die Strafkammer möglicherweise als den eine Fahrlässigkeitsstrafbarkeit tragenden Sorgfaltspflichtverstoß werten wollte, war dem Hinweis dagegen nicht zu entnehmen. Dies wäre jedoch erforderlich gewesen. Denn der vom Schwurgericht für maßgeblich gehaltene tatsächliche Anknüpfungspunkt für einen Sorgfaltspflichtverstoß war nicht offensichtlich. Insofern kam nicht nur das Abfüllen des Polamidons in einer Waldmeisterflasche und deren Abstellen im Kühlschrank im Jahr 2014 in Betracht, sondern auch die Äußerung der Angeklagten gegenüber den Partygästen am 27. Januar 2017, sie dürften sich auch an den Sachen im Kühlschrank bedienen und sollten nicht schüchtern sein (vgl. Feststellungen bei „*Party bis zum Exitus – Teil 1*"), wobei diese Mitteilung mit keiner Warnung vor der Waldmeisterflasche einherging.

2) Das Urteil beruht auf dem aufgezeigten Rechtsfehler. Es ist nicht auszuschließen, dass sich die Angeklagte mit Erfolg anders verteidigt hätte, wenn sie darüber informiert worden wäre, dass ihr Verhalten im Jahr 2014 Grundlage für eine Verurteilung sein könnte. Zwar hatte die Angeklagte zum Zeitpunkt der Erteilung des rechtlichen Hinweises bereits eingestanden, Polamidonlösung in die Waldmeisterflasche abgefüllt und diese 2014 in ihren Kühlschrank gestellt zu haben. Jedoch erscheint es vor dem Hintergrund der schweren Heroinabhängigkeit der Angeklagten nicht von vornherein ausgeschlossen, dass sie sich bei einem ausreichenden Hinweis nach § 265 Abs. 1 StPO in Bezug auf die subjektiven Tatbestandsmerkmale einer Fahrlässigkeitsstrafbarkeit und ihre Schuldfähigkeit zum damaligen Zeitpunkt anders als geschehen verteidigt hätte.

Antrag:

Die Revision wird mit der Verfahrensrüge Erfolg haben und zur Aufhebung der Verurteilung wegen fahrlässiger Tötung in Tateinheit mit fahrlässiger Körperverletzung in zwei tateinheitlichen Fällen sowie der Gesamtfreiheitsstrafe, jeweils nebst den zugrundeliegenden Feststellungen, führen.

Gericht, Az.:	Datum:	Fundstelle:
BGH, 2 StR 13/20	09.06.2021	NStZ-RR 2021, 281 f.

Taxi, Taxi

Das Landgericht hat den Angeklagten A wegen räuberischer Erpressung zu einer Freiheitsstrafe von neun Monaten verurteilt, deren Vollstreckung zur Bewährung ausgesetzt wurde, und eine Einziehungsentscheidung getroffen.

Nach den auf rechtsfehlerfreier Beweiswürdigung beruhenden Feststellungen hatte der Angeklagte gemeinsam mit dem gesondert Verfolgten B eine Disconacht in K verbracht. Um in den frühen Morgenstunden des 30. Oktober 2016 den Heimweg nach D anzutreten, schlug B vor, mit dem Taxi zu fahren. Der Angeklagte, der selbst kein Geld mehr hatte, ging davon aus, dass B noch über genug Geld verfügte, um das Taxi zu bezahlen. Nach einem Zwischenstopp an einer Tankstelle, um Zigaretten zu kaufen, saß der Angeklagte auf dem Beifahrersitz und erzählte dem Taxifahrer, dem Zeugen C, dass er A heiße und Kinder habe. Er erwähnte auch den Vornamen seines Sohnes.

In D angekommen hielt das Taxi auf Anweisung der Fahrgäste vor der Feuerwehr, die in einigem Abstand zu den jeweiligen Wohnungen lag. Der Zeuge B entfernte sich sodann ohne – wie von ihm von Anfang an beabsichtigt – den Fahrpreis von 110 € zu bezahlen, während der Angeklagte ihm in der Erwartung, dieser werde die Vergütung noch erbringen, zögerlich folgte. Aufgrund entsprechender Rufe des C war dem Angeklagten bewusst, dass die Fahrt noch nicht bezahlt war. Während B davoneilte, holte C den Angeklagten ein. Der Angeklagte teilte ihm mit, dass er kein Geld habe, und bot ihm stattdessen seinen Personalausweis und spätere Zahlung an, was C indes ablehnte. Dem Angeklagten war bewusst, dass der Zeuge einen Anspruch auf sofortige Zahlung des Fahrpreises (auch) gegen ihn hatte und dass der Zeuge ihn deswegen – etwa um eine Feststellung der Personalien durch die Polizei zu erzwingen – auch festhalten durfte. In der Folge kam es zu einem Gerangel, in dem sich beide gegenseitig an der Oberbekleidung festhielten, bis C ins Stolpern geriet und dessen Polohemd zerriss.

C rief nun mit seinem Mobiltelefon die Polizei an, woraufhin der Angeklagte, der nicht auf die Polizei warten wollte, sich auch abseits der Straßen entfernte. C folgte ihm im Abstand von fünf bis sechs Metern. Vor der Wohnanschrift des B trafen sie auf diesen. B äußerte sofort seinen Unmut darüber, dass der Angeklagte den Taxifahrer „hierher geführt“ habe. Der Angeklagte forderte B auf: „Hol mal Stock! Den schlagen wir!“. Als C, der fortlaufend mit der Polizei telefonierte und seinen Standort mitteilte, auch weiterhin nicht von beiden abließ, führte B eine Bewegung zu seinem Hosenbund aus und sagte: „Es reicht! Ich hole mein Messer!“ Sodann gingen der Angeklagte, der die von B ausgesprochene Drohung billigte, und B auf C zu. Dieser nahm die Drohung sehr ernst, drehte sich sofort um und ging hinter einem geparkten Auto in Deckung. Diese Gelegenheit nutzten der Angeklagte und B zur Flucht. C versuchte ihnen in größerem Abstand zu folgen, verlor die beiden aber aus den Augen.

Das Landgericht hat das Verhalten des zur Tatzeit 25 Jahre alten, nicht drogenabhängigen, über eine Wohnung verfügenden und arbeitsfähigen Angeklagten als räuberische Erpressung gewertet. Einen Eingehungsbetrug hinsichtlich der Taxifahrt hat es verneint, weil der Angeklagte davon ausgegangen sei, B werde die Taxifahrt bezahlen. Seine Überzeugung von der Werthaltigkeit der Forderung hat das Landgericht damit begründet, dass der Angeklagte trotz Privatinsolvenz mit Schulden in Höhe von 4.000 bis 5.000 € gelegentlich als Minijobber gearbeitet habe und sich am Tattag einen längeren Discoaufenthalt habe leisten können. Daher spreche nichts dafür, dass nachträgliche Bemühungen des Taxifahrers, den Fahrpreis – etwa auch gerichtlich – geltend zu machen, dauerhaft keine Aussicht auf Erfolg hätten.

Der Angeklagte meint, bei ihm sei doch nichts zu holen. Soll er Revision einlegen?

A. Zulässigkeit der Revision	B. Begründetheit der Revision
I. Statthaftigkeit	I. Prozessvoraussetzungen/-hindernisse
II. Rechtsmittelbefugnis	
III. Beschwer	II. Verfahrensfehler (absolute/relative)
IV. Form/Frist d. Einlegung	
V. Form/Frist d. Begründung	III. **Sachrüge**
VI. kein(e) Rücknahme/Verzicht	**- rechtliche Würdigung: §§ 253, 255 StGB (Vermögensschaden)**

Obersatz:
Es könnte ein anfechtbarer Verstoß gegen §§ 253, 255 StGB vorliegen, indem das Gericht zulasten des Angeklagten davon ausging, er habe durch seine Tat dem C einen Vermögensschaden verursacht.

Problem:
Eine – gegebenenfalls gemäß § 255 StGB qualifizierte – Erpressung (§ 253 StGB) kann auch dadurch begangen werden, dass der Täter das Tatopfer durch Drohung und Gewalt dazu veranlasst, auf die Geltendmachung einer Forderung zu verzichten, sei es durch Unterlassen geeigneter Maßnahmen zu ihrer Durchsetzung, sei es dadurch, dass es duldet, dass sich der Täter entfernt, ohne seine Personalien anzugeben. Voraussetzung für den Eintritt des vom Tatbestand vorausgesetzten Vermögensschadens ist in diesen Fällen, dass die Forderung werthaltig ist. Wer auf die Geltendmachung einer wertlosen, weil gänzlich uneinbringlichen Forderung verzichtet, erleidet dadurch keinen Vermögensschaden.

Lösung:
Ein Vermögensschaden liegt aufgrund der tragenden Begründung der Strafkammer vor. Dieser ist nicht deswegen zu verneinen, weil nachträgliche Bemühungen des Zeugen, den Fahrpreis gerichtlich geltend zu machen, keinen Erfolg haben könnten, weil der Angeklagte nach den Feststellungen zahlungsunfähig zu sein scheint und über kein pfändbares Einkommen oder Vermögen verfügt. Aufgrund der aus dem Beförderungsvertrag bestehenden, einredefreien Forderung kann der Geschädigte einen Titel erwirken, bei dem gemäß § 197 Abs. 1 Nr. 3 BGB erst 30 Jahre nach Rechtskraft Verjährung eintritt. Dass angesichts dieses langen Zeitraums nachträgliche Bemühungen des Geschädigten zur Vollstreckung seiner Forderung erfolgreich sein können, hat das Landgericht angesichts der von ihm festgestellten und gewürdigten persönlichen Lebensumstände und wirtschaftlichen Situation des zur Tatzeit 25 Jahre alten, nicht drogenabhängigen, über eine Wohnung verfügenden und arbeitsfähigen Angeklagten ohne Rechtsfehler angenommen. Daher kommt es nicht auf die Pfändungsfreigrenzen für Arbeitseinkommen (§ 850c ZPO) an. Diese beschränken zwar die zwangsweise Durchsetzung der Forderung, doch bestimmt sich deren Wert in erster Linie nach wirtschaftlichen Gesichtspunkten, die hier – wie vom Landgericht dargelegt – dafürsprechen, von der Werthaltigkeit jedenfalls eines Teils der Forderung auszugehen.

Ergebnis:
Eine Revision wird daher keine Aussicht auf Erfolg haben.

Tipp:
Vergessen Sie in Klausuren, in denen eine räuberische Erpressung in Betracht kommt, nicht die Abgrenzung zum Raub (vgl. BeckOK StGB/Wittig, 51. Ed., StGB § 253, Rn. 7 ff.). Achten Sie bei der Abgrenzung auch darauf, ob diese im zu beurteilenden Fall überhaupt zu einer unterschiedlichen Bewertung führt. Falls dies nicht der Fall ist, können Sie sich mit der Darstellung der unterschiedlichen Ansichten von herrschender Lehre und Rechtsprechung begnügen.

Gericht, Az.:	Datum:	Fundstelle:
BGH, 1 StR 92/21	16.06.2021	NStZ-RR 2021, 317 f.

Eine erörterungswürdige Erörterung

Das Landgericht hat den Angeklagten wegen Vorenthaltens und Veruntreuens von Arbeitsentgelt in 144 Fällen zu einer Gesamtfreiheitsstrafe von drei Jahren und neun Monaten verurteilt. Zudem hat es gegen ihn die Einziehung des Wertes von Taterträgen in Höhe der ersparten Sozialversicherungsbeiträge mit einem Betrag von 960.638,87 Euro angeordnet. Dem liegt folgendes Geschehen zugrunde:

Wiederholt regte die Verteidigung eine Verfahrensverständigung an und wollte in diesem Zusammenhang wissen, wie sich ein Geständnis des Angeklagten auswirken würde. Am 26. Mai 2020 führte einer der Verteidiger mit dem Vorsitzenden hierüber ein Telefonat. In der Verhandlung vom 28. Mai 2020 nahm der Vorsitzende auf dieses Telefonat Bezug. In einer Verhandlungsunterbrechung sprachen die Verfahrensbeteiligten – ohne den Angeklagten – über die Voraussetzungen und Auswirkungen eines "überschießenden" Geständnisses des Angeklagten, mit welchem er gewissermaßen als "Kronzeuge" die Inhaber von sogenannten Serviceunternehmen, von denen er für seine Einzelfirma Scheinrechnungen gegen Entgelt erworben hatte, belasten wollte. Der Vorsitzende äußerte, eine Strafe unter Aussetzung der Vollstreckung zur Bewährung käme allenfalls dann in Frage, wenn die Angaben des Angeklagten derart Substanz hätten, dass sie die Strukturen und Hintergründe der Servicegesellschaften erheblich aufklären würden. Stünden indes der Strafverfolgung der Hintermänner Verjährungshindernisse entgegen, sei ein Geständnis nicht viel wert und eine Bewährung nicht möglich.

Über dieses Gespräch berichtete der Vorsitzende nicht in der Hauptverhandlung. Eine Verständigung wurde nicht erzielt. Der Angeklagte machte weiterhin keine Angaben zur Sache. Der Schuldspruch beruht auf einer rechtsfehlerfreien Beweiswürdigung und den daraus abgeleiteten Feststellungen.

Das vom Angeklagten geschilderte Geschehen wird durch eine dienstliche Stellungnahme der Sitzungsvertreterin der Staatsanwaltschaft bestätigt. Nach Ansicht des Vorsitzenden in seiner Stellungnahme, habe er von vornherein klargestellt, dass vor dem Einstieg in ein Verständigungsgespräch erst hätte geklärt werden müssen, ob die Angaben des Angeklagten überhaupt zur Überführung der Inhaber der Servicegesellschaften in einem unverjährten Zeitraum hätten beitragen können. Er habe daher allenfalls ein Rechtsgespräch geführt, das er ergebnislos beendet habe. Das Gericht habe das erneute Ansinnen der Verteidigung, mittels eines Geständnisses eine Strafe zu erreichen, deren Vollstreckung zur Bewährung ausgesetzt werden sollte, strikt zurückgewiesen.

Der Angeklagte hat den Eindruck, nicht fair behandelt worden zu sein. Er hat Revision eingelegt. Er möchte das geschilderte Verfahrensgeschehen rügen. Wird seine Revision Erfolg haben?

A. Zulässigkeit der Revision	B. Begründetheit der Revision
I. Statthaftigkeit II. Rechtsmittelbefugnis III. Beschwer IV. Form/Frist d. Einlegung V. Form/Frist d. Begründung VI. kein(e) Rücknahme/Verzicht	I. Prozessvoraussetzungen/-hindernisse II. **Verfahrensfehler** (absolute/**relative**) **- Mitteilungspflicht (§ 243 Abs. 4 Satz 1 und 2 StPO)** III. Sachrüge

Obersatz:
Es könnte ein anfechtbarer Verstoß gegen § 243 Abs. 4 Satz 1 und 2 StPO vorliegen, indem es das Gericht unterließ, das außerhalb geführte Verständigungsgespräch in der Hauptverhandlung bekanntzumachen.

Problem:
Nach § 243 Abs. 4 Satz 1 und 2 StPO ist über Erörterungen zu berichten, die außerhalb einer laufenden Hauptverhandlung geführt worden sind und deren Gegenstand die "Möglichkeit einer Verständigung (§ 257c StPO) gewesen ist". Der Umstand und der Inhalt des Verständigungsgesprächs sind auch dann mitzuteilen, wenn die Bemühungen erfolglos geblieben sind. Von einem solchen Bemühen um Verständigung ist auszugehen, sobald bei den Gesprächen ausdrücklich oder konkludent Fragen des prozessualen Verhaltens in Verbindung zum Verfahrensergebnis gebracht werden und damit die Frage nach oder die Äußerung zu einer Straferwartung naheliegt. Ein bloßes Rechtsgespräch über die (vorläufige) Einschätzung der Sach-, Beweis- und Rechtslage oder ein allgemeiner Hinweis etwa auf die strafmildernde Wirkung eines Geständnisses zielt solange nicht auf eine einvernehmliche und damit mitteilungspflichtige Verfahrenserledigung ab, als das Gericht nicht eine "Gegenleistung" für eine vom Angeklagten angebotene "Leistung" in Aussicht stellt. Es genügt, wenn die Erörterungen im Zweifel von den Beteiligten als Vorbereitung einer Verständigung verstanden werden können.

Lösung:
1) Nach diesen Grundsätzen haben die Verfahrensbeteiligten am 28. Mai 2020 ein mitteilungspflichtiges Verständigungsgespräch geführt und das Gericht hat durch das Unterlassen einer Mitteilung über diese Erörterung gegen § 243 Abs. 4 Satz 1 und 2 StPO verstoßen.
a) Der Sachvortrag des Angeklagten wird durch die dienstliche Stellungnahme der Sitzungsvertreterin der Staatsanwaltschaft bestätigt. Zwar meint der Vorsitzende, er habe auf das erneute Ansinnen der Verteidigung, mittels eines Geständnisses eine Strafe zu erreichen, deren Vollstreckung zur Bewährung ausgesetzt werden könne, nur ein Rechtsgespräch geführt, das er ergebnislos beendet habe. Hierbei verkennt er jedoch, dass nicht nur die "finalen", also zielführenden Erörterungen der Mitteilungspflicht unterliegen, sondern auch gegebenenfalls erste Vorgespräche. Möglichen Unklarheiten zwischen den Verfahrensbeteiligten soll durch eine genaue Dokumentation der Erörterungen und deren anschließende Bekanntmachung in öffentlicher Hauptverhandlung begegnet werden.
b) Schließlich unterscheidet sich der Versuch der Verteidigung, dem Gericht ein "überschießendes" Geständnis anzutragen, von den bisherigen Bemühungen, mittels eines sich nur auf die Anklage beziehenden Geständnisses eine Strafe, deren Vollstreckung zur Bewährung ausgesetzt werden soll, zu erzielen. Das Eingehen des Gerichts auf diesen Versuch hat eine neue Mitteilungspflicht ausgelöst, weil sich damit "Änderungen gegenüber der Mitteilung zu Beginn der Hauptverhandlung ergeben haben" (§ 243 Abs. 4 Satz 2, 1 StPO) und auch gegenüber vorangegangenen Erörterungen.
2) Es ist nicht auszuschließen, dass das angefochtene Urteil insgesamt auf der unterlassenen Mitteilung beruht, auch wenn der Schuldspruch für sich genommen auf einer rechtsfehlerfreien Beweiswürdigung gründet. Ein informierter Angeklagter hätte sich möglicherweise im Verfahren für ihn günstiger verhalten.
a) Die Mitteilungspflicht trägt außerdem nicht nur dem Umstand Rechnung, einen abwesenden Angeklagten zu informieren, sondern will auch über die Verfahrenstransparenz und damit einhergehende Kontrolle durch die Öffentlichkeit den Angeklagten vor einer "unfairen" Abrede schützen.
b) Der Verstoß ist auch nicht etwa als gering zu werten, denn die Mitteilung ist gänzlich unterblieben.

Ergebnis:
Der Verstoß führt auf die Revision zur Aufhebung des Urteils und der zugrundeliegenden Feststellungen.

Gericht, Az.:	Datum:	Fundstelle:
BGH, 5 StR 545/20	24.06.2021	NStZ-RR 2021, 346 f.

Drah' di net um - schau, schau, der Kommissar geht um!

Das Landgericht hat den Angeklagten wegen Verstoßes gegen Weisungen der Führungsaufsicht und wegen eines sexuellen Übergriffs mit Gewalt in Tateinheit mit Amtsanmaßung und mit Missbrauch von Titeln zu einer Gesamtfreiheitsstrafe von zwei Jahren verurteilt. Dagegen wendet sich die zuungunsten des Angeklagten eingelegte Revision der Staatsanwaltschaft, die auf den Rechtsfolgenausspruch beschränkt ist und hierbei zudem die in Fall II.1 der Urteilsgründe erkannte Rechtsfolge vom Revisionsangriff ausgenommen hat.

Nach den Feststellungen des Landgerichts stand der im Jahr 2012 unter anderem wegen Vergewaltigung in Tateinheit mit Körperverletzung zu einer Freiheitsstrafe von sechs Jahren verurteilte Angeklagte nach Vollverbüßung dieser Strafe seit Februar 2018 unter Führungsaufsicht. Mit dem Führungsaufsichtsbeschluss wurde der vielfach vorbestrafte Angeklagte der Aufsicht und Leitung des örtlich zuständigen Bewährungshelfers unterstellt, bei dem er sich einmal monatlich zu melden hatte. Zudem erhielt er u.a. nach § 68b Abs. 1 Satz 1 Nr. 10 StGB die Weisungen, „keine alkoholischen Getränke oder andere berauschende Mittel zu sich zu nehmen, weil Gründe für die Annahme bestehen, dass der Konsum solcher Mittel zur Begehung von Straftaten beitragen wird", und sich einmal monatlich Alkohol- und Suchtmittelkontrollen zu unterziehen. In dem Beschluss wurde ausdrücklich auf die Folgen eines Verstoßes gegen die strafbewehrten Weisungen nach § 68b Abs. 1 StGB hingewiesen.

Im Juni und August 2018 nahm der Angeklagte die Termine bei seiner Bewährungshelferin nicht wahr, nachdem er bereits zuvor den Alkohol- und Suchtmittelkontrollen trotz wiederholter Aufforderungen nicht nachgekommen war. Beginnend am 24. August 2018 trank er bis in die frühen Morgenstunden des 25. August 2018 Bier und gefährdete hierdurch den Zweck der Maßregel (Fall II.1).

Gegen 3.40 Uhr sprach der Angeklagte die alkoholisierte spätere Geschädigte an. Er gab sich ihr gegenüber als Kriminaloberkommissar aus, zeigte ihr zur Untermauerung seiner Behauptung die Visitenkarte eines Beamten des Landeskriminalamtes und erklärte, es liege „etwas" gegen sie vor. In dem Wissen, dass sie nur aufgrund der Täuschung, er sei Kriminalbeamter, seiner Aufforderung nachkam, ihm zu folgen, führte er sie zu einer Parkbank. Unter Aufrechterhaltung seiner Legende gab er vor, dazu befugt zu sein, sie an Händen und Oberarmen festzuhalten und nachfolgende Handlungen vorzunehmen. Er führte ihre Hand oberhalb seiner Kleidung an den Penis, berührte ihre Brüste unter dem Pullover oberhalb des BHs und küsste ihr Gesicht. Weiterhin fasste er in ihre Hose und Unterhose, wobei er ihre Vagina oberhalb der Schamlippen berührte. Ihr entgegenstehender Wille war ihm bewusst. Schließlich gelang es ihr, sich loszureißen und zu flüchten. Der Angeklagte hatte zur Tatzeit eine Blutalkoholkonzentration von maximal 1,7 Promille (Fall II.2).

Bei der Strafzumessung in Fall II.2 hat die Strafkammer das trickreiche Vorgehen des Angeklagten, mit dem er sich durch das täuschende Einwirken auf das Vorstellungsbild der Geschädigten eine Tatgelegenheit geschaffen hat, die vielfachen – insbesondere auch einschlägigen – Vorstrafen und die Entlassung des Angeklagten erst im Februar 2018 nach sechsjähriger Haftstrafe sowie die Verletzung mehrerer Strafgesetze durch eine Tathandlung zu seinen Lasten berücksichtigt. Demgegenüber hat es die alkoholbedingte Enthemmung des Angeklagten zu seinen Gunsten angeführt.

Die Staatsanwaltschaft beanstandet die bei der Strafzumessung für Fall II.2 unterbliebene ausdrückliche Berücksichtigung des festgestellten Umstandes, dass der Angeklagte den alkoholbedingt enthemmten Zustand selbstverantwortlich in Kenntnis entsprechender Risiken herbeigeführt hat. Was sagen Sie dazu?

A. Zulässigkeit der Revision	B. Begründetheit der Revision
I. Statthaftigkeit II. Rechtsmittelbefugnis III. Beschwer IV. Form/Frist d. Einlegung V. Form/Frist d. Begründung VI. kein(e) Rücknahme/Verzicht	I. Prozessvoraussetzungen/-hindernisse II. Verfahrensfehler (absolute/relative) III. **Sachrüge** **- Strafzumessung - Überprüfbarkeit**

Obersatz:
Es könnte ein anfechtbarer Verstoß des Gerichts vorliegen, indem es seine erkannte Rechtsfolge in Fall II.2 nicht mit tragenden Strafzumessungserwägungen begründet hat.

Problem:
Die Strafzumessung ist grundsätzlich Sache des Tatgerichts. Ein Eingriff des Revisionsgerichts ist nur möglich, wenn die Zumessungserwägungen in sich fehlerhaft sind, von unzutreffenden Tatsachen ausgehen, das Tatgericht gegen rechtlich anerkannte Strafzwecke verstößt oder wenn sich die verhängte Strafe nach oben oder unten von ihrer Bestimmung, gerechter Schuldausgleich zu sein, so weit löst, dass sie nicht mehr innerhalb des dem Tatgericht eingeräumten Spielraums liegt. Eine ins Einzelne gehende Richtigkeitskontrolle ist ausgeschlossen. In Zweifelsfällen muss das Revisionsgericht die vom Tatgericht vorgenommene Bewertung bis an die Grenze des Vertretbaren hinnehmen. Das Tatgericht ist lediglich verpflichtet, in den Urteilsgründen die für die Strafzumessung bestimmenden Umstände darzulegen (§ 267 Abs. 3 Satz 1 StPO). Eine erschöpfende Aufzählung aller Strafzumessungserwägungen ist weder vorgeschrieben noch möglich. Die Bewertungsrichtung und das Gewicht der Strafzumessungstatsachen bestimmt in erster Linie das Tatgericht, dem hierbei von Rechts wegen ein weiter Entscheidungs- und Wertungsspielraum eröffnet ist.

Lösung:
1) Die Strafzumessung zu Fall II.2 weist gemessen daran keinen Rechtsfehler auf.
a) Sie ist insbesondere nicht lückenhaft. Die Strafkammer hat das trickreiche Vorgehen des Angeklagten, mit dem er sich durch das täuschende Einwirken auf das Vorstellungsbild der Geschädigten eine Tatgelegenheit geschaffen hat, die vielfachen, insbesondere auch einschlägigen Vorstrafen und die Entlassung des Angeklagten erst im Februar 2018 nach sechsjähriger Haftstrafe sowie die Verletzung mehrerer Strafgesetze durch eine Tathandlung zu seinen Lasten berücksichtigt. Demgegenüber hat es die alkoholbedingte Enthemmung des Angeklagten zu seinen Gunsten angeführt.
b) Zwar ist der von der Staatsanwaltschaft vermisste Umstand, dass der Angeklagte den alkoholbedingt enthemmten Zustand selbstverantwortlich in Kenntnis entsprechender Risiken herbeigeführt hat, bei der Strafzumessung für Fall II.2 nicht noch einmal ausdrücklich angeführt worden. Daraus kann aber nicht ohne Weiteres geschlossen werden, das Landgericht habe diese Umstände nicht gesehen oder nicht gewertet. Angesichts der ausführlichen Begründung des Verstoßes gegen die Abstinenzweisung und des unmittelbaren Einmündens dieser Straftat in Tat II.2 ist hier nicht zu besorgen, dass das Tatgericht diesen Umstand aus dem Blick verloren hat.

Ergebnis:
Die Revision der Staatsanwaltschaft wird keinen Erfolg haben.

Tipp:
Es handelt sich hier um eine Einzelfalllösung des 5. Strafsenats. Man könnte den ausgelassenen Gesichtspunkt auch als gewichtigen Umstand bewerten und die Auslassung als Verkennung eines gewichtigen Strafzumessungsgesichtspunktes. Für die Klausur ist wichtig, dass Sie die zuvor dargestellten Regeln für die Überprüfung der Strafzumessungsentscheidung darstellen und anhand der im Klausursachverhalt vorhandenen Informationen beurteilen. Für diese juristische Leistung werden voraussichtlich die meisten Punkte vergeben. Wie die Entscheidung am Ende Ihrer Prüfung ausfällt, hat für die Benotung meist keine übermäßige Bedeutung mehr.

Gericht, Az.:	Datum:	Fundstelle:
BGH, 5 StR 67/21	24.06.2021	NStZ 2021, 687 ff.

Vernehmung als Pausenfüller

Das Landgericht hat den Angeklagten R neben anderen Angeklagten wegen Diebstahls einer etwa 100 kg schweren Goldmünze aus einem Museum zu einer Jugendstrafe verurteilt und Einziehungsentscheidungen getroffen. Folgendes Verfahrensgeschehen liegt zugrunde:

Während laufender Hauptverhandlung meldete sich zwischen zwei Hauptverhandlungstagen an einem Samstag die damalige Freundin des zum Tatvorwurf schweigenden Angeklagten R, die Zeugin A, von sich aus bei der Polizei. Sie hatte mit dem Angeklagten R gestritten. Im Rahmen einer Vernehmung wegen häuslicher Gewalt machte sie Angaben dazu, dass der Angeklagte sich ihr gegenüber damit gebrüstet habe, am Diebstahl der Goldmünze beteiligt gewesen zu sein. Die Bereitschaftsstaatsanwältin wurde von der Polizei darüber informiert und beantragte eine richterliche Vernehmung der Zeugin. Vom Termin wurden weder die Angeklagten noch ihre Verteidiger noch die Mitglieder der erkennenden Kammer unterrichtet, sondern lediglich die zuständige Staatsanwaltschaft, woraufhin nach ca. einer Stunde eine Oberstaatsanwältin zur Vernehmung hinzukam und noch wenige Minuten an der Vernehmung teilnehmen konnte. Die Zeugin gab an, dem Angeklagten gegenüber vorab angekündigt zu haben, sowohl zu Körperverletzungen als auch zum Diebstahl aus dem Museum gegen ihn bei der Polizei aussagen zu wollen.

In der richterlichen Vernehmung belastete sie den Angeklagten erheblich und erläuterte detailliert, welche selbstbelastenden Angaben dieser ihr gegenüber gemacht, welche teuren Rolex-Uhren er „trotz Hartz IV“ erworben und welchen teuren Schmuck er ihr geschenkt habe. Die Ermittlungsrichterin erließ einen am Ende des Vernehmungsprotokolls wiedergegebenen Beschluss, wonach die Benachrichtigung des Angeklagten und der Verteidiger von der Zeugenvernehmung gemäß § 168c Abs. 5 Satz 2 StPO wegen Gefährdung des Untersuchungszwecks unterbleibe, weil nicht auszuschließen sei, dass die Angeklagten und die dahinterstehende Großfamilie Einfluss auf die Zeugin nehmen würden. Vier Tage später widerrief die Zeugin gegenüber der Polizei per SMS ihre belastenden Angaben. In einer polizeilichen Vernehmung erklärte sie am nächsten Tag, sie habe dem Angeklagten „eins auswischen“ wollen, nach einem Streit die Polizei zu sich nach Hause gerufen und dann Sachen erzählt, die sie sich ausgedacht habe. Den Inhalt ihrer ehemals belastenden Angaben aus der ermittlungsrichterlichen Vernehmung hat die Zeugin ausweislich der Urteilsgründe in ihrer Vernehmung in der Hauptverhandlung geschildert.

Das Landgericht hat die Überführung des Angeklagten R unter anderem auf die Aussage der Zeugin A gestützt.

Der Angeklagte möchte sich mit einem Rechtsmittel gegen die Verwertung dieser Angaben wenden. Die ermittlungsrichterliche Vernehmung der Zeugin sei nach Beginn der Hauptverhandlung nicht zulässig. Es sei nicht rechtens, dass hiervon weder die Angeklagten noch ihre Verteidiger benachrichtigt worden seien und es keine Gelegenheit zur konfrontativen Befragung der Zeugin gegeben habe. Die Zeugin habe deshalb qualifiziert über die Unverwertbarkeit ihrer Angaben gegenüber der Ermittlungsrichterin belehrt werden müssen.

Wird der Angeklagte Erfolg haben?

A. Zulässigkeit der Revision	B. Begründetheit der Revision
I. Statthaftigkeit II. Rechtsmittelbefugnis III. Beschwer IV. Form/Frist d. Einlegung V. Form/Frist d. Begründung VI. kein(e) Rücknahme/Verzicht	I. Prozessvoraussetzungen/-hindernisse II. **Verfahrensfehler** (absolute/**relative**) **- §§ 162 Abs. 3 Satz 1, 168c StPO & Art. 6 Abs. 3 Buchst. d EMRK** III. Sachrüge

Obersatz:
Es könnte ein anfechtbarer Verstoß vorliegen gegen
1) § 162 Abs. 3 Satz 1 StPO (Ermittlungsrichterin anstatt das mit der Sache befasste Gericht),
2) § 168c Abs. 3, Abs. 5 StPO und
3) Art. 6 Abs. 3 Buchst. d EMRK (Fragerecht an Belastungszeugen),
indem das Gericht die Zeugin in der Hauptverhandlung über ihre frühere ermittlungsrichterliche Vernehmung vernommen und die Angaben im Urteil verwertet hat.

Problem:
Hier kommen 3 mögliche Rechtsverstöße in Betracht, aus denen sich ein Verwertungsproblem für die Aussage der Zeugin vor der Ermittlungsrichterin ergeben könnte, nämlich die Unzuständigkeit der Ermittlungsrichterin (1), die unterbliebene Benachrichtigung der Angeklagten und ihrer Verteidiger (2) und keine Möglichkeit der konfrontativen Befragung (3) sowie die unterbliebene qualifizierte Belehrung der Zeugin vor ihrer Vernehmung in der Hauptverhandlung für den Fall, dass die ermittlungsrichterliche Aussage unverwertbar ist (4). Wichtig ist hier für die Lösung, dass die Zeugin in der Hauptverhandlung selbst vernommen wurde und nicht ersetzend ihre ermittlungsrichterliche Vernehmung eingeführt wurde.

Lösung:
1) Die Vernehmung durch die Ermittlungsrichterin ist eine Nachermittlung durch die Staatsanwaltschaft während laufender Hauptverhandlung über z.T. denselben Gegenstand. Dies ist nach überwiegender Ansicht nur problematisch, wenn dadurch die Hauptverhandlung gestört wird, weil das Gericht bei seinen Aufklärungsbemühungen beeinträchtigt worden ist. Hierfür liegen aber keine Anhaltspunkte vor.
Die Ermittlungsrichterin war für die Vernehmung gemäß § 162 Abs. 3 Satz 1 StPO nicht zuständig. Verwertet wurde aber der Aussageinhalt aus der Hauptverhandlung, der durch den Verstoß gegen die Zuständigkeitsbestimmung im Rahmen der ermittlungsrichterlichen Vernehmung nicht unverwertbar geworden ist. Da die Nachermittlung auch durch die Polizei möglich war, hätte der Vernehmungsinhalt hypothetisch auch auf diese Weise erlangt werden können. Dass sich die Tätigkeit der Ermittlungsrichterin auf den Aussageinhalt ausgewirkt hat, ist nicht ersichtlich.
2) Auch der Ausschluss der Angeklagten und Verteidiger von der Vernehmung führt hier – ungeachtet der Rechtmäßigkeit – nicht zu einer umfassenden Unverwertbarkeit derjenigen Angaben der Zeugin in der Hauptverhandlung, die sich auf ihre Vernehmung vor der Ermittlungsrichterin beziehen. Denn die wegen eines Verstoßes gegen § 168c StPO fehlerhaft zustande gekommene richterliche Vernehmungen darf als nichtrichterliche Vernehmung in die Hauptverhandlung eingeführt werden. Dabei ist – unter Beachtung der §§ 250 ff. StPO – nicht nur die Verlesung derartiger Vernehmungsprotokolle möglich, sondern erst recht können Vernehmungspersonen über den Inhalt der Vernehmung als Zeugen gehört werden. Nichts anderes gilt für die Vernehmung der Aussageperson selbst, sofern sie als Zeugin über den Inhalt ihrer früheren Vernehmung berichtet.
3) Weil es vorliegend nicht um die Ersetzung der Vernehmung einer Zeugin durch Einführung ihrer Aussage vor der Ermittlungsrichterin ohne weitere Befragungsmöglichkeit in der Hauptverhandlung geht, sondern lediglich um die Einführung der Vernehmungsinhalte durch Vernehmung der Zeugin in der Hauptverhandlung, besteht kein Konflikt mit dem Konfrontationsrecht (Art. 6 Abs. 3 Buchst. d EMRK).
4) Da die ermittlungsrichterliche Aussage verwertbar war, bedurfte es keiner qualifizierten Belehrung.

Ergebnis:
Eine auf das Vorbringen des Angeklagten R gestützte Revision hätte keine Aussicht auf Erfolg.

Gericht, Az.:	**Datum:**	**Fundstelle:**
BGH, 3 StR 185/21	14.07.2021	NStZ-RR 2021, 344 f.

Knastgeschäfte auf der Stelle

Das Landgericht hat den Angeklagten wegen gefährlicher Körperverletzung zu einer Freiheitsstrafe von fünf Jahren verurteilt. Gegen das Urteil hat der Angeklagte durch seinen Verteidiger Revision eingelegt. Der Verteidiger hat diese auch innerhalb der am 9. April 2021 ablaufenden Revisionsbegründungsfrist mit Verfahrensrügen und der Sachrüge begründet. Der Angeklagte selbst hat überdies einen Antrag auf Wiedereinsetzung in den vorigen Stand gegen die Versäumung der Revisionsbegründungsfrist gestellt. Darin macht der in Untersuchungshaft befindliche Angeklagte geltend, er habe seine Revision selbst zu Protokoll der Geschäftsstelle begründen wollen und hierzu schon zwei Tage vor Ablauf der Frist, nämlich am 7. April 2021, bei der Justizvollzugsanstalt einen Antrag auf Vorführung vor das Amtsgericht am Ort seiner Inhaftierung gestellt, dem aber nicht innerhalb der Revisionsbegründungsfrist entsprochen worden sei. Weitere Erklärungen hat er nicht abgegeben.

Die Revision wird mit der Begründung des Verteidigers keinen Erfolg haben. Der Angeklagte ist aber überzeugt, dass die von ihm beabsichtigten Verfahrensrügen der Revision zu dem erhofften Erfolg verholfen hätten. Er hofft jetzt auf eine Wiedereinsetzung. Er ist der Auffassung, dass dies nur fair wäre. Er hätte als Inhaftierter doch keine andere Möglichkeit gehabt.

Wie sieht Ihre Antwort aus?

A. Zulässigkeit der Revision	*B. Begründetheit der Revision*
I. Statthaftigkeit *II. Rechtsmittelbefugnis* *III. Beschwer* *IV. Form/Frist d. Einlegung* *V. Form/**Frist d. Begründung – §§ 44, 45, 299 StPO*** *VI. kein(e) Rücknahme/Verzicht*	*I. Prozessvoraussetzungen/-hindernisse* *II. Verfahrensfehler (absolute/relative)* *III. Sachrüge*

Obersatz:

Fraglich ist hier, ob dem Angeklagten Wiedereinsetzung in die versäumte Revisionsbegründungsfrist zu gewähren ist, da ihm nicht rechtzeitig gemäß § 299 Abs. 1 StPO die Gelegenheit zu Rechtsmittelerklärungen zu Protokoll der Geschäftsstelle des Amtsgerichts eröffnet wurde, in dessen Bezirk die Anstalt liegt, wo er auf behördliche Anordnung verwahrt wird.

Problem:

Eine Widereinsetzung kommt grds. nur in Betracht, wenn eine Frist versäumt wurde. Fraglich ist hier einmal, wie es sich damit verhält, dass der Verteidiger mit seinen Erklärungen die Einlegungs- und Begründungsfrist gewahrt hat (1). Außerdem müsste eine Ausnahme auf einen zulässigen Antrag gestützt werden. Insoweit stellt sich die Frage, ob der Antrag des Angeklagten dem genügt (2).

Lösung:

1) Der vom Angeklagten selbst gestellte Antrag auf Wiedereinsetzung in den vorigen Stand ist unzulässig, da die Revision vom Verteidiger rechtzeitig begründet worden ist und daher keine Frist versäumt wurde.
2) Eine Wiedereinsetzung ist hier auch nicht ausnahmsweise – etwa zur Anbringung weiterer Verfahrensrügen oder Gewährung rechtlichen Gehörs – geboten, weil der in Untersuchungshaft befindliche Angeklagte geltend macht, er habe seine Revision gemäß § 345 Abs. 2 StPO selbst zu Protokoll der Geschäftsstelle begründen wollen und hierzu einen Antrag auf Vorführung gemäß § 299 Abs. 1 StPO gestellt, dem aber nicht innerhalb der Revisionsbegründungsfrist entsprochen worden sei. Der Wiedereinsetzungsantrag ist auch mit dieser Begründung unzulässig. Zum einen hat der Angeklagte die versäumte Handlung – eine Revisionsbegründung zu Protokoll der Geschäftsstelle – entgegen § 45 Abs. 2 Satz 2 StPO nicht nachgeholt und auch nicht vorgebracht, dass er sich nach Ablauf der Revisionsbegründungsfrist vergeblich weiter um eine Vorführung nach § 299 Abs. 1 StPO zur Anbringung einer weiteren Revisionsbegründung neben derjenigen seines Verteidigers bemüht habe. Zum anderen hat der Angeklagte entgegen § 45 Abs. 2 StPO keinen Sachverhalt vorgetragen, aus dem sich sein fehlendes Verschulden (§ 44 Satz 1 StPO) an der Versäumung der Frist ergibt. Vielmehr trifft den Angeklagten schon nach seinem Vorbringen eigene Schuld daran, dass er seine Revision nicht fristgemäß zu Protokoll der Geschäftsstelle begründet hat. Die Revisionsbegründungsfrist lief – wie dem Angeklagten bekannt war – am 9. April 2021 ab. Er hat jedoch erst am 7. April 2021 und damit zwei Tage vor Fristablauf um eine Vorführung nach § 299 Abs. 1 StPO ersucht. Dies war eingedenk der von der Justizvollzugsanstalt und dem Gericht zu treffenden organisatorischen Vorkehrungen offensichtlich zu spät.
Zwar darf eine Rechtsmittelfrist grundsätzlich bis zum letzten Tag ausgeschöpft werden. Allerdings hat der Rechtsmittelführer dabei den zeitlichen und organisatorischen Aufwand zu beachten, den es bedarf, damit die Rechtsmittelerklärung in der gesetzlich vorgeschriebenen Form innerhalb der Frist gegenüber der zuständigen Stelle abgegeben wird. Ein inhaftierter Rechtsmittelführer kann wegen des jeweiligen organisatorischen Aufwands für die Justizvollzugsanstalt und das Gericht nicht darauf vertrauen, dass ihm zu jeder Zeit und innerhalb kürzester Frist auf ein Rechtsmittel bezogene Erklärungen gemäß § 299 Abs. 1 StPO zu Protokoll der Geschäftsstelle des Amtsgerichts ermöglicht werden können. Eine Beeinträchtigung der Prozessgrundrechte eines inhaftierten Rechtsmittelführers aus Art. 103 Abs. 1 und Art. 19 Abs. 4 GG ist damit nicht verbunden. Auch einem Inhaftierten ist es zuzumuten, die ihm möglichen Maßnahmen zur Vermeidung anstaltsbedingter Verzögerungen bei fristgebundener Rechtsmittelbegründung zu ergreifen.

Entscheidung:

Der Antrag des Angeklagten auf Wiedereinsetzung in den vorigen Stand gegen die Versäumung der Frist zur Begründung der Revision gegen das Urteil des Landgerichts … wird verworfen.

Gericht, Az.:	Datum:	Fundstelle:
BGH, 1 StR 157/21	15.07.2021	NStZ-RR 2021, 318 f.

Nimmst du oder hast du es?

Das Landgericht hat den Angeklagten freigesprochen und dessen Unterbringung in einem psychiatrischen Krankenhaus gemäß § 63 StGB angeordnet. Dem ging folgendes Verfahrensgeschehen voraus:

Das Verfahren war wegen mehrerer Tatvorwürfe zum Strafrichter angeklagt und dort eröffnet worden. Zur Vorbereitung der Hauptverhandlung schaltete der Strafrichter einen psychiatrischen Sachverständigen ein, der in seinem vorläufigen psychiatrischen Gutachten zu dem Schluss kam, dass der Angeklagte die Taten im Zustand der Schuldunfähigkeit gemäß § 20 StGB begangen habe und für ihn die Voraussetzungen einer Unterbringung in einem psychiatrischen Krankenhaus vorlägen. Das Amtsgericht verwies das Verfahren mit Beschluss vom 25. Mai 2020 und unter Bezugnahme auf das Gutachten an das aus seiner Sicht gemäß § 74 Abs. 1 Satz 2 GVG zuständige Landgericht, da eine Unterbringung in einem psychiatrischen Krankenhaus in Betracht käme.

In einer Verfügung vom 10. Juni 2020 vermerkte der Vorsitzende der empfangenden Strafkammer in der Akte, das Verfahren werde durch die Strafkammer übernommen.

Kurz Zeit später ordnete die Strafkammer durch einen von den drei ihr angehörenden Berufsrichtern unterschriebenen Beschluss die vorläufige Unterbringung des Angeklagten nach § 126a StPO an.

Dem Angeklagten gefällt die Unterbringungsentscheidung nicht. Er hatte bei dem Strafrichter ein viel besseres Gefühl. Er möchte wissen, ob er das Urteil mit Erfolg anfechten kann.

A. Zulässigkeit der Revision	B. Begründetheit der Revision
I. Statthaftigkeit II. Rechtsmittelbefugnis III. Beschwer IV. Form/Frist d. Einlegung V. Form/Frist d. Begründung VI. kein(e) Rücknahme/Verzicht	I. **Prozess**voraussetzungen/-**hindernisse** **- fehlende sachliche Zuständigkeit (keine Übernahme?)** II. Verfahrensfehler (absolute/relative) III. Sachrüge

Obersatz:
Es könnte ein anfechtbarer Verstoß vorliegen, indem das Landgericht ohne sachliche Zuständigkeit in der Sache entschieden hat.

Problem:
Die Verweisung durch das Amtsgericht könnte unwirksam sein (1). Da der Vorsitzende der Strafkammer lediglich in einem Vermerk die Übernahme des Verfahrens niedergelegt hat, nachdem der Strafrichter das Verfahren außerhalb der Hauptverhandlung zuständigkeitshalber an das Landgericht abgegeben hatte, könnte es an einer notwendigen Übernahmeentscheidung des Landgerichts und damit an seiner sachlichen Zuständigkeit fehlen (2). Die fehlende sachliche Zuständigkeit ist ein von Amts wegen zu berücksichtigendes Verfahrenshindernis. Fraglich ist allerdings in diesem Zusammenhang die Bedeutung des vom Landgericht erlassenen Unterbringungsbeschlusses nach § 126a StPO (3).

Lösung:
1) Der Verfahrensgang vor der Eröffnung bestimmt sich nach § 209 StPO. Nach der Eröffnung und vor der Hauptverhandlung gilt § 225a StPO. Nach Beginn und bis zum Ende der Hauptverhandlung ist § 270 StPO anzuwenden. Muss die Hauptverhandlung wegen einer Aussetzung (§ 228 Abs. 1 StPO) oder einer zu langen Unterbrechung (§ 229 StPO) erneut begonnen werden, gilt wieder § 225a StPO. Eine bindende Verweisung des Verfahrens an das Landgericht gemäß § 270 Abs. 1 Satz 1 Halbsatz 1 StPO, wie es vorliegend das Amtsgericht mit Beschluss vom 25. Mai 2020 entschieden hatte, war daher hier nicht möglich. Für eine wirksame Verfahrensübernahme durch das Landgericht bedurfte es eines Übernahmebeschlusses gemäß § 225a Abs. 1 Satz 2 StPO.
2) Die Verfügung des Vorsitzenden vom 10. Juni 2020, in der er die Übernahme des Verfahrens durch die Strafkammer festgehalten hat, genügt hierfür nicht, da es sich nicht um einen Gerichtsbeschluss in der gemäß § 76 Abs. 1 GVG vorgeschriebenen Besetzung handelt.
3) Nach Ansicht des 1. Senats beim BGH soll der Unterbringungsbeschluss der Kammer eine konkludente Übernahmeentscheidung darstellen. Dem könne nicht entgegengehalten werden, das Landgericht habe nicht in dem Bewusstsein gehandelt, über die Übernahme entscheiden zu können. Mit der Entscheidung über die vorläufige Unterbringung des Angeklagten nach § 126a StPO nehme das Landgericht gleichzeitig die Voraussetzungen für seine sachliche Zuständigkeit an (§ 74 Abs. 1 Satz 2 GVG). In einem solchen Fall, in dem dem empfangenden Gericht die exklusive Zuständigkeit für das Verfahren gesetzlich zugewiesen ist, liege in einer allein in der konkreten Verfahrensart vorgesehenen Entscheidung – hier gemäß § 126a StPO – gleichzeitig eine Manifestation der sachlichen Zuständigkeit.

Ergebnis/Tipp:
In der zitierten Entscheidung musste der 1. Senat sich nicht entscheiden, da das Urteil wegen eines anderen Rechtsfehlers aufzuheben war. Die nach Zurückverweisung neubefasste Kammer wies er an, gemäß § 225a StPO über die Übernahme zu entscheiden.
Seine geäußerte Tendenz steht nach eigener Einschätzung zu einer früheren Entscheidung des 4. Senats (BGH, 4 StR 273/98 v. 14.07.1998, NJW 1999, 157 f.) im Widerspruch. Die Problematik liegt darin begründet, dass eine konkludente Übernahmeentscheidung die erkennbare Willensentschließung zur Übernahme voraussetzt, die sich jedoch nach der bisherigen Rechtsprechung – wie sie auch in der Entscheidung des 4. Senats zum Ausdruck kommt – nicht manifestieren kann, wenn die Kammer der Auffassung ist, an eine Verweisung gebunden zu sein. Denn dann kann sie – hier mit der Entscheidung gemäß § 126a StPO – zwar die Grundlagen für die Übernahme, nicht aber die Entscheidung hierüber zum Ausdruck bringen. Es bleibt die weitere Rechtsprechungsentwicklung abzuwarten.

Gericht, Az.:	Datum:	Fundstelle:
BGH, 6 StR 313/21	27.07.2021	NStZ 2021, 729

Aufgeräumt

Der Angeklagte A wurde neben einem anderen Angeklagten durch die Schwurgerichtskammer wegen Mordes zu einer hohen Freiheitsstrafe verurteilt. Außerdem erfolgte eine Maßregelanordnung gemäß § 63 StGB.

Das Landgericht ist bei seiner Entscheidung von einer verminderten Schuldfähigkeit (§ 21 StGB) des A ausgegangen. Die besondere Brutalität der Tatausführung hat das Landgericht bei den Erwägungen zur Gefährlichkeit im Rahmen des § 63 Satz 1 StGB einfließen lassen.

Die Schwurgerichtskammer hat bei beiden Angeklagten strafschärfend gewichtet, dass diese unter anderem durch das Verbringen der Leiche auf einen Friedhof und deren Verscharren sowie die „Entsorgung“ von Beweismitteln an unbekannten Stellen umfangreiche Maßnahmen zur Spurenbeseitigung unternommen hätten.

Darüber hinaus hat die Schwurgerichtskammer dem Angeklagten A besondere Brutalität, die in über 100 Schwertstichen, -schnitten und -hieben mit einem scharfen Kurzschwert zum Ausdruck gekommen sei, sowie den Umstand besonders angelastet, dass er „seiner Aggressivität ungehindert freien Lauf gelassen“ und auf sein handlungsunfähig am Boden liegendes Opfer noch eingestochen habe, was besonders verwerflich sei. Ob die besondere Brutalität Ausdruck der Erkrankung des Angeklagten A war, hat das Landgericht dabei nicht dargelegt.

Der Angeklagte A ist der Meinung, dass seine Tat nicht „so schlimm“ war. Wie beurteilen Sie seine Ansicht?

A. Zulässigkeit der Revision	***B. Begründetheit der Revision***
I. Statthaftigkeit	*I. Prozessvoraussetzungen/-hindernisse*
II. Rechtsmittelbefugnis	
III. Beschwer	*II. Verfahrensfehler (absolute/relative)*
IV. Form/Frist d. Einlegung	
V. Form/Frist d. Begründung	*III.* ***Sachrüge***
VI. kein(e) Rücknahme/Verzicht	***- Strafzumessung (§ 46 StGB – strafschärfende Aspekte)***

Obersatz:
Es könnte ein anfechtbarer Verstoß gegen § 46 StGB vorliegen, indem das Gericht die Schuld des Angeklagten fehlerhaft bemessen hat.

Problem:
Hier stellt sich die Frage, ob das Gericht zu Unrecht Umstände in die Strafzumessung zulasten des Angeklagten A eingestellt hat (1) und Umständen eine fehlerhafte Gewichtung beigemessen hat (2).

Lösung:
1) Nach ständiger Rechtsprechung darf der Versuch, sich durch Beseitigung von Tatspuren der Strafverfolgung zu entziehen – ausgenommen bei besonderen, hier nicht vorliegenden Umständen – nicht straferschwerend gewertet werden.
2) Die Ausführungen des Landgerichts lassen nicht erkennen, ob die besondere Brutalität Ausdruck der Erkrankung des Angeklagten und damit der verminderten Schuldfähigkeit (§ 21 StGB) gewesen ist. Dann hätte sie aber nur nach dem Maß der geminderten Schuld berücksichtigt werden dürfen. Die Unklarheit wirkt sich zulasten des Angeklagten aus.

Das Revisionsgericht wird daher nicht ausschließen können, dass das Landgericht ohne die vorgenannten Wertungsfehler zu geringeren Strafen gelangt wäre (§ 337 Abs. 1 StPO). Die Sache bedarf danach zu den Strafaussprüchen neuer Verhandlung und Entscheidung.

Antrag:
Auf die Revisionen der Angeklagten wird das Urteil des Landgerichts ... mit den zugehörigen Feststellungen im jeweiligen Strafausspruch aufgehoben. Im Umfang der Aufhebungen wird die Sache zu neuer Verhandlung und Entscheidung, auch über die Kosten der Rechtsmittel, an eine andere Schwurgerichtskammer des Landgerichts zurückverwiesen.

Tipp:
Achten Sie darauf, dass bei Mord der Regelstrafrahmen eine lebenslange Freiheitsstrafe vorsieht. Eine Strafzumessung ist daher nur erforderlich, wenn sich durch eine Verschiebung ein Strafrahmen ergibt.

Gericht, Az.:	Datum:	Fundstelle:
BGH, 6 StR 84/21	11.08.2021	NStZ-RR 2021, 315

Mutter, was machst Du?

Das Landgericht hat den Angeklagten wegen versuchten Mordes in Tateinheit mit gefährlicher Körperverletzung zu einer Freiheitsstrafe von neun Jahren verurteilt und eine Adhäsionsentscheidung getroffen.

Nach den Feststellungen stach der Angeklagte im Zustand verminderter Schuldfähigkeit mit einem Küchenmesser achtzehnmal auf den Zeugen R ein, um ihn zu töten. Den ersten Stich setzte er im Verlauf einer Unterhaltung, die nach anfänglicher, vom Angeklagten ausgehender Aggression einen ruhigen und friedlichen Fortgang genommen hatte. Der Angeklagte nutzte hierzu einen Moment aus, in dem sich der Geschädigte keines Angriffs versah. Er ging beim letzten Stich in den Rücken des fliehenden Geschädigten davon aus, alles für dessen Tod Erforderliche getan zu haben. Dieser konnte nur durch eine Notoperation gerettet werden.

Aus dem Protokoll über die Hauptverhandlung ergibt sich das Folgende:

Die Mutter des Angeklagten machte in der Hauptverhandlung nach Belehrung „gemäß § 52 StPO" von ihrem Zeugnisverweigerungsrecht Gebrauch. Auf Nachfrage erklärte sie, dass „ihre Angaben im Ermittlungsverfahren eingeführt und verwendet werden können". Hierauf führte das Landgericht die Angaben der Mutter durch Zeugnis des Vernehmungsbeamten in die Hauptverhandlung ein. Gegenstand der Aussagen waren unter anderem ihre Aussagen betreffend den Werdegang ihres Sohnes und eine von diesem in der Tatnacht an sie geschriebene Chatnachricht.

Aus dem Urteil geht hervor, dass das Gericht seine Erkenntnisse zum Werdegang und den persönlichen Verhältnissen im Wesentlichen auf die Angaben des Sachverständigen im Rahmen seines Schuldfähigkeitsgutachtens gestützt hat. Dem Sachverständigen gegenüber hatte sich der Angeklagte im Rahmen der Untersuchung entsprechend geäußert.

Der Angeklagte hat Revision eingelegt und sich mit dieser ausdrücklich nur gegen die Verwertung der mütterlichen Angaben für die Feststellungen zu den persönlichen Verhältnissen gewandt. Ein darüberhinausgehender Angriff – etwa zu der vom Landgericht zum Beleg des Tötungsvorsatzes und des Rücktrittshorizonts verwerteten Angaben des Vernehmungsbeamten zu der Chatnachricht – ist der Revisionsbegründung nicht zu entnehmen.

Der Angeklagte kommt nach Ablauf der Revisionsbegründungsfrist zu Ihnen und hätte gerne Ihre Einschätzung zu den Erfolgsaussichten seines Rechtsmittels. Was werden Sie ihm sagen?

A. Zulässigkeit der Revision	B. Begründetheit der Revision
I. Statthaftigkeit II. Rechtsmittelbefugnis III. Beschwer IV. Form/Frist d. Einlegung V. Form/Frist d. Begründung VI. kein(e) Rücknahme/Verzicht	I. Prozessvoraussetzungen/-hindernisse II. **Verfahrensfehle**r (absolute/**relative)** **- § 252 StPO (Gestattung nach qualifizierter Belehrung)** III. Sachrüge

Obersatz:

Es könnte ein anfechtbarer Verstoß gegen § 252 StPO vorliegen, indem das Gericht den Vernehmungsbeamten zu den ihm gegenüber von der Mutter des Angeklagten gemachten Angaben vernommen und seine Aussage im Urteil verwertet hat, obwohl die Mutter in der Hauptverhandlung von ihrem Zeugnisverweigerungsrecht Gebrauch gemacht hat.

Problem:

Hier liegt ein Angriff ausschließlich gegen die Feststellungen zur Person vor, soweit diese auf Angaben der Mutter gegenüber dem befragten Vernehmungsbeamten beruhen. Die Angaben zur Person haben Bedeutung für den Rechtsfolgenausspruch und dort insbesondere für die Strafzumessung. Eine solche Beschränkung der Verfahrensrüge ist zulässig. Dem Revisionsgericht ist daher die Prüfung nur im angegriffenen Umfang möglich.
Fraglich ist hier, ob das absolute Beweisverwertungsverbot gemäß § 252 StPO ausnahmsweise entfallen ist, weil die Mutter die Verwertung der Ermittlungserkenntnisse gestattet hat. Ob eine solche Gestattung zulässig ist, braucht nur geklärt zu werden, wenn die formellen Voraussetzungen für eine ausnahmsweise Erhebung und Verwertung vorgelegen haben. Dies hätte die qualifizierte Belehrung der Mutter über die Folgen der Gestattung vorausgesetzt (1).
Außerdem stellt sich die Frage, ob es überhaupt zu einer Verwertung der angegriffenen Beweiserhebung gekommen ist und das Urteil darauf beruht (2).

Lösung:

1) Das Tatgericht durfte die Aussage des Vernehmungsbeamten über die Angaben der Mutter des Angeklagten nicht heranziehen. Denn die Vorschrift des § 252 StPO schließt jede Verwertung der bei einer nichtrichterlichen Vernehmung gemachten Aussage aus. Zwar kann der sich auf sein Zeugnisverweigerungsrecht berufende Zeuge die Verwertung seiner Angaben im Ermittlungsverfahren gestatten; dies setzt aber eine qualifizierte Belehrung über die Folgen dieser Freigabe voraus. Das insoweit schweigende Sitzungsprotokoll beweist, dass die Mutter des Angeklagten nicht entsprechend belehrt worden ist.
2) Es ist jedoch auszuschließen, dass der Rechtsfolgenausspruch auf diesem Verfahrensfehler beruht, denn das Landgericht hat die hierfür maßgeblichen Erkenntnisse über Werdegang und persönliche Verhältnisse des Angeklagten im Wesentlichen auf die Angaben des Sachverständigen – dem gegenüber sich der Angeklagte insoweit geäußert hatte – gestützt.

Ergebnis:

Das Revisionsgericht wird die Revision als unbegründet verwerfen.

Tipp:

Die Rüge wäre hier begründet gewesen, wenn sie auf die Angaben des Vernehmungsbeamten zu der vom Landgericht zum Beleg des Tötungsvorsatzes und des Rücktrittshorizonts verwerteten Chatnachricht erstreckt worden wäre.
Der Fall ist ein schönes Beispiel dafür, dass man die verschiedenen Prüfungsstationen der Verfahrensrüge bis hin zum „Beruhen“ nicht durcheinanderwerfen darf, sondern der Reihe nach abzuprüfen hat.
Die Problematiken zu § 252 StPO sind sehr examensrelevant (vgl. auch Fall „*Alles in Butter mit der Mutter?*“). Denken Sie in diesem Zusammenhang immer auch an § 250 Satz 2 StPO, § 251 Abs. 4 StPO und § 244 Abs. 2 StPO als mögliche verletzte Rechtsnormen, wenn es um die Verlesung von Urkunden – z. B. dem polizeilichen Vernehmungsprotokoll – geht.

Gericht, Az.:	**Datum:**	**Fundstelle:**
BGH, 3 StR 415/20	12.08.2021	NStZ-RR 2021, 376 ff.

Eine brenzlige Sache

Das Landgericht hat den Angeklagten C wegen versuchten Mordes in Tateinheit mit versuchter Brandstiftung mit Todesfolge sowie mit Herstellen und Führen eines Gegenstandes, bei dem leicht entflammbare Stoffe so verteilt und entzündet werden, dass schlagartig ein Brand entstehen kann, zu einer Freiheitsstrafe von fünf Jahren und neun Monaten verurteilt. Den Angeklagten S hat es der Beihilfe zu den vorgenannten Delikten schuldig gesprochen und mit einer Jugendstrafe von vier Jahren belegt.

Nach den vom Landgericht getroffenen Feststellungen hegte der Angeklagte C einen Groll gegen den Vater einer Familie, die beiden Angeklagten bekannt war. Er überredete den Angeklagten S, ihn in der Nacht zum Wohnhaus der genannten Familie zu begleiten, um einen Brandanschlag auf dieses zu verüben. Allein hätte er die Tat nicht ausgeführt. In Umsetzung des Tatplans befüllte er eine Glasflasche mit Wasser und eine weitere mit Benzin. Mit der einen wollte er das Schlafzimmerfenster der Eheleute einwerfen, mit der anderen einen sogenannten Molotow-Cocktail bauen und diesen hinterherwerfen. Beide Angeklagte hielten es für möglich und nahmen billigend in Kauf, hierdurch einen Brand auszulösen, der wesentliche Gebäudeteile erfasst und die schlafenden, arg- und wehrlosen Familienmitglieder und/oder andere Bewohner des Mehrfamilienhauses zu Tode bringt. Auf der Autofahrt zum Tatort fixierte der Angeklagte S als Beifahrer die Flaschen zwischen seinen Füßen und sorgte so dafür, dass nicht zu viel Benzin auslief. Außerdem reichte er an einer Tankstelle dem Angeklagten C Papiertücher, aus denen jener eine Lunte baute, indem er sie in Benzin tränkte und dergestalt in den Flaschenhals stopfte, dass ein Rest oben herausstand.

Am Tatort angekommen, schleuderte der Angeklagte C plangemäß zunächst die Wasserflasche gegen das Fenster der Eheleute und durchbrach hierdurch die Scheibe. Unmittelbar anschließend entzündete er die Lunte der mit Benzin gefüllten Flasche und warf diese brennend hinterher. Beide Angeklagte wussten und billigten, dass die Kräfte des Brandsatzes in ihrer Wirkung von nun an für sie nicht mehr beherrschbar waren und rannten davon. Aus unerklärlichen Gründen zündete der Brandsatz jedoch nicht durch und erlosch, sodass sich die mit Benzin gefüllte Flasche über den Boden ergoss, ohne dass es zu einem Feuer kam. Die Eheleute, die schlafend in ihren Betten lagen, als die Flaschen nacheinander in ihr Schlafzimmer flogen, erwachten ebenso wie die zahlreichen anderen Bewohner des Hauses durch den lauten Krach, der beim Zerbersten der Scheibe entstand. Sie realisierten erst im Nachhinein, dass gerade ein Anschlag auf ihr Leben stattgefunden hatte, und waren daraufhin so verängstigt, dass sie zeitweise aus der Wohnung auszogen.

Das Landgericht hat die Tat rechtlich idealkonkurrierend als versuchten - heimtückisch und mit einem gemeingefährlichen Mittel begangenen - Mord (§ 211 Abs. 2 Varianten 5 und 7 StGB), versuchte Brandstiftung mit Todesfolge (§ 306a Abs. 1 Nr. 1, §§ 306c, 22 StGB) sowie Herstellen und Führen eines Brandsatzes (§ 52 Abs. 1 Nr. 1 WaffG) gewertet.

Der Angeklagte C ist unzufrieden mit der Entscheidung und hat Revision eingelegt. Es sei „doch nichts passiert“. Dann könne man ihn doch auch nicht bestrafen.

Wie fällt das Fazit Ihrer Rechtsberatung zu der anhängigen Revision aus?

Obersatz:

Es könnte ein anfechtbarer Verstoß vorliegen, indem das Landgericht das festgestellte Geschehen als eine versuchte Brandstiftung mit Todesfolge gemäß §§ 306a Abs. 1 Nr. 1, 306c, 22 StGB gewürdigt hat, obwohl der Angeklagte C mit seiner Tat weder hinsichtlich der Inbrandsetzung noch bezüglich des Todeseintritts zur Vollendung gelangte.

Problem:

Beim Versuch des erfolgsqualifizierten Delikts wird regelmäßig zwischen zwei Konstellationen unterschieden: Der sogenannte erfolgsqualifizierte Versuch ist dadurch gekennzeichnet, dass das Grunddelikt im Versuchsstadium steckenbleibt, während der qualifizierende Erfolg eintritt, wobei dem Täter insoweit wenigstens ein Fahrlässigkeits- (etwa § 227 Abs. 1 i.V.m. § 18 StGB) oder Leichtfertigkeitsvorwurf (etwa § 251 StGB) zur Last liegt. Die sogenannte versuchte Erfolgsqualifikation liegt vor, wenn der Täter das Grunddelikt verwirklicht, der von ihm in Kauf genommene oder sogar beabsichtigte qualifizierte Erfolg aber nicht eintritt. Diese Variante ist deshalb anzuerkennen, weil die schwere Folge zwar "wenigstens" fahrlässig oder leichtfertig verursacht werden muss, erst recht aber vorsätzlich herbeigeführt werden kann. Ungeachtet dieser begrifflichen Differenzierung kann der Versuch des erfolgsqualifizierten Delikts auch durch bloßes unmittelbares Ansetzen zum Grunddelikt mit dem Vorsatz der Herbeiführung der schweren Folge begangen werden. Bleibt diese aus, handelt es sich um einen Unterfall der versuchten Erfolgsqualifikation.
Dies ergibt sich bereits aus dem Wortlaut des § 22 StGB in Verbindung mit den jeweiligen erfolgsqualifizierten Delikten. Wer die Ausführung des Grunddelikts versucht und dabei auch Vorsatz in Bezug auf die Herbeiführung der schweren Folge hat, setzt nach seiner Vorstellung von der Tat sowohl unmittelbar zum Grunddelikt als auch zur Verursachung der schweren Folge an.
Hierfür sprechen ebenfalls systematische Erwägungen. Nach § 11 Abs. 2 StGB ist das "Zwittergebilde" erfolgsqualifiziertes Delikt insgesamt als vorsätzliche Tat anzusehen. Damit gelten die allgemeinen Versuchsbestimmungen. Diese setzen nur voraus, dass der Täter nach seiner Vorstellung von der Tat hierzu unmittelbar ansetzt.
Für das genannte Ergebnis streiten schließlich Sinn und Zweck des hier relevanten Normengefüges. Der Grund für die Versuchsstrafbarkeit ist – wie der untaugliche Versuch zeigt – die in den Vorstellungen des Täters liegende Gefährlichkeit seines Tuns.
Aus den genannten Gründen sind etwa die §§ 178 und 251 StGB versucht, wenn das Opfer die Gewaltanwendung entgegen dem Tatplan überlebt und auch Beischlaf oder Wegnahme fehlschlagen. Entsprechendes gilt für die Freiheitsberaubung, den erpresserischen Menschenraub oder die Geiselnahme (§§ 239, 239a, 239b StGB). Hat der Täter Vorsatz bezüglich der Todesfolge, reicht schon der Versuch des Einsperrens, des Sichbemächtigens oder Entführens für den Versuch der Erfolgsqualifikation, unabhängig davon, ob das Opfer überlebt. Ebenso ist es für den Versuch einer schweren Körperverletzung gemäß § 226 Abs. 1 Nr. 1 StGB unerheblich, ob der Schütze, der dem Opfer die Zeugungsfähigkeit nehmen will, es in den Unterleib trifft oder danebenschießt.

Lösung:

Diese Maßstäbe gelten auch bei der Brandstiftung mit Todesfolge gemäß § 306c StGB. Sie ist versucht, wenn der Täter mit dem Tod der Bewohner des Hauses rechnet, das er – wie hier – in Brand zu setzen versucht.

Ergebnis:

Die unbegründete Revision des Angeklagten C hat keine Aussicht auf Erfolg.

Gericht, Az.:	Datum:	Fundstelle:
BGH, 4 StR 108/21	31.08.2021	NStZ-RR 2021, 346

Was ein Umstand mit dem Umstand

Das Landgericht hat den Angeklagten wegen mehrerer Sexualdelikte zulasten von Kindern schuldig gesprochen und zu einer Gesamtfreiheitsstrafe verurteilt.

In den Fällen 3.1 bis 3.5 der Urteilsgründe (Fälle 5 bis 9 der Anklage) erkannte das Landgericht auf sexuellen Missbrauch von Kindern (§ 176 Abs. 1 StGB a.F.). In der Anklage und dem Eröffnungsbeschluss war noch von einem schweren sexuellen Missbrauch von Kindern (§ 176a Abs. 2 Nr. 1 StGB a.F.) ausgegangen worden.

Der Vorsitzende hat die Verfahrensbeteiligten in der Hauptverhandlung auf die Änderung der rechtlichen Bewertung (§ 176 Abs. 1 StGB a.F. anstelle von § 176a Abs. 2 Nr. 1 StGB a.F.) hingewiesen. Ausführungen dazu, dass der vorläufigen rechtlichen Bewertung nach dem Ergebnis der durchgeführten Beweisaufnahme als sexuelle Handlung anstelle eines Oralverkehrs zum Nachteil des geschädigten Kindes (so die zugelassene Anklage) ein Handverkehr (so die Feststellungen im Urteil) zugrunde lag, machte er nicht.

Die von der Veränderung der tatsächlichen Umstände betroffenen Fälle stellten lediglich einen sehr geringen Ausschnitt der gegen den Angeklagten erhobenen – zum Teil noch deutlich gewichtigeren – Vorwürfe dar. Der Angeklagte hatte sich zu den tatsächlichen Umständen nicht eingelassen, sondern die Vorwürfe zum Nachteil desselben Tatopfers als unzutreffend zurückgewiesen. Die im Urteil getroffenen Feststellungen beruhten ausschließlich auf den Angaben der betroffenen Nebenklägerin.

Der Angeklagte hat form- und fristgerecht gegen das Urteil Revision eingelegt und zur Begründung das vorstehende Verfahren geschildert und beanstandet. Er möchte von Ihnen wissen, ob er noch mehr hätte vortragen müssen und welche Erfolgschance Sie für seine Rüge sehen.

A. Zulässigkeit der Revision	B. Begründetheit der Revision
I. Statthaftigkeit	I. Prozessvoraussetzungen/-hindernisse
II. Rechtsmittelbefugnis	
III. Beschwer	II. **Verfahrensfehler** (absolute/**relative**)
IV. Form/Frist d. Einlegung	**- rechtlicher Hinweis, § 265 Abs. 1, Abs. 2 Nr. 2 StPO**
V. Form/Frist d. Begründung	
VI. kein(e) Rücknahme/Verzicht	III. Sachrüge

Obersatz:
Es könnte ein anfechtbarer Verstoß gegen §§ 265 Abs. 1, Abs. 2 Nr. 3 StPO vorliegen, indem das Gericht einen unzureichenden rechtlichen Hinweis erteilte.

Problem:
Das Gericht hat durch den Vorsitzenden einen rechtlichen Hinweis erteilt. Fraglich ist aber, ob dieser rechtsfehlerfrei erfolgte. Gemäß § 265 Abs. 2 Nr. 3 StPO hat ein Hinweis auf eine veränderte Sachlage zu erfolgen, wenn dies für eine genügende Verteidigung des Angeklagten erforderlich ist. Die bloße Bezeichnung der neu in Betracht kommenden Gesetzesbestimmungen genügt nur ausnahmsweise, wenn die tatsächlichen Grundlagen des neu in Betracht gezogenen Straftatbestandes für den Angeklagten ohne Weiteres zweifelsfrei ersichtlich sind (vgl. Fall *„Party bis zum Exitus – Teil 2"*). Da eine zulässige Verfahrensrüge auch die aus Sicht des Beschwerdeführers negativen Umstände benennen muss, erscheint es fraglich, ob der Angeklagte seine Rüge zulässig erhoben hat.

Lösung:
Die Rüge des Angeklagten, das Landgericht habe in den Fällen 5 bis 9 der Anklage (Fälle 3.1 bis 3.5 der Urteilsgründe) gegen § 265 Abs. 2 Nr. 3 StPO verstoßen, weil es ihn zwar auf die Änderung der rechtlichen Bewertung (§ 176 Abs. 1 StGB a.F. anstelle von § 176a Abs. 2 Nr. 1 StGB a.F.), nicht aber darauf hingewiesen habe, dass als sexuelle Handlung anstelle eines Oralverkehrs zum Nachteil des geschädigten Kindes (so die zugelassene Anklage) ein Handverkehr (so die Feststellungen im Urteil) in Betracht komme, hat keinen Erfolg.
1) Dabei kann offenbleiben, ob bei einer Rüge der Verletzung von § 265 Abs. 2 Nr. 3 StPO in der seit dem 24. August 2017 geltenden Fassung – wie schon nach alter Rechtslage – auch dazu vorgetragen werden muss, ob der Revident über die Änderung der Sachlage bereits durch den Gang der Hauptverhandlung zuverlässig unterrichtet worden ist oder ob – wozu der 4. Strafsenat beim BGH in der zugrundeliegenden Entscheidung neigt – ein derartiger Revisionsvortrag nach der Gesetzesänderung nicht mehr gefordert werden kann, weil eine konkludente Information aus dem Gang der Hauptverhandlung heraus die Hinweispflicht nicht (mehr) entfallen lässt.
2) Es fehlt jedenfalls aber an einem Beruhen des Urteils auf dem Verstoß. Es ist auszuschließen, dass sich der Angeklagte anders als geschehen hätte verteidigen können, wenn ihm diese Veränderung der tatsächlichen Umstände bekannt gemacht worden wäre. Die von der Veränderung der tatsächlichen Umstände betroffenen Fälle stellten lediglich einen geringen Ausschnitt der gegen den Angeklagten erhobenen – zum Teil noch deutlich gewichtigeren – Vorwürfe dar. Diese von ihm ohne Unterschied als unzutreffend zurückgewiesenen Vorwürfe zum Nachteil desselben Tatopfers beruhten alle fast ausschließlich auf den Angaben der Nebenklägerin, deren Glaubhaftigkeit deshalb von zentraler Bedeutung war. Vor diesem Hintergrund ist nicht ersichtlich, welche andere Verteidigung der Angeklagte hätte wählen können, wenn er auf die nur einzelne sexuelle Handlungen betreffenden Veränderungen hingewiesen worden wäre.

Ergebnis:
Dem Angeklagten sollte zur Rücknahme geraten werden, wenn seine Revision nicht auf andere Rechtsverstöße gestützt werden kann.

Prüfungsschema Revision

(für eine eingelegte aber noch nicht begründete Revision)

A. Zulässigkeit

1) Statthaftigkeit (§§ 333, 335 StPO)

2) Revisionsberechtigung (§§ 296 ff. StPO)

3) Beschwer (Tenor)

4) Form und Frist der Revisionseinlegung (§ 341 StPO)

5) Form und Frist der Revisionsbegründung (§§ 344, 345 StPO)

6) Keine Rechtsmittelrücknahme/kein Verzicht (§§ 302, 303 StPO)

B. Begründetheit

1) <u>Lagen die von Amts wegen zu prüfenden Sachurteilsvoraussetzungen vor (Prozessvoraussetzungen vorhanden/keine Prozesshindernisse [vgl. Meyer-Goßner/Schmitt, StPO, Einleitung Rn. 141 ff.]), insbesondere:</u>

- Sachliche Zuständigkeit (vgl. § 6 StPO)
- tragende Anklage bzgl. abgeurteilter Tat (Umgrenzungsfunktion)
- wirksamer Eröffnungsbeschluss
- Strafantrag/besonderes öffentliches Interesse
- Strafklageverbrauch/entgegenstehende Rechtskraft
- Strafverfolgungsverjährung
- lediglich in extremen Ausnahmefällen:
  - rechtstaatswidrige Tatprovokation (Art 6 I EMRK)
  - rechtstaatswidrige Verfahrensverzögerung (Art 6 I EMRK)
- Berufungsurteil
  - Zulässigkeit der Berufung (insb. Form, Frist, Annahmeberufung)
  - Entscheidung im richtigen Umfang bei wirksamer Beschränkung der Berufung gemäß § 318 StPO

- Keine Missachtung der reformatio in peius (§ 331 StPO)

2) <u>Prüfung der Verfahrensrüge</u>

a) Absolute Revisionsgründe (§ 338 StPO)
b) Relative Revisionsgründe (§ 337 StPO)

- <u>Prüfung relativer und absoluter Verfahrensfehler</u>
  - Verstoß gegen eine Verfahrensnorm
  - Keine Heilung durch Nachholung
  - Rügebefugnis (keine bloße Ordnungsvorschrift/Rechtskreis)
  - Kein Verlust der Rügebefugnis durch
    - Zeitablauf: kein Widerspruch (§ 257 StPO) / keine Beanstandung (§ 238 II StPO) innerhalb vorgesehener Zeitspanne
    - Einverständnis/ Verzicht
    - Verwirkung durch Verursachung des Verfahrensfehlers
    - widersprüchliches Prozessverhalten
  - Beruhen (grds. nur bei relativen Verfahrensverstößen prüfen)

3) <u>Prüfung der Sachrüge</u>

(!) Bei einer Revision d. Angeklagten muss sich der Fehler für ihn nachteilig ausgewirkt haben.

a) Darstellungsprüfung

- Form und Aufbau des Urteils
  - widersprüchliche, unklare oder lückenhafte Feststellungen
    - zu den persönlichen Verhältnissen
    - zur Sache - (!) insb. subjektiver Tatbestand
- keine Beweiswürdigung oder bei Freispruch (§ 267 V 1 StPO) keine Angabe,
  - ob der Angeklagte für nicht überführt oder
  - ob und aus welchen Gründen, die für erwiesen angenommene Tat für nicht strafbar erachtet worden ist

b) rechtsfehlerhafte Beweiswürdigung, § 261 StPO

- Die Beweiswürdigung darf nicht widersprüchlich, unklar oder lückenhaft sein.

- Sie darf nicht gegen gesicherte wissenschaftliche Erkenntnisse, Denkgesetze oder Erfahrungssätze verstoßen.
- Die Beweiswürdigung darf an die zur Verurteilung erforderliche Gewissheit keine zu hohen Anforderungen stellen.
- Es dürfen keine unzulässigen Bezugnahmen erfolgen.

c) Schuldspruch/rechtliche Würdigung

- Tenor
- Sonstige Strafbarkeiten? (Kognitionspflicht, § 264 StPO)

d) Strafzumessung/Rechtsfolge

aa) Festlegung des Strafrahmens für die Einzelstrafen (bei Tateinheiten, § 52 II 1 StGB)

(1) Regelstrafrahmen

(2) Strafrahmenverschiebungen

- benannte und unbenannte minder schwere Fälle
- benannte (Regelbeispiele) und unbenannte besonders schwere Fälle

(3) vertypte Milderungsgründe

(Achtung: Doppelverwertungsverbot, § 50 StGB beachten)

- § 49 I StGB:
  - obligatorisch: §§ 27 II, 28 I, 30 I, 35 II, 111 II StGB
  - fakultativ: §§ 13 II, 17 S. 2, 21, 23 II, 35 I, 46a, 239a IV StGB
- § 49 II StGB (§§ 23 III, 113 IV, 158 I StGB)

bb) Strafzumessung im engeren Sinn, § 46 I 1, II StGB

(Achtung: Doppelverwertungsverbot beachten, § 46 III StGB)

cc) Festsetzung der Strafe nach

(1) Art (Freiheitsstrafe, §§ 38, 39, 47 I StGB / Geldstrafe, §§ 40 ff. 47 II StGB / Verwarnung mit Strafvorbehalt, §§ 59 ff. StGB / Absehen von Strafe, §§ 46a, 60, 157 II, 306e II StGB / Anrechung, § 51 StGB)

(2) Höhe

dd) Gesamtstrafenbildung bei Tatmehrheit

(1) Gesamtstrafe: §§ 53,54 StGB

(2) Nachträgliche Gesamtstrafe: § 55 StGB

- erneute Strafzumessung im engeren Sinn
- Festsetzung der Gesamtstrafe nach Art und Höhe

ee) Ggf. Bewährungsentscheidung; § 56 StGB

e) Fehlerhafte weitere Rechtsfolgenentscheidungen

aa) Nebenstrafe: Fahrverbot gemäß § 44 StGB

bb) fehlerhafte Maßregeln der Besserung und Sicherung

- insb. §§ 69, 69a StGB

cc) Fehlerhafte Einziehungsentscheidung, §§ 73 ff. StGB

C. Zweckmäßigkeit

- Achtung: Verbot der Schlechterstellung (§ 358 II 1 StPO) beachten
  - Gilt nur für die Art und Höhe der Rechtsfolgen, nicht für den Schuldspruch
    - Daher insb. Vorsicht, wenn die prozessuale Tat Strafbarkeiten enthält, auf die im Schuldspruch nicht erkannt wurde.
    - Ein verschärfter Schuldspruch kann aufgrund der Relevanz des Vorstrafenregisters (faktisch) eine erhebliche Bedeutung für Angeklagte haben.

D. Entscheidungsvorschlag/Antrag/Tenor

1) Durchführung/Rücknahme der Revision

2) Beispiele für den Revisionsantrag oder den Tenor: vgl. Folgeseite

Beispiele für den Revisionsantrag oder den Tenor

1) Tenor: Unzulässige/unbegründete Revision des Angeklagten

Die Revision des Angeklagten gegen das Urteil des Amts-/Landgerichts … vom … wird (als unzulässig/unbegründet) verworfen.

Der Angeklagte trägt die Kosten der Revision.

2) Tenor: Unzulässige/unbegründete Revision der Staatsanwaltschaft

Die Revision der Staatsanwaltschaft gegen das Urteil des Amtsgerichts/Landgerichts … vom … wird (als unzulässig/unbegründet) verworfen.

Die Kosten der Revision und die dem Angeklagten insoweit entstandenen notwendigen Auslagen trägt die Staatskasse.

3) Antrag/Tenor: Vollumfängliche Aufhebung und Zurückverweisung *(wohl häufigster Klausurfall)*

Auf die Revision des Angeklagten/der Staatsanwaltschaft wird das Urteil des Landgerichts … vom …

- ggf. ergänzen: mit den Feststellungen

aufgehoben. Die Sache wird zur neuen Verhandlung und Entscheidung, auch über die Kosten des Rechtsmittels, an eine andere Strafkammer des Landgerichts … zurückverwiesen.

4) Tenor: Teilaufhebung

(Beispiel: 2 Einzelstrafen; fehlerhaft unterbliebener Teilfreispruch; keine Wechselwirkung)
Achtung: *Wollte der Angeklagte verhindern, dass seine Revision zum Teil kostenpflichtig verworfen wird, dürfte er in seinen Antrag den kursivgedruckten Teil des Tenors nicht aufnehmen.)*

Auf die Revision des Angeklagten/der Staatsanwaltschaft wird das Urteil des Amtsgerichts/Landgerichts … vom …

- im Schuldspruch hinsichtlich der Verurteilung wegen …
- und im dazugehörigen Straf- sowie im Gesamtstrafausspruch
- jeweils mit den dazugehörigen Feststellungen

aufgehoben.

Der Angeklagte wird wegen … zu … verurteilt. Im Übrigen wird der Angeklagte freigesprochen.

Die weitergehende Revision wird verworfen.

Der Angeklagte trägt die Kosten des Verfahrens, soweit er verurteilt wurde. Soweit er freigesprochen wurde, fallen die Kosten des Verfahrens und die notwendigen Auslagen des Angeklagten der Staatskasse zur Last.

5) Antrag/Tenor: Teileinstellung

Auf die Revision des Angeklagten/der Staatsanwaltschaft wird das Urteil des Landgerichts ... vom ... mit den Feststellungen aufgehoben.

Soweit der Angeklagte wegen ... verurteilt wurde, wird das Verfahren eingestellt.

Im Übrigen wird die Sache zu neuer Verhandlung und Entscheidung, auch über die Kosten des Rechtsmittels, an eine andere Strafkammer des Landgerichts ... zurückverwiesen.

6) Tenor: Umfassende Revision - Aufhebung des Rechtsfolgenausspruchs

Auf die Revision des Angeklagten wird das Urteil des Landgerichts ... vom ... im Rechtsfolgenausspruch mit den zugehörigen Feststellungen aufgehoben.

Im Umfang der Aufhebung wird die Sache zur erneuten Verhandlung und Entscheidung, auch über die Kosten des Rechtsmittels, an eine andere Strafkammer des Landgerichts ... zurückverwiesen.

Die weitergehende Revision wird verworfen.

7) Antrag/Tenor: Erfolgreiche Revision der Staatsanwaltschaft gegen Teilfreispruch; Feststellungen erlauben keinen eigenen Schuldspruch

Auf die Revision der Staatsanwaltschaft wird das Urteil des Landgerichts ... vom ...

- ggf. ergänzen: mit den zugehörigen Feststellungen

aufgehoben, soweit der Angeklagte freigesprochen worden ist.

Im Umfang der Aufhebung wird die Sache zu neuer Verhandlung und Entscheidung, auch über die Kosten des Rechtsmittels, an eine andere Kammer des Landgerichts zurückverwiesen.

8) Tenor: Auswechslung des Straftatbestandes

Die Revision des Angeklagten gegen das Urteil des Amts-/Landgerichts ... vom ... wird mit der Maßgabe verworfen, dass dieser nicht des ..., sondern der ... schuldig ist.

Der Angeklagte trägt die Kosten der Revision.

Zur weiteren Vertiefung

I. Rechtsprechung
(sortiert nach Gericht, Prüfungsort in der Klausur und ggf. Datum)

1. EGMR (V. Sektion), 40495/15, 40913/15, 37273/15 v. 15.10.2020, NJW 2021, 3515 ff.
   - Verfahrenshindernis/-rüge (relativer Revisionsgrund: Art. 6 Abs. 1 EMRK [Recht auf ein faires Verfahren] – bei einer konventionswidrigen Anstiftung sind entweder das Verfahren wegen Verfahrensmissbrauchs einzustellen oder alle durch die Anstiftung erlangten Beweise auszuschließen bzw. auf andere Weise vergleichbare Ergebnisse herbeizuführen; eine erhebliche Milderung der Strafe genügt nicht als Ausgleich; eine solche Anstiftung liegt vor, wenn die ermittelnden Behörden oder in ihrem Auftrag handelnde Personen in der Absicht Einfluss auf den Verdächtigen ausüben, dass er zur Begehung einer Straftat bestimmt wird, die andernfalls nicht begangen worden wäre, um gerade diese Tat nachzuweisen und verfolgen zu können)

2. EGMR (III. Sektion), 1128/17 v. 16.02.2021, NJW 2021, 2947 ff.
   - Verfahrensrüge (absoluter Revisionsgrund: §§ 24, 26a, 27, 338 Nr. 3 StPO – Besorgnis der Unparteilichkeit in Nachfolgeverfahren nicht allein wegen Vorbefassung in Verfahren gegen einen Mittäter; objektiv gerechtfertigte Zweifel jedoch dann möglich, wenn Gericht im Vorverfahren über die Beschreibung der Tatsachen, die die später angeklagte Person betreffen, hinaus auch eine rechtliche Bewertung des Verhaltens dieser Person vorgenommen haben und damit über das hinausging, was notwendig war, um die Tat des im Vorverfahren angeklagten Mittäters rechtlich zu beurteilen)

3. EGMR, 68556/13 v. 20.02.2020, NJW 2021, 1149 ff.
   - Sachrüge (Strafzumessung: §§ Art. 6 Abs. 2 EMRK [Unschuldsvermutung] – Verurteilung unter Berücksichtigung späterer, nicht angeklagter und in einem anderen Verfahren noch nicht abgeurteilter Taten)

4. EuGH (Große Kammer), C-511/18, C-512/18, C-520/18 v. 06.10.2020, NJW 2021, 531 ff.
   - Verfahrensrüge (relativer Revisionsgrund: Beweisverwertung von Vorratsdaten – Art. 15 I RL 2002/58/EG des Europäischen Parlaments und des Rates vom 12.7.2002 über die Verarbeitung personenbezogener Daten und den Schutz der Privatsphäre in der elektronischen Kommunikation (Datenschutz-RL für elektronische Kommunikation) in der durch die RL 2009/136/EG des Europäischen Parlaments und des Rates vom 25.11.2009 geänderten Fassung verpflichtet bei einer Auslegung im Lichte des Effektivitätsgrundsatzes ein nationales Strafgericht dazu, Informationen und Beweise, die durch eine mit dem Unionsrecht unvereinbare allgemeine und unterschiedslose Vorratsspeicherung von Verkehrs- und Standortdaten erlangt wurden, im Rahmen eines Strafverfahrens gegen Personen, die im Verdacht stehen, Straftaten begangen zu haben, auszuschließen, wenn diese Personen nicht in der Lage sind, sachgerecht zu diesen Informationen und Beweisen Stellung zu nehmen, die einem Bereich entstammen, in dem das Gericht nicht über Sachkenntnis verfügt, und geeignet sind, die Würdigung der Tatsachen maßgeblich zu beeinflussen)

5. BVerfG, 1 BvR 3214/15 v. 10.11.2020, NJW 2021, 690 ff.
   - Verfahrensrüge (relativer Revisionsgrund: Art. 1 Abs. 1, 2 Abs. 1, 73 Abs. 1 Nr. 1, 5, 10 GG; §§ 1, 3 Abs. 1 Nr. 1, 5 Abs. 1 Satz 3, 6 Abs. 2, 6 a ATDG, Beweisverwertungsverbot [„Data-Mining"] – Regelungen, die den Datenaustausch zwischen Polizeibehörden und Nachrichtendiensten ermöglichen, müssen den besonderen verfassungsrechtlichen Anforderungen der hypothetischen Datenneuerhebung genügen („informationelles Trennungsprinzip"); das Eingriffsgewicht der gemeinsamen Nutzung einer Verbunddatei der

Polizeibehörden und Nachrichtendienste ist bei der „erweiterten Nutzung" (Data-Mining) weiter erhöht; für die erweiterte Nutzung zur Verfolgung einer Straftat muss ein durch bestimmte Tatsachen begründeter Verdacht vorliegen, für den konkrete und verdichtete Umstände als Tatsachenbasis vorhanden sind)

6. BVerfG, 2 BvR 1543/20 v. 29.04.2021, NStZ 2021, 558 ff.
   - Verfahrensrüge (relativer Revisionsgrund: Transparenz des Verständigungsverfahrens – Zustimmung gemäß § 257c Abs. 3 Satz 4 StPO kann nicht konkludent erfolgen; nur ausnahmsweise kein Beruhen des Verstoßes)

7. BVerfG, 1 BvR 2249/19 v. 19.08.2020, NJW 2021, 148 ff.
   - Sachrüge (rechtliche Würdigung: § 185 StGB, Art. 5 GG [Beleidigung als „Trulla"] – strafrechtliche Verurteilung nach §§ 185 ff., 193 StGB wegen ehrschmälernder Äußerungen erfordert zunächst, dass eine Äußerung die betroffene Person in ihrer Ehre herabsetzt und ferner idR eine Abwägung der widerstreitenden grundrechtlichen Interessen nach den konkreten Umständen des Falles; aus Verurteilung muss hervorgehen, dass die berührten Meinungsfreiheitsinteressen gerichtlich erkannt und erwogen wurden)

8. BVerfG, 1 BvR 2805/19 v. 16.10.2020, NJW 2021, 298 ff.
   - Sachrüge (rechtliche Würdigung: § 185 StGB, Art. 5 GG – Beleidigung eines Beamten durch Zweifel an Deutschkenntnissen)

9. BVerfG, 1 BvR 1024/19 v. 16.10.2020, NJW 2021, 301 ff.
   - Sachrüge (rechtliche Würdigung: § 185 StGB, Art. 5 GG – Beleidigung eines Familienrichters mit Vorhalt, er habe einen Ratschlag an einen Verfahrensbeteiligten „mit einem dämlichen Grinsen" erteilt)

10. BVerfG, 1 StR 474/19 v. 19.08.2020, NJW 2021, 326 ff.
    - Sachrüge (rechtliche Würdigung: §§ 211, 22, 23 Abs. 1, 13 Abs. 1 StGB – zum versuchten Verdeckungsmord durch Unterlassen nach Medikamentenverwechslung bei einem Palliativpatienten durch Pflegekräfte)

11. BGH, 4 StR 68/20 v. 11.03.2020, NStZ 2021, 189 f.
    - Zulässigkeit (Wiedereinsetzung in die Revisionsbegründungsfrist: §§ 44, 45 StPO, Art. 6 Abs. 1 EMRK – staatliches Eingreifen nur bei offenkundigem Versagen eines Pflichtverteidigers)

12. BGH, 2 StR 299/20 v. 16.12.2020, NStZ-RR 2021, 79
    - Zulässigkeit (Revisionsbegründungsfrist: Art. 6 Abs. 3 Buchst. c EMRK – begründet ein Pflichtverteidiger die eingelegte Revision absprachewidrig nicht und reagiert auch auf die Stellungnahme des GBA nicht, so liegt ein offenkundiger Mangel der Verteidigung i. S. der Rechtsprechung des EGMR vor; dem Angeklagten ist ein neuer Pflichtverteidiger zu bestellen und nach Eingang der Revisionsbegründung durch den neuen Verteidiger vom Revisionsgericht Wiedereinsetzung in den vorigen Stand zu gewähren)

13. BGH, 1 StR 242/20 v. 14.01.2021, NStZ-RR 2021, 111 f.
    - Zulässigkeit (Revisionsbegründungsfrist: §§ 44, 45, 344 Abs. 2 Satz 2 StPO – grds. keine Wiedereinsetzung in den vorigen Stand, wenn die Revision mit der Sach- und der Verfahrensrüge fristgemäß begründet worden ist; Ausnahme: Verteidiger wurde trotz Bemühungen keine vollständige Akteneinsicht gewährt und Verfahrensbeschwerde kann ohne Kenntnis der Akten nicht begründet werden; Verteidiger ist es zumutbar, an Übersendung ersichtlich fehlender Aktenbestandteile zu erinnern)

14. BGH, 4 StR 360/20 v.17.02.2021, NStZ 2021, 433 f.
   - Prozessvoraussetzung (sachliche Zuständigkeit: § 270 nur nach Beginn der Hauptverhandlung anwendbar; zuvor bedarf es gemäß § 225a StPO eines Übernahmebeschlusses; kein konkludenter Übernahmebeschluss gemäß § 225a Abs. 3 StPO durch Entscheidung über Gerichtsbesetzung)

15. BGH, 2 StR 291/20 v. 09.09.2020, NStZ-RR 2021, 25
   - Prozessvoraussetzung (wirksame Anklage: §§ 200, 264 Abs. 1 StPO – Umgrenzungsfunktion der Anklage; Individualisierung der einzelnen Taten einer Serie anhand von Tatort und Art und Weise der Tatbestandsverwirklichung, wenn Tatzeiten nicht näher bestimmt werden können)

16. BGH, 4 StR 376/20 v. 17.02.2021, NStZ-RR 2021, 136
   - Prozesshindernis (Verjährung: §§ 78 Abs. 3 Nr. 4, 78a StGB – kann die Tatzeit nicht eindeutig festgestellt werden, so ist bei der Frage der Verjährung nach dem Zweifelsgrundsatz von der dem Angeklagten günstigeren Fallgestaltung auszugehen)

17. BGH, 4 StR 517/20 v. 16.02.2021, NStZ 2021,761
   - Verfahrensrüge (absoluter Revisionsgrund: §§ 176 GVG, 338 Nr. 8 StPO –Umsetzung des Angeklagten in den Zuschauerraum während Vernehmung der Geschädigten; Umgestaltung der Sitzordnung gemäß § 176 möglich, kann aber zu einer unzulässigen Beschränkung der Verteidigung in einem für das Urteil wesentlichen Punkt führen, wenn die Rechtsposition des Angeklagten oder seines Verteidigers grundlegend verkannt und ihre Mitwirkungsmöglichkeiten tatsächlich entscheidungserheblich eingeschränkt wurden, was die Revisionsbegründung darzulegen hat)

18. BGH, 3 StR 102/20 v. 25.06.2020, NStZ 2021, 310 ff.
   - Verfahrensrüge (relativer Revisionsgrund: § 243 Abs. 4 Satz 2 StPO – Erörterungen nach Beginn der Hauptverhandlung, aber außerhalb derselben)

19. BGH, 2 StR 526/19 v. 15.07.2020, NStZ 2021, 506 f.
   - Verfahrensrüge (relativer Revisionsgrund: § 243 Abs. 4 StPO – Gegenstand der Mitteilungspflicht; keine Kompensation eines Mitteilungsdefizits durch Verteidiger, der den Angeklagten vollständig und inhaltlich zutreffend über den wesentlichen Inhalt von Verständigungsgesprächen unterrichtet hat)

20. BGH, 4 StR 540/20 v. 17.03.2021, NStZ 2021, 382
   - Verfahrensrüge (relativer Revisionsgrund: § 244 Abs. 2, Abs. 3 Satz 1 StPO – Beweisermittlungsantrag auf Herstellung eines Beweismittels)

21. BGH, 5 StR 188/21 v. 01.09.2021, NStZ 2021,754 ff.
   - Verfahrensrüge (relativer Revisionsgrund: § 244 Abs. 3 Satz 1, Abs. 6 StPO – Fehlerhafte Verneinung eines Beweisantrags; Anforderungen an Darstellung und Reichweite der Konnexität zwischen Beweistatsache und Beweismittel; nicht erforderlich, dass der Antragsteller plausibel macht, weshalb das von ihm benannte Beweismittel trotz ggf. entgegenstehender bisheriger Beweisergebnisse die unter Beweis gestellte Tatsache belegen können soll)

22. BGH, 3 StR 300/20 v. 21.04.2021, NJW 2021, 2129 ff.
   - Verfahrensrüge (relativer Revisionsgrund: § 244 Abs. 6 Satz 3 und 4 StPO – Bescheidung von Beweisanträgen im Urteil grds. möglich, die nach Abschluss der gerichtlich vorgesehenen Beweisaufnahme und nach Ablauf einer hierzu gesetzten Frist gestellt werden, auch wenn bereits ein Wiedereintritt in die Beweisaufnahme erfolgte; Ausnahme: Beweisanträge, die sich erst aus der Beweisaufnahme nach Wiedereintritt ergeben)

23. BGH, 5 StR 484/20 v. 17.02.2021, NStZ 2021, 568 ff.
   - Verfahrensrüge (relativer Revisionsgrund: § 257c Abs. 4, Abs. 5 StPO – Entfallen der Bindungswirkung einer Verständigung nach Aussetzung des Verfahrens; Folge: Unverwertbarkeit eines Geständnisses; keine ausdrückliche („qualifizierte") Belehrung über Folge, wenn der Angeklagte vor der Verständigung ordnungsgemäß nach § 257c Abs. 5 StPO belehrt worden war; zu Beginn der neuen Hauptverhandlung nur Information zum Entfallen der Bindungswirkung)

24. BGH, 4 StR 170/21 v. 30.09.2021, NStZ-RR 2021, 384 ff.
   - Sachrüge (Beschränkung der Revision: § 344 StPO Abs. 1 StPO, § 57 a Abs. 1 Nr. 2 StPO – eine Beschränkung der Revision auf die Frage der besonderen Schwere der Schuld i. S. des § 57 a Abs. 1 Nr. 2 StGB kommt dann nicht in Betracht, wenn sich im konkreten Fall die Prüfung des Mordmerkmals der Verdeckungsabsicht nicht von der Prüfung der niedrigen Beweggründe, die den Schuldspruch tragen, trennen lässt)

25. BGH, 5 StR 4/21 v. 12.05.2021, NStZ 2021, 628 ff.
   - Sachrüge (Darstellungsprüfung: § 353 Abs. 2 StPO [Missachtung innerprozessualer Bindungswirkung] – hebt das Revisionsgericht ein Urteil auf, hält es die Feststellungen aber aufrecht, ist das Tatgericht im weiteren Verfahren an diese Feststellungen gebunden; ergänzende Feststellungen sind zulässig, sofern sie den bindend gewordenen nicht widersprechen; Beweisergebnisse, die im Widerspruch zu bindenden Feststellungen stehen, müssen außer Betracht bleiben)

26. BGH, 2 StR 467/19 v. 20.11.2019, NStZ 2021, 318 f.
   - Sachrüge (Beweiswürdigung: § 261 StPO – keine Verwertung nonverbaler Äußerungen nach beredetem Schweigen, wenn nur eine spontane, unreflektierte und in seiner Bedeutung unklare Körpersprache vorliegt)

27. BGH, 2 StR 69/19 v. 11.03.2020, NStZ 2021, 180 ff.
   - Sachrüge (Beweiswürdigung: § 261 StPO - Verteidigererklärungen grds. keine Sacheinlassung des Angeklagten)

28. BGH, 5 StR 411/20 v. 28.10.2020, NStZ 2021, 319
   - Sachrüge (Beweiswürdigung: § 261 StPO – Würdigung einer „späten" Einlassung des Angeklagten; Schweigerecht; umfassende Beweiswürdigung nach Einlassung)

29. BGH, 2 StR 242/20 v. 20.01.2021, NStZ-RR 2021, 220 f.
   - Sachrüge (Beweiswürdigung: Unzulässige Bezugnahmen – gemäß § 267 Abs. 1 Satz 1 StPO muss jedes Strafurteil, auch ein freisprechendes, aus sich heraus verständlich abgefasst sein und stets eine in sich geschlossene, klare und erschöpfende Darstellung der Feststellungen und der sie tragenden Beweiserwägungen enthalten. Bezugnahmen oder Verweisungen auf Urkunden, auf Aktenbestandteile und auf sonstige Erkenntnisse sind – von den Sonderfällen des § 267 Abs. 1 Satz 3, Abs. 4 Satz 1 StPO abgesehen – nicht statthaft)

30. BGH, 1 StR 336/20 v. 15.10.2020, NStZ 2021, 185 f.
   - Sachrüge (rechtliche Würdigung: Fraglich, ob eine Abweichung des Tenors aus dem schriftlichen Urteil mit der verkündeten Urteilsformel auf eine Verfahrensrüge [so z.B. 5. Senat, 5 StR 189/20 v. 23.06.2020] oder die Sachrüge [so z.B. hier der 1. Senat] zu prüfen ist)

31. BGH, 3 StR 170/19 v. 17.10.2019, NStZ 2021, 120 f.
   - Sachrüge (rechtliche Würdigung: § 264 StPO – Kognitionspflicht [umfassende Prüfpflicht innerhalb der prozessualen Tat auch bei geänderter Sachlage])

32. BGH, 5 StR 172/20 v. 23.11.2020, NStZ 2021, 486 ff.
- Sachrüge (rechtliche Würdigung: § 153 StGB – Gegenstand einer uneidlichen Falschaussage im Strafverfahren; Verletzung der Wahrheitspflicht; Aussage im Sinne des § 153 StGB; Mitteilungspflicht hinsichtlich der zum Gegenstand der Vernehmung gehörigen und für die Entscheidung erheblichen Tatsachen)

33. BGH, 2 StR 116/20 v. 09.09.2020, NStZ 2021, 162 ff.
- Sachrüge (rechtliche Würdigung: § 211 Abs. 2 StGB – Ausnutzungsbewusstsein bei Heimtücke; u.U. Entfallen bei Spontanität des Tatentschlusses im Zusammenhang mit der Vorgeschichte der Tat und dem psychischen Zustand des Täters)

34. BGH, 5 StR 124/20 v. 11.11.2020, NStZ 2021, 226 ff.
- Sachrüge (rechtliche Würdigung: § 211 StGB – Gefühlsregungen wie Wut, Zorn, Ärger, Hass und Rachsucht als niedrige Beweggründe)

35. BGH, 5 StR 256/20 v. 11.11.2020, NJW 2021, 645 ff.
- Sachrüge (rechtliche Würdigung: §§ 211, 212, 213, 218, 218 a StGB – bei einer operativen Entbindung (Kaiserschnitt, sectio caesarea) beginnt die Geburt und damit der Anwendungsbereich der §§ 211 ff. StGB regelmäßig mit der Eröffnung des Uterus zum Zweck der dauerhaften Trennung des Kindes vom Mutterleib; dies gilt auch bei einer Mehrlingsgeburt; Abgrenzung §§ 211 ff. StGB/§ 218 StGB anhand des Geburtsbeginns)

36. BGH, 5 StR 288/20 v. 06.01.2021, NStZ 2021, 287 f.
- Sachrüge (rechtliche Würdigung: § 211 StGB – Definition Heimtücke; offene Feindseligkeit, aber kurze Zeitspanne zwischen dem Erkennen der Gefahr und dem unmittelbaren Angriff)

37. BGH, 1 StR 500/20 v. 10.02.2021, NStZ 2021, 361 ff.
- Sachrüge (rechtliche Würdigung: § 211 StGB – Tötung mit gemeingefährlichen Mitteln durch Feuerlegung in der eigenen Wohnung zur Tötung des Mitbewohners)

38. BGH, 4 StR 337/20 v. 21.01.2021, NStZ 2021, 609 ff.
- Sachrüge (rechtliche Würdigung: § 211 StGB – Maßgeblicher Zeitpunkt für das Vorliegen der Arg- und Wehrlosigkeit des Opfers bei einem heimtückischen Hinterhalt; Fortwirken der heimtückisch geschaffenen Lage aufgehobener oder stark eingeschränkter Abwehrmöglichkeiten bis zur Tötungshandlung)

39. BGH, 4 StR 53/21 v. 21.07.2021, NStZ-RR 2021, 374 f.
- Sachrüge (rechtliche Würdigung: § 211 Abs. 2 StGB – nicht jeder affektive Durchbruch oder jede heftige Gemütsbewegung hindert einen Täter daran, die Bedeutung der Arg- und Wehrlosigkeit des Opfers für die Tatbegehung zu erkennen; so kann doch die Spontanität des Tatentschlusses im Zusammenhang mit der Vorgeschichte der Tat und dem psychischen Zustand des Täters ein Beweisanzeichen dafür sein, dass er ohne das erforderliche Ausnutzungsbewusstsein gehandelt hat)

40. BGH, 2 StR 434/19 v. 26.05.2020, NStZ 2021, 164 ff.
- Sachrüge (rechtliche Würdigung: § 223 StGB – mutmaßliche Einwilligung; Schmerzbekämpfung beim Sterben eines unheilbar Kranken nicht durch einen Arzt)

41. BGH, 4 StR 473/20 v. 18.02.2021, NStZ 2021, 364 f.
- Sachrüge (rechtliche Würdigung: § 223 StGB – Körperverletzung durch Verabreichen von Alkohol)

42. BGH, 4 StR 646/19 v. 24.03.2020, NStZ 2021, 107 f.
   - Sachrüge (rechtliche Würdigung: Anforderung an Feststellungen zu den objektiven und subjektiven Voraussetzungen von § 224 Abs. 1 Nr. 5 StGB [das Leben gefährdende Behandlung])

43. BGH, 1 StR 368/19 v. 12.05.2020, NStZ 2021, 494 ff.
   - Sachrüge (rechtliche Würdigung: § 227 StGB – Tatbestandsmerkmal der wechselseitigen Tätlichkeiten; § 228 StGB – Sittenwidrigkeit der Körperverletzung und Entfallen der rechtfertigenden Einwilligungswirkung)

44. BGH, 4 StR 141/21 v. 07.07.2021, NStZ 2021,735 ff.
   - Sachrüge (rechtliche Würdigung: § 227 StGB bei Mittäterschaft – Strafbarkeit setzt keine vom Mittäter unmittelbar zum Tod des Opfers führende eigene Verletzungshandlung voraus; es reicht, dass er aufgrund eines gemeinsamen Tatentschlusses mit dem Willen zur Tatherrschaft einen Beitrag zum Verletzungsgeschehen geleistet hat und die Handlung des anderen im Rahmen des gegenseitigen ausdrücklichen oder stillschweigenden Einverständnisses liegt und dem Täter hinsichtlich des Erfolges Fahrlässigkeit zur Last fällt)

45. BGH, 3 StR 138/21 v. 16.06.2021, NStZ-RR 2021, 281
   - Sachrüge (rechtliche Würdigung: § 239 StGB – Freiheitsberaubung auf andere Weise als durch Einsperren liegt nicht schon dann vor, wenn das – an sich mögliche – Verlassen eines Ortes ein angedrohtes empfindliches Übel i. S. von § 240 StGB nach sich ziehen würde; das angedrohte Übel muss vielmehr den Grad einer gegenwärtigen Gefahr für Leib oder Leben erreichen)

46. BGH, 4 StR 240/20 v. 19.11.2020, NStZ-RR 2021, 140
   - Sachrüge (rechtliche Würdigung: §§ 239a, 315b StGB – § 239 a StGB setzt im Zwei-Personen-Verhältnis voraus, dass der Täter durch eine Nötigungshandlung eine stabile Bemächtigungslage schafft und beabsichtigt, diese für sein weiteres Vorgehen auszunutzen, was wiederum erfordert, dass sie nach seiner Vorstellung neben den Nötigungsmitteln des § 253 StGB eigenständige Bedeutung für die Durchsetzung der erpresserischen Forderung erlangt; ferner muss aus der Sicht des Täters zwischen der Entführungs- oder Bemächtigungslage und der beabsichtigten Erpressung ein solcher funktionaler und zeitlicher Zusammenhang hergestellt werden, dass dem Opfer die erstrebte Vermögensverfügung noch während der Dauer der Zwangslage abgenötigt werden soll)

47. BGH, 4 StR 338/20 v. 03.03.2021, NStZ 2021, 425 ff.
   - Sachrüge (rechtliche Würdigung: § 242 StGB – Gewahrsamsbruch beim Diebstahl; Bargeld, das ein Geldautomat am Ende eines ordnungsgemäßen Abhebevorgangs durch den Karteninhaber ausgibt, steht mit der Bereitstellung im Ausgabefach und der hierdurch eröffneten Zugriffsmöglichkeit regelmäßig (auch) im Gewahrsam desjenigen, der diesen Vorgang durch Eingabe der Bankkarte und der PIN-Nummer in Gang gesetzt hat; Dritte begehen daher an diesem Geld einen Diebstahl)

48. BGH, 4 StR 35/20 v. 18.11.2020, NStZ 2021, 168 ff.
   - Sachrüge (rechtliche Würdigung: §§ 244 Abs. 1 Nr. 3, 306 b Abs. 2 Nr. 2 iVm 306 a Abs. 1 Nr. 1 StGB – ein bei dem Berechtigten in Vergessenheit geratener Schlüssel ist kein falscher Schlüssel; Definition „teilweises Zerstören“; Voraussetzungen einer besonders schweren Brandstiftung in der Absicht, eine andere Straftat zu verdecken)

49. BGH, 6 StR 28/21 v. 19.05.2021, NStZ 2021, 537
   - Sachrüge (rechtliche Würdigung: § 244 Abs. 2 Nr. 3 StGB – Versuchsbeginn bei Wohnungseinbruchdiebstahl [hier (+): mit einem Stein ein Loch in eine Glasscheibe des von dem Haus frei zugänglichen Wintergartens geworfen, um durch das Loch hineinzugreifen, die

Klinke des Fensters herunterzudrücken, über den Wintergarten in die angrenzenden Wohnräume zu gelangen und diese nach Wertgegenständen zu durchsuchen])

50. BGH, 3 StR 574/19 v. 17.03.2020, NStZ 2021, 231 ff.
   - Sachrüge (rechtliche Würdigung: § 251 StGB – Keine Unterbrechung des qualifikationsspezifischen Risikozusammenhangs durch rechtmäßiges ärztliches Absehen von einer Weiterbehandlung des moribunden Raubopfers aufgrund einer wirksamen Patientenverfügung)

51. BGH, 6 StR 74/21 v. 09.03.2021, NStZ-RR 2021, 213
   - Sachrüge (rechtliche Würdigung: § 263 StGB – Tatvollendung beim sog. Tankbetrug setzt voraus, dass der Täter durch (konkludentes) Vortäuschen seiner Zahlungsbereitschaft bei einem Tankstellenbeschäftigten einen Irrtum hervorruft, der anschließend zu der schädigenden Vermögensverfügung (Einverständnis mit dem Tankvorgang) führt; dazu ist festzustellen, dass der Tankvorgang vom Personal überhaupt bemerkt wurde, da andernfalls mangels Irrtumserregung nur ein versuchter Betrug gegeben ist)

52. BGH, 6 StR 137/21 v. 04.05.2021, NStZ-RR 2021, 214 f.
   - Sachrüge (rechtliche Würdigung: § 264 StGB [Subventionsbetrug durch Antrag auf Corona-Hilfen] – die Beantragung sog. Corona-Hilfen aus den Soforthilfeprogrammen des Bundes („Bundesregelung Kleinbeihilfen 2020") und der Bundesländer unter Verwendung der amtlichen Formulare für ein tatsächlich nicht existierendes Kleingewerbe stellt einen Subventionsbetrug dar; der in den Formularen teilweise enthaltene Hinweis, dass „alle Angaben subventionserheblich" sind, sorgt bei dem Subventionsnehmer für die nötige Klarheit über die subventionserheblichen Tatsachen i. S. § 264 Abs. 9 Nr. 1 StGB; die Gewerbsmäßigkeit des Handelns entfaltet eine Indizwirkung für das Vorliegen eines unbenannten besonders schweren Falles gemäß § 264 Abs. 2 Satz2 StGB)

53. BGH, 2 StR 594/19 v. 28.07.2020, NStZ-RR 2021, 48 f.
   - Sachrüge (rechtliche Würdigung: § 306a Abs. 1 Nr. 1 StGB – eine Aufgabe des Dienens eines Gebäudes zum Wohnen ist regelmäßig gegeben, wenn das Gebäude von seinen alleinigen Bewohnern in Brand gesetzt wird; insbesondere, wenn sie beabsichtigen, anschließend Selbstmord zu begehen)

54. BGH, 3 StR 247/21 v. 24.08.2021, NJW 2021, 3205 f.
   - Sachrüge (rechtliche Würdigung: § 306a Abs. 1 Nr. 1 StGB – Gebäude, das der Wohnung von Menschen dient, kann durch eine Brandlegung auch dann teilweise zerstört werden, wenn die betroffene Wohnung bereits wegen einer vorangegangenen Brandstiftung nicht nutzbar war)

55. BGH, 4 StR 225/20 v. 17.02.2021, NStZ 2021, 540 ff.
   - Sachrüge (rechtliche Würdigung: Kraftfahrzeugrennen mit Todesfolge, § 315 d Abs. 1 Nr. 3, Abs. 2, Abs. 5 StGB – Zur Auslegung der Strafnorm des § 315 d Abs. 1 Nr. 3 StGB)

56. BGH, 4 StR 165/20 v. 29.04.2021, NStZ 2021, 615 f.
   - Sachrüge (rechtliche Würdigung: § 315 d Abs. 1 Nr. 3 StGB – erfasst Polizeifluchtfälle, sofern festgestellt werden kann, dass es dem Täter darauf ankam, als notwendiges Zwischenziel für eine erfolgreiche Flucht über eine nicht ganz unerhebliche Wegstrecke die höchstmögliche Geschwindigkeit zu erreichen; allerdings ist aus einer Fluchtmotivation nicht ohne Weiteres auf die Absicht zu schließen, die gefahrene Geschwindigkeit bis zur Grenze der situativ möglichen Höchstgeschwindigkeit zu steigern)

57. BGH, 3 StR 322/20 v. 13.10.2020, NStZ-RR 2021, 77
    - Sachrüge (rechtliche Würdigung: § 323a StGB – zur Erfüllung des Tatbestandes des Vollrausches gemäß § 323 a StGB bedarf es grundsätzlich nicht einer konkreten Vorhersehbarkeit der im Rausch begangenen Straftat [Rauschtat])

58. BGH, 4 StR 514/20 v. 03.03.2021, NStZ-RR 2021, 134
    - Sachrüge (rechtliche Würdigung: § 24 Abs. 1 Satz 1 Alt. 1 StGB – Urteilsfeststellungen zum Vorstellungsbild des Angeklagten nach Abschluss der letzten Ausführungshandlung (Rücktrittshorizont) sind zur Prüfung eines freiwilligen Rücktritts vom Versuch unerlässlich; eine Lücke begründet die Sachrüge)

59. BGH, 2 StR 463/19 v. 12.05.2020, NStZ 2021, 354 f.
    - Sachrüge: (rechtliche Würdigung: Abgrenzung von Mittäterschaft und Beihilfe – Mittäterschaft setzt nicht zwingend eine Mitwirkung am Kerngeschehen voraus; ausreichend kann ein die Tatbestandsverwirklichung fördernder Beitrag sein, der sich auf eine Vorbereitungs- oder Unterstützungshandlung beschränkt, wenn diese Mitwirkung sich nach der Willensrichtung des sich Beteiligenden als Teil der Tätigkeit aller darstellt)

60. BGH, 4 StR 44/20 v. 08.09.2020, NStZ 2021, 92 f.
    - Sachrüge (rechtliche Würdigung: § 25 Abs. 1 Alt. 2 StGB – unmittelbares Ansetzen bei mittelbarer Täterschaft)

61. BGH, 3 StR 84/21 v. 01.07.2021, NStZ-RR 2021, 273 ff.
    - Sachrüge (rechtliche Würdigung: Abgrenzung Anstiftung zur Beihilfe [§§ 26, 27 StGB] – Anstifter kann auch sein, wer kein ideelles oder materielles Interesse am Taterfolg hat. Auf seine Motivation kommt es grundsätzlich nicht an; bis zum Tatentschluss bleibt ein Bestimmen zu einer konkreten Tat selbst dann noch möglich, wenn der Haupttäter bereits allgemein zu derartigen Taten bereit war und diese Bereitschaft auch aufgezeigt oder sogar selbst die Initiative zu den Taten ergriffen hat)

62. BGH, 4 StR 658/19 v. 17.06.2020, NStZ 2021, 93 ff.
    - Sachrüge (rechtliche Würdigung: § 32 StGB – Voraussetzungen für Einschränkung des Notwehrrechts durch schuldhafte Tatprovokation)

63. BGH, 5 StR 219/20 v. 19.08.2020, NStZ 2021, 105 ff.
    - Sachrüge (Strafzumessung: Strafrahmenverschiebung beim Heimtückemord [sog. „Rechtsfolgenlösung“])

64. BGH, 1 StR 344 v. 29.10.2020, NStZ 2021, 235 f.
    - Sachrüge (Strafzumessung: § 263 Abs. 3 Satz 2 Nr. 1 StGB – gewerbsmäßig handelt, wer sich eigennützig durch wiederholte Tatbegehung eine nicht nur vorübergehende Einnahmequelle von einigem Umfang und einiger Dauer verschaffen will; Erstreben von Geldmitteln ist nicht erforderlich, es genügt, dass der Täter die Tatbeute für sich verwendet, indem er sie zur Deckung eigener Bedürfnisse einsetzt und eigene Aufwendungen erspart)

65. BGH, 1 StR 20/21 v. 25.02.2021, NStZ-RR 2021, 168
    - Sachrüge (Strafzumessung: §§ 27, 46 StGB – maßgeblich für die Einordnung der Schuld eines Gehilfen ist das Gewicht seiner Beihilfehandlung, wenn auch die Schwere der Haupttat mit zu berücksichtigen ist)

66. BGH, 3 StR 332/19 v. 23.01.2020, NStZ 2021, 159 f.
    - Sachrüge (Strafzumessung: § 46 StGB – Tatintensität als Strafschärfungsfaktor)

67. BGH, 3 StR 141/20 v. 21.07.2020, NStZ 2021, 285 f.
- Sachrüge (Strafzumessung: § 46b Abs. 1 Nr.1 StGB – Aufklärungshilfe, Zusammenhang zwischen aufgedeckter und abgeurteilter, nicht aber unbedingt derselben prozessualen Tat)

68. BGH, 4 StR 305/20 v. 03.02.2021, NStZ-RR 2021, 207
- Sachrüge (Strafzumessung: § 46b Abs. 1 Satz 1 Nr. 1, Satz 3 StGB – einem Aufklärungserfolg i. S. des § 46 b I 3 StGB kann auch dann wesentliches Gewicht für die Aufklärung der Tat eines anderen Beteiligten zukommen, wenn hierdurch wichtige Tatsachen oder Beweise offenbart werden oder den bereits vorhandenen Erkenntnissen eine sicherere Grundlage verschafft wird; ein Zusammenhang iSv § 46 b I 1 Nr. 1 StGB setzt nicht voraus, dass die Taten Teil derselben prozessualen Tat sind; es genügt, dass sie Einzeldelikte eines kriminellen Gesamtgeschehens sind, mithin ein innerer oder inhaltlicher Bezug zwischen ihnen besteht)

69. BGH, 1 StR 15/20 v. 23.04.2020, NStZ 2021, 217 ff.
- Sachrüge (Strafzumessung: bezifferter Härteausgleich für die fehlende Möglichkeit einer Gesamtstrafenbildung mit einer [noch nicht vollständig vollstreckten] EU-ausländischen Strafe)

70. BGH, 1 StR 615/19 v. 01.04.2020, NStZ 2021, 36 f.
- Sachrüge (Rechtsfolge: § 55 StGB – Zäsurwirkung durch Vorverurteilung)

71. OLG Stuttgart, 1 Rv 13 Ss 421/21 v. 01.07.2021, NJW 2021, 2596 ff.
- Verfahrenshindernis (entgegenstehende Rechtskraft: Art. 103 Abs. 3 GG, §§ 264, 206 a, 410 Abs. 3, 373 a StPO, §§ 316, 113, 114 StGB – es handelt sich um eine prozessuale Tat bei vorangegangener Trunkenheitsfahrt, wenn ein betrunkener Kraftfahrer im Auto sitzend von der Polizei angetroffen wird und noch vor Ort im Zuge von Maßnahmen zur Feststellung der Alkoholkonzentration alsbald die Polizei tätlich angreift; Reichweite der [beschränkten] materiellen Rechtskraft eines Strafbefehls nach §§ 410 Abs. 3, 373 a StPO; Doppelbestrafungsverbot nach Art. 103 Abs. 3 GG; Beachtlichkeit eines von der Vorinstanz übersehenen Verfahrenshindernisses [hier: entgegenstehende Rechtskraft] in der Revision)

72. OLG Koblenz, 1 Ws 53/21 v. 04.03.2021, NStZ-RR 2021, 144
- Verfahrensrüge (relativer Revisionsgrund: Art. 13 Abs. 2 GG, §§ 105 Abs. 1 Satz 1, 108 Abs. 1 StPO – die dem von der Vollstreckungsbehörde gem. § 457 StPO erlassenen Haftbefehl zugrunde liegende gerichtliche Entscheidung berechtigt ohne weitere gerichtliche Anordnung zur Durchsuchung der Wohnung des Verurteilten zum Zwecke seiner Ergreifung und zur Verwertung von Zufallsfunden (§ 108 I StPO); wird die Durchsuchung der Wohnung nach Beweismitteln für einen neuen Tatverdacht fortgesetzt, ist der Richtervorbehalt zu beachten)

73. OLG Frankfurt a. M., 3 Ss 18/21 v. 01.04.2021, NStZ-RR 2021, 369 ff.
- Sachrüge (Strafzumessung: §§ 55, 51 Abs. 2, Abs. 4 StGB; § 331 StPO – eine in erster Instanz noch einbezogene Strafe ist vom Berufungsgericht dann, wenn ihre Vollstreckung vor der Berufungshauptverhandlung erledigt ist, nicht mehr in eine Gesamtstrafe einzubeziehen. Wenn nur der Angeklagte Berufung eingelegt hat, verbietet es aber das Verschlechterungsverbot, dass die neue Gesamtstrafe diejenige Obergrenze überschreitet, die aus der alten Gesamtstrafe abzüglich der jetzt nicht mehr einzubeziehenden und auch nicht nach § 51 StGB anrechenbaren erledigten Strafe gebildet wird)

II. <u>Aufsätze</u>

1. RiBGH a. D. Dr. h.c. Klaus Detter, Zum Strafzumessungsrecht, NStZ 2021, 22 ff.

2. RiBGH a.D. Miebach, Die freie richterliche Beweiswürdigung in der neueren Rechtsprechung, NStZ 2021, 403 ff.

3. Dr. Klaus Miebach: Die freie Beweiswürdigung der Zeugenaussage in der neueren Rechtsprechung des BGH, NStZ-RR 2021, 33 ff.

4. OStA Dr. Benjamin Krause, Rechtsprechungsübersicht zum Internetstrafrecht, NStZ 2021, 599 ff.

5. VRiOLG S. Maier, Aus der Rechtsprechung des BGH zum Doppelverwertungsverbot des § 46 III StGB, NStZ-RR 2021, 197 ff.

6. VRiLG Gregor Herb: Die Zulässigkeit von Verfahrensrügen in der Rechtsprechung des BGH – Teil 1 & 2, NStZ-RR 2021, 129 ff., 164 ff.

7. RiBGH Jürgen Cierniak/RiLG Dr. Holger Niehaus: Aus der Rechtsprechung des BGH zum Strafverfahrensrecht – 1. bis 5. Teil, NStZ-RR 2021, 161 ff., 201 ff., 237 ff., 265 ff., 332 ff. (Teil 6: NStZ-RR 2022, 5 ff.)

Stichwörter

(Die Zahlenangaben beziehen sich auf die Seitenzahlen in diesem Buch)

Printed in Poland
by Amazon Fulfillment
Poland Sp. z o.o., Wrocław

90786338R00090